米文集·如歌

佳作网　主编

浙江工商大学出版社
ZHEJIANG GONGSHANG UNIVERSITY PRESS
·杭州·

图书在版编目(CIP)数据

米文集．如歌 / 佳作网主编．—杭州：浙江工商大学出版社，2020.3

ISBN 978-7-5178-3686-5

Ⅰ．①米… Ⅱ．①佳… Ⅲ．①作文—中小学—选集 Ⅳ．①H194.5

中国版本图书馆 CIP 数据核字(2020)第 020509 号

米文集·如歌
MIWENJI·RUGE
佳作网　主编

责任编辑	厉　勇
封面设计	林朦朦
责任印制	包建辉
出版发行	浙江工商大学出版社
	（杭州市教工路198号　邮政编码310012）
	（E-mail：zjgsupress@163.com）
	（网址：http://www.zjgsupress.com）
	电话：0571-88904980,88831806（传真）
排　版	杭州朝曦图文设计有限公司
印　刷	杭州高腾印务有限公司
开　本	880mm×1230mm　1/32
印　张	13
字　数	312千
版印次	2020年3月第1版　2020年3月第1次印刷
书　号	ISBN 978-7-5178-3686-5
定　价	39.00元

谨以此书，献给 150 位米文小作家。

目 录

第一辑　　天塌了有老爸顶着

第二辑　　阿太的老屋

第三辑　　蚂蚁的奥秘

第四辑　　我的手指罢工啦

第五辑　　追踪神出鬼没的野猫

第六辑　　阅读·快乐

第七辑　　燕子去哪儿了

第八辑　　阳朔的雨

第九辑　　拔牙记

第十辑　　从"颜值"到精神

第十一辑　　好一个外地人

天塌了有老爸顶着

有个地方，
是永远可以安然甜睡的港湾，
那就是父母的怀抱。

印　象

　　上幼儿园时，他常来接我放学，路不远，穿过一条街就到了。可那时，我还太小，很贪玩，走路喜欢蹦蹦跳跳，一会儿挣脱他的手，绕着他跑来跑去；一会儿又跑到小吃摊，买这买那，一刻不停地闹腾。这时，他便会皱着眉头，板着脸，生气地看着我，我只好乖乖地被他紧紧牵着手，然后一起走。

　　读二年级时，我的年龄不算大也不算小，可他还是放心不下。就算我已经跟他说过很多次，路这么近，放学后我自己可以回去的。他却说现在车子太多，骗子也太多，非要来接我。那时，我不再像少儿那样贪玩，有意识地牵着他的手，使他不用那么费力地拽着我。不过，我慢慢长大了，他也慢慢变老了，脸上开始出现了一些深深浅浅的皱纹，头发变白了，手也更加粗糙了。他背着我的书包，步伐有些迟缓，背微微有点驼。那时，我并没觉得有什么不妥，觉得这是理所当然的事情。

　　一晃到了四年级，很多同学从三年级开始就自己去学校、自己回家，我也想尝试自己回家。但不知为何，他还继续来接我。我常常担心自己成为同学们的笑柄。有时，当我听到同学们在背后窃窃私语，甚至发出阵阵怪笑声时，我总觉得他们是在嘲笑我，于是我的脸一直红到脖子根。终于，有一天我一本正经地告诉他，下次你不用来接我了。他听后，默默地叹了口气，踏着随风飘落的枯叶走了。我发现，他的步履有些蹒跚，背比以前更驼了。从那以后，他就不再来学校接我了，但每次我快走到家门口，老远就能看到他在门口张望。

　　现在，他已经很老了，大部分时间住在乡下老家。偶尔，他会带着自己种的蔬菜来杭州看我。每当放学，在校门口看到低年级学生的家长来接他们放学时，我便会不由自主地想起他——我的外公。

黄雨晨/文，五年级

清明忆爷爷

一直以为，清明，只是一个节日，一个传统的祭奠亲人的日子。那天，通常是下雨的，那是思念的泪水，是诉不尽的感伤；还有那金黄色的油菜花，茂盛而美丽。但于我而言，似乎很遥远。直到去年，才意识到清明节离我那么近，触手可及，近到可以闻到它的气息！因为就在那一天，我亲爱的爷爷，著名美术教育家、兰竹国画大家卢坤峰永远离开了我。他去了那个属于自己的梦想竹林，挥毫泼墨……

宋代大词人辛弃疾曾经这样描写清明节时的心情："春事到清明，十分花柳……席上看君，竹清松瘦……"我捧着爷爷的照片，照片里他面容清瘦，嘴角流露着坚毅，但我却分明感受到了他对我的慈祥和宠溺，仿佛听到他带着浓浓的山东口音说："嗯，我的孙女是个大美女！"泪，就这么不由自主地滑下，就像那清明节凄凉的雨。

爷爷出身中医世家，从小就被要求抄写药方，还要画出草药的模板。渐渐地，他发现自己对艺术的兴趣远远大于做一个郎中，于是拒绝学医。为此，他常被太爷爷责备。后来，太爷爷去世，家境越发贫寒了，可爷爷依然一有空就跑进家后院的竹林，仔细观察，用心描绘。爷爷说，这是他的一个梦想，一定要画出家乡的美景。在这样静谧且茂密的竹林里，他可以听到竹叶在唱歌，看到竹枝在跳舞。

在绘画界，流传着爷爷的传说：由于贫穷，他在美院读书时，竟然没有钱买画画用的纸和笔，只能用别人画过的纸的反面和别人丢弃的毛笔来练习绘画。有一年中秋节，他和一个要好的同学买了一个月饼，兴冲冲地跑到断桥上分享。这是爷爷人生中第一次吃月饼。那一年，他已经近三十岁了。因为热爱，因为坚持，因为希望，他拿着一支秃笔，穿着麻绳系着的土棉袄，爷爷终于闯入了艺术的殿堂。他的成名之作是中国画《毛竹丰收》，翠绿粗壮的毛竹成林，远处竹筏点点，一派和谐昌盛的景象。修竹体现了中国生生不息的精神，丰茂的竹林更象征着祖国欣欣向荣的新面貌。因此，这幅作品被敬爱的周恩来总理赞赏，并亲自选定印在赠送给外国元首的贺年卡上！由于爷爷的绘画取得了不小的成就，因此爷爷被誉为"表现自然的艺术大师"。

用自己的眼看美好的世界，用自己的笔描绘美好天地，这是爷爷一生矢志不渝的事业。我曾经问过爷爷，为什么这么喜爱画竹子？他告诉我，竹子空心，是因为它虚心，因而能够不断向上节节高；它不在冬季的寒冷里沉睡，而是在老竹残叶中汲取足够的养分，蓄力等待，终于在雨后勃发出春笋！

是的，一年有二十四个节气，万物因时而发，唯独竹子具有如此独特而卓越的品格！这正是爷爷一生修炼的精神，也是他品质的传神写照。他们那一代人虽然陆续远去了，但他们的精神却永远流传。

恍惚中，我沿着一座板桥，走进密密的竹林，隐约处，我看到一位白衣老人。我喊着爷爷，急切地跑过去，他回头看我，是一位慈祥的老人，但不是我思念的爷爷。他在对着竹子写生，用毛笔勾勒着竹叶和竹枝，笔墨浓淡、穿插有序，画作完毕，又题下这样一首诗："咬定青山不放松，立根原在破岩中。千磨万击还坚劲，任尔东西南北风。"

卢融融/文，七年级

霜枫依旧

偶然的一次秋游，我又遇到了那如火如荼的枫林。

阳光被枫叶挤落在地上，成了斑斑点点的光影，红黄交错的枫叶在阳光的照射下，犹如透明的玉石般晶莹，倒也别有一番诗的意境。

这时，一阵风吹过，枫叶顿时漾起了阵阵波涛，一片枫叶如蝴蝶般在空中翻飞，最后轻柔地飘落在地上。

看着眼前这一片繁荣茂盛的枫叶，脑海中不由得浮现出爷爷怡然自得的微笑。要是，爷爷还在就好了。

记得那一天，我们站在爷爷的床前，重病中的爷爷时不时咳嗽着，轻轻叹了一口气。这时，风乍起，门外的枫林波涛阵阵，一片枫叶从开着的窗口，摇摇晃晃地飘进屋里，落了床上。爷爷看到了那片伸手可及的枫叶，用手小心翼翼地缓缓拾起，蜡黄的脸上终于露出了淡淡的、满足的微笑，然后慢慢闭上眼，紧皱的眉头也舒展开来，手一松，枫叶悠悠飘升起，迎着风，翩翩起舞……

一声鸟鸣打断了我的思绪，看着生机勃勃的枫林，如此美丽，枫叶犹如一团燃烧着的火，永不熄灭。爷爷那瘦削的背影，永远萦绕在我心头。

爷爷，枫叶，又红了……

卜方羿/文，六年级

童年的西瓜

别人在我眼中，是那么渺小，你却占据了我的心，我依赖你，并被你感动……你是我最伟大的爷爷。

那个春天，春雨纷纷，暖风吹来，激起了我劳作的欲望。我的小锄头在泥土中穿梭，我和爷爷播种了西瓜。新生命的期盼在脑中升起，一滴滴汗滋润着脚下的土地，耳边传来爷爷温暖的话语："快回去吧，一桌子可口的饭菜还在等你哩！"爷爷用温暖的手轻轻地抚摸着我的头，"快点儿！在这干活会着凉的！""不，我不要，春姑娘这么温柔，怎么会伤害我呢？""哈哈哈哈……嘻嘻嘻嘻"我们的笑声传得好远！

到了夏天，阳光爬上我的床头将我唤醒。我悄悄地起床，轻轻地推开门，生怕把休息中的奶奶给吵醒。走到我们播种西瓜的土地，小草向我问好，又大又红的西瓜对我招手示意。一瞬间我明白了，回家拉了爷爷出来，发出一种乞求的嗯嗯声，睁大眼睛向西瓜望去。"你这个小贪吃鬼。"爷爷慈祥地笑着，拉着我的小手，拿来弯刀，喋喋不休地教我："手拿着刀柄，握牢！看准，一下子就割掉。还有，用刀要小心！还有……"我和爷爷摘了一个西瓜，我得意扬扬地将西瓜捧回家，洗干净后将西瓜放在案板上，顿时，红红的鲜汁喷涌而出，都飞到我嘴里了，咂咂嘴，真甜！我抓起一块西瓜，张开大口，对准中心就是一大口，心满意足地啃起来。

以前，解暑的西瓜，是童年纯真的欢乐。现在，西瓜又化成了我难以忘怀的乡情。爷爷已经不在了，随着时间的流逝，那亲情的西瓜，将化作一缕缕思念；那欢乐，在我童年里绽开了一朵美丽多姿的花。

牟志毅/文，五年级　指导老师：崔凯

我最好的"方姐"

"方姐"是我对妈妈的爱称,她是我最好的朋友。从小我就是这么和妈妈"没大没小"的。叫妈妈"方姐",也是因为妈妈喜欢我这么叫她,她说这样显得更年轻。

我最喜欢和"方姐"聊天。因为她给的建议都能解决我的难题,我所有的秘密都会告诉"方姐",而"方姐"也会忠实地替我保守秘密。"方姐"最爱带我一起游玩。我们一路嬉笑着,时而举起手机自拍,时而你追我赶,时而边走边跳,时而手拉着手一起哼着歌,总是充满欢声笑语。"方姐"在我眼里就是个大小孩,是我的好玩伴。

这个学期,我感觉整个世界都变了。"方姐"变啰唆了,变严厉了。想游玩变得更奢侈了,我也变成一只可怜的笼中小鸟,不是参加培训班,就是在家看书和做各种各样的题目。我开始厌烦现在的样子,渐渐地,我不再叫妈妈"方姐"了,还敢和妈妈顶嘴。因为我感觉不到曾经和"方姐"的那种亲密,她已变成凶神恶煞的主了。

我和妈妈的矛盾,终于爆发了。那天,我早早地做完作业,就高兴地看起了动画片《航海王》。妈妈一进门发现我在看电视,马上挂起一张"苦瓜"脸,火箭一样地向我奔来,拿起遥控器"啪"的一声就把电视关了,气势汹汹地对着我大声吼:"你作业做完了?不去看书,看什么电视!"正看得起劲的我不甘示弱地大声叫道:"我不喜欢现在的你,像母老虎,我要原来的'方姐'。"话音一落我立马就后悔了,我怕我的话伤害了妈妈。我站在原地不敢动,等待着妈妈的"反击"。

妈妈不由得一愣，没有说话，屋里霎时安静得能听到窗外风吹过花瓣的声音，我的喉咙哽住了。

看着妈妈手里拎着我最爱吃的樱桃和最喜欢的毛绒小熊，顿时我的脑海里浮现出一幅幅和"方姐"亲密的画面，我的眼睛渐渐模糊了。"对不起，妈妈，我错了。"我抽噎地说。妈妈马上蹲下来抱着我，温柔地说："你的眼睛已经近视了，再看电视会影响视力，我害怕你到时连妈妈都看不见了。妈妈一时心急才这么凶，我为刚才的态度向宝贝道歉，对不起。"其实我心里早已原谅妈妈了，我抱着可爱的小熊羞涩地说："方姐，我想吃樱桃。"妈妈看着我笑了，我也笑了。那晚妈妈陪我睡觉，在床上我们又聊起属于我们的小秘密。

"方姐"是我的妈妈，更是我最好的朋友。

舒罂乐/文，五年级

新年的一封家书

亲爱的爸爸妈妈：

四年级的寒假即将过去，我坐在温暖又温馨的房间里，给我最亲爱的你们写信，这是我第一次给你们写信。

以前，我是一个文静内向的小姑娘，但是现在李老师说我既活泼又可爱，是个热情、懂事而又乐观的人，我想这就是我的成长。

前年的 2 月 25 日，我们家的新成员诞生了，那就是我亲爱的弟弟。你们还记得吗？我们在给弟弟取小名的时候是这样想的：希望他可以像刚发芽的小苗儿一样茁壮成长，成为一棵参天大树。现在的他就像我们所希望的那样可爱、调皮！明天就是弟弟的两周岁生日了，我提前祝他生日快乐！

随着时光的流逝，我和弟弟慢慢长大了，你们也渐渐老了。但是，不管你们是白头发多了，还是脸上的皱纹多了，我都不会嫌弃你们。

爸爸，你是我跌倒时立在身旁的柱子，强壮又踏实；妈妈，你是我在迷失方向时旁边的路灯，为我照亮前方的路。

爸爸，妈妈，我爱你们！

你们的女儿：胡心亭

2018 年 2 月 24 日

胡心亭/文，四年级

天塌了有老爸顶着

如果说母亲能撑起半边天，那么父亲就能撑起整片天，因为我经常听大人们说："天塌下来了不要怕，有老爸顶着。"的确是这样的，我也切身体会到了这句话的含义！

俗话说，家丑不能外扬。又有人说，家家都有一本难念的经。我家虽然没有什么丑事，但是有一本好念的"经"。今天我就以流水的方式写一写这本"经"。其实我知道，老师是不允许我们的作文写成流水账的，但是，我恳请老师破一回例，允许我写一篇流水账作文吧！因为我不这样写，我家一天大大小小的琐事就写不完整了。现在我就慢慢地给大家唠唠家常，说说这些天我家发生的一件件小事吧！

真是"人在家中住，祸从天上落"。就在八月的一个晚上，天下着倾盆大雨。我妈妈在下班回家的途中，正当过斑马线时，被一辆号称"地面飞机"的外卖电动车撞了。妈妈的脚被撞了一个很深的洞，看上去很吓人。当时我的眼泪就像泉水一样冒了出来，我的心好像玻璃瓶掉在地上一样，一下子就碎了，可怜了我的妈妈。

跟着救护车到了人民医院，医生仔细给妈妈检查了一番后，额头上冒出汗。医生说，赶紧去做手术吧，爸爸和我只好在门外等候。听见妈妈在里面痛得不断地呻吟着，"好痛，好痛呀……"这时，爸爸幽默地大声说："宝贝，别害怕，有我在，这只脚是我的，你不会痛的，我痛，我痛……"

这次车祸给我们的生活增添了很多负担，给妈妈的出行带来了诸多不便。这样一来，爸爸肩上的担子就越来越重了，家里大大小小的事，都要爸爸亲手完成。爸爸累坏了，我和妈妈该怎么办呢？还好爸爸是一个有担当、有责任心的人。爸爸很坚强，是家里的顶梁柱，我相信爸爸一定能为我们顶起这片快塌下来的天。

为了节省时间，爸爸早上五点就起床去给我们买菜。回来后就把菜洗好切好，然后又悄悄地把我们的脏衣服洗干净晾好，还把早餐给我们做好。我和妈妈吃了早餐后，妈妈继续睡觉，我要开始做我自己应该做的事了。

这个暑假除了学校布置的作业外，爸爸还给我安排了很多作业，但我没有一点怪爸爸的意思，知道他是为我好。

由于时值盛夏，每天太阳都火辣辣的，爸爸帮别人修车，很容易中暑，我就偷偷把电风扇给爸爸安好。爸爸忙时，我就把饭煮好了，把爸爸准备好的菜炒好，然后给爸爸妈妈倒一杯凉水。吃过饭后，我主动把碗筷洗干净，给妈妈拿药倒水，妈妈总会说："谢谢你，宝贝，你都会照顾妈妈了。"我听了心里乐滋滋的！

中午，烈日当头，野草在酷热中昏睡。这时候，人人都在空调屋里休息，而爸爸还是在为顾客修车。我偶尔出去看看爸爸，只见爸爸满头大汗，衣服就像被大雨淋过一样。但是他却若无其事地说："宝贝，外面太热了，你快到屋里去，小心中暑。"我给爸爸拿了一瓶冰水，爸爸接过去一口气喝了下去，对我说："谢谢我的小宝贝。"顾客们看到了，连声说："这孩子真懂事。"

下午，昙花的花苞张开了洁白的小口，像一盏精致的、深红色的宫灯，散发出一股清香。每年的夏天，爸爸都要我去学游泳，说游泳是一项技能，学会了对自己有好处。于是，每天下午，我都去游泳馆学游泳。

一个小时后，等我回到家中，一桌香喷喷的饭菜也准备好了，这是爸爸抽空给我们做的。我把妈妈扶起来，坐在桌边吃饭。正当我们吃得津津有味时，一个顾客又叫爸爸修车。都说"顾客是上帝"，爸爸二话不说连忙放下碗筷，立马给顾客修车。

经过半个小时，车修好了，顾客满意地走了。这时爸爸又接着端起碗，吃着我们剩下的一点菜。当时我在想，为什么没给爸爸留点菜呢？当我要洗碗筷的时候，爸爸说："你去看课外书吧！等会我洗！"不过我还是抢着洗好了，这点小事不能再让爸爸做了，应该让爸爸休息一下。我在洗碗筷时，看见爸爸在给妈妈拿药倒水，爸爸问妈妈："宝贝，脚好点了没，还痛吗？"妈妈眼里含着泪说："你已经帮我痛了，我就一点都不痛了。"这时我们三人都笑了。我把地清扫干净后，就拿起一本知识大全开始"念经"了。

夜幕降临的时候，路灯接二连三地亮了起来，晴朗的夜空，像一条蓝色的地毯铺在上面。稀疏的星星快活地眨着眼睛，好像在对我们说："朋友，你们要坚强起来，一切都会好的。"我看着那些星星，眼眶湿润了。

爸爸走过来问我："在想什么呢？"我轻声对爸爸说："没想什么呀，只是看见你一天这么辛苦，我担心要是哪一天你累垮了，我和妈妈该怎么办呢？"

爸爸用他那粗糙的手抚摸着我的头，用那低沉的声音说："宝贝，爸爸身体好着呢，怎么会累垮呀，只要你好好读书我就开心……"妈妈听到了，也伤心地流泪了。

有个地方，是永远可以安然甜睡的港湾，那就是父母的怀抱。我要感谢我的这个温馨的家，更要感谢我有一个值得依靠的爸爸！

爸爸，你是我们的顶梁柱，天塌下来我们都不拍！

严万慧/文，四年级

桃花雨

　　旋转，旋转……长裙飘起，与那粉色花瓣共舞，溪水低吟浅唱，小草随风摇曳，在这梦幻般的桃花林里，旋转，旋转……

　　我忽地蹲下身子，掩着面哭泣，泪水落在那柔软的花瓣上。

　　小时候，我总爱和外公一起肩并肩地坐在那块巨石上，看烂漫纷飞的桃花雨，看绚烂神秘的星辰，看高挂在空中的皓月；听云雀悠悠地啼啭，听雨声滴滴答答，听溪水尽情地欢唱……外公毕竟是老人家了，不善言辞，性格也比较木讷。不知为何，他总是对我天真的、幼稚的问题很感兴趣，每次都是微笑着倾听，却不说话。不过，我的名字，他倒是喊得很顺口，总是把我搂在怀里，"小璐，小璐……"地唤着。后来我才发现，和外公亲近的人并不多，我便是那唯一的一个。慢慢地，因为上学的关系，我也很少再来这片桃花林了。

　　记得我和外公在一起的最后一天，外公第一次说了这样煽情的话语，他说："小璐，希望每年的春天，我们都能一起看桃花雨。明年，也一定要来哦……"我只是小小地惊讶了一下，并没有过多地在意。那年，我第一次失约了。再来的时候，我才知道，外公在那年春天去世了……我心里一下子慌了起来，我眼眶发热，疯了似的来到这片桃花林，这片装着我美好回忆的桃花林。昔日曾和外公并肩而坐的那块巨石上，放着一个精致的木盒。也许是因为放得太久了，木盒上已经有了灰尘。我伸出手，轻轻地将它打开。是一张照片，照片里只有我和外公，外公揉着我的小脑袋，笑得很开心，很开心……我心中有一种莫名的情愫在疯狂地滋长着。

我深深地陷在自己的回忆里。不知不觉中，桃花雨停了，花瓣铺满了草地。我走到巨石边，坐在那个属于我的位置上，仰头望着那依旧风姿绰约的桃树。清风拂过发梢，带着桃花的专属味道，向远方飘去……

喻佳璐/文，六年级

一叶知秋

"秋风吹雨过南楼，一夜新凉是立秋。宝鸭香消沉火冷，侍儿闲自理空侯。"

父亲特别喜欢这首《立秋》。母亲告诉我，因为我出生在2010年8月22日，正好是二十四节气中的立秋。沉甸甸的季节，唯有懂得付出，唯有懂得珍惜，唯有懂得关怀，才能有收获。

立秋，凉风至。

父爱如秋，皱纹至。岁月的历练和沧桑已经慢慢写满他的额头，我深深地感受到每一道皱纹都深深地书写了他对我的关爱。父亲从小教育我做人要诚实，待人要宽厚，从小就培养我的品德。

立秋，白露生。

父爱如秋，白发生。流逝的光阴已经慢慢染白了他的双鬓，我深深地感受到每一根白发都深深地描绘了他对我的关爱。父亲从小教育我做人要坚持，做事要努力，从小就培养我的意志。

立秋，寒虫鸣。

父爱如秋，咽喉痛。年华的老去和飞逝已经慢慢地侵蚀了他的声音，我深深地感受到，每一次咳嗽都深深地吟唱了父亲对我的关爱。父亲从小教育我做人要历练，处世要稳重，从小就培养我的能力。

父爱如秋……

树叶从枝头落，并不意味着大树的枯萎，而是寓意秋天五谷丰登。

父亲日渐苍老，并不意味着父爱的减少，而是寓意我的逐渐成长。

娄辰逸/文，三年级　指导老师：卜玉萍

繁星般的温暖

空中洒下一阵豆大的雨滴，那雨露似的爱与温暖，在我心海荡漾着……

"奶奶！奶奶！我也要去田里摘菜！"

"好呀！换上鞋子，咱们一起走吧！"

奶奶的脸上挂满了慈祥的笑容，一双原本就不大的眼睛眯成了一条缝。小时候，爸爸妈妈没时间照顾我，就把三岁多的我寄托给老家的爷爷奶奶抚养。那时候爷爷还没退休，每天要去单位上班，大多数时间都是奶奶在照顾我。

我总是嚷着要和奶奶一起去菜地，却总是受不了时间的煎熬，跟去后没一会儿就哭着要去别的地方玩儿。这个时候，奶奶就会从她的围裙袋子里掏出一根棒棒糖或是小饼干之类的小零食哄我。然后呢，我便会破涕为笑，不再哭闹，坐在田埂上，安静地吃着小零食，看着奶奶劳作。奶奶会一边干活，一边跟我说一些田间农作物的小知识。黄昏，跟在奶奶的身后，追着奶奶的身影回家，感受着一种说不出的幸福。

那时候，奶奶教会我用筷子，教会我拿笔的姿势，教会我认识田间的农作物、天上的飞鸟……因为我的奶奶以前是一名乡村小学的代课老师。不能说她知识渊博，她平时教我的东西，有她自己会的，也有她自己不会的，但奶奶为了教我，自己先学会。

时间过得飞快，一不留神它就滑走了。转眼间，我也长大了，离开了奶奶的怀抱，回到爸爸妈妈身边，开始了求学生涯。我每周都会回老家看我的奶奶，岁月在奶奶的脸上留下了印记，她的头发更白了，但在我眼里，她更美了。她那原本不大的眼睛看起来也更小了，但在我的眼里，她更慈祥了。

这繁星点点似的温暖与爱，会永远在我的心里闪烁，温暖着我前行的步伐。

周璟瑞/文，五年级

亲情速递，即时送达

我的外婆家位于浙江省长兴县，那里山清水秀，鸟语花香。外婆家的小楼周围都是美丽的小树林，勤劳的外婆在树林的边上，特意为我开辟了一个小农场，里面种满了各种时令蔬菜，还养了一大群母鸡。外婆经常说："我家灯灯学习很辛苦，一定要让他吃得好一点，补补脑子。"

每个月的月初，总有一只大竹篮会准时出现在我们家里，里面放满了新鲜的鸡蛋和各种当季蔬菜。不用猜我都知道，外婆托邱佳哥哥送货时捎来的美食速递又到了。一年四季，美食速递各不相同。春季，送来的是莴苣、荠菜、菠菜和春笋；夏季，送来的是冬瓜、黄瓜、空心菜和茄子；秋季，送来的是四季豆、白菜；冬季则是晒干的辣椒和水灵灵的萝卜。唯一不变的，还有满满一大盒新鲜鸡蛋，摸一下，鸡蛋温温的，好像刚生下来的一样。这样，每天早上我都可以吃到一个美味的鸡蛋。妈妈有时给我煮蛋羹，有时是煎蛋，有时是白煮蛋。吃着鸡蛋，仿佛又看到外婆慈祥地摸着我的头说："我家灯灯学习很辛苦，一定要让他吃得好一点，补补脑子。"

其实，新鲜的蔬菜和鸡蛋宁波的超市里都有，妈妈已经和外婆说过很多次了："您年纪这么大了，别这么辛苦，种这么多蔬菜，养这么多鸡鸭。"可外婆就是不听，她总是说："我家灯灯很辛苦的，学习这么累，一定要吃得好一点的。"我知道，平时外公外婆舍不得吃鸡蛋，都要攒起来，每个月月初随邱佳哥哥送货的车捎到宁波。鸡蛋和蔬菜，饱含了外公外婆对我深深的关爱和想念，那份亲情和那份爱才是真正的无价之宝！

　　亲爱的外公外婆，我一定会努力学习不辜负你们的期望。你们也要健健康康、开开心心地生活哦，因为我们永远是相亲相爱的一家人！

蒋文鼎/文，五年级　指导老师：徐敏英

流金岁月

　　每天早晨，我们家最早醒来的人是妈妈，因为她要为我们全家烹制美味可口的早餐。半小时后，爸爸的手机闹钟也响了，然后我的美梦就会很快被爸爸打断，他会强行拉我起床并催促着睡眼蒙眬的我赶快去洗脸刷牙。当我从卫生间出来时，热气腾腾的早餐肯定已经摆在餐桌上了，旁边还有妈妈切好的水果。我慢条斯理地品尝着早餐，还时不时地挑剔一下妈妈的厨艺。这时，爸爸就会催促我的进餐速度，有时他实在等不及了，只能先急匆匆地下楼，把车开到楼下，以节省点时间。

　　送我到学校后，爸爸就会直接去公司，开始他一天繁忙的工作。妈妈在家整理完家务，草草扒口饭后也会急急忙忙地去单位。而我就在学校开始一天愉快的学习时光。

　　下午放学时，爸爸或妈妈会准时在学校门口接我。这学期基本都是爸爸来接我，因为他要监督、辅导我的作业。回到家，我吃完点心后开始做作业，爸爸就在旁边用电脑和手机办公，如果我有学习上的疑问，他就会随时帮我答疑解惑。

　　作业做完后，我就可以开始课外阅读，或者让爸爸给我讲课外知识啦。每天最愉快的时光就是听爸爸给我讲课外知识。爸爸可以把很枯燥的知识讲得非常生动有趣，比如讲历史，爸爸会把中外同时期的人物和事件联系在一起讲，讲完后会给我分析这些人物和事件背后的教训和意义，结合当下的时政，让我对社会和人性有更深入的理解。

爸爸还会经常穿插讲天文、地理、物理、化学、经济、军事、政治、宗教等知识，让我能了解这些知识的精彩之处，充分激发我探索未知世界的欲望。每次听爸爸讲知识都是在妈妈催促睡觉的声音中恋恋不舍地结束，不过我的思绪还会在睡梦中飞翔，继续探索着无穷无尽的真理。在我进入梦乡后，爸爸会继续他的工作。有时和北京的叔叔阿姨们开网络会议，有时在电脑上批阅文件，编辑资料，爸爸什么时候睡觉，我从来不知道……

古人云：一寸光阴一寸金，寸金难买寸光阴。每个人的一天都只有二十四个小时，除去工作、学习、吃饭和睡觉以外所剩无几，这宝贵的几小时就是我们每个人可供自由支配的时间。爸爸妈妈放弃了交友、休闲、娱乐和应酬，把他们最宝贵的自由时间都用来陪伴我成长，这就是我理解的"爱"，它是最深情的陪伴，无私而包容，朴实而醇厚！

你们伴我成长，我陪你们到老！感谢上天让我成为你们的孩子，感谢你们不嫌弃这个缺点多多的儿子，我们永远都是相亲相爱的一家人！

蒋文鼎/文，五年级　指导老师：徐敏英

第一次领悟到妈妈的爱

每个人都有很多个第一次，第一次牙牙学语，第一次蹒跚学步，第一次背着书包上学……正是这些无数个第一次组成了我们绚丽多彩的人生。而我印象深刻的第一次却是……

我因为贪玩耽误做作业，被妈妈批评，气恼的我与妈妈顶嘴狡辩，丝毫没有认错的态度，自以为是，摔门反锁，将自己关在房间里。我摔了IPAD，把作业本与书籍扔了一地，表示对抗。这是我第一次与妈妈吵架。我想当时我是疯了，深深地伤了妈妈的心。

当我一个人在房间里生闷气的时候，一本《林清玄散文》赫然出现在我面前。我默默地打开翻阅，此时，心情也平静下来了，直到我阅读到《枯萎的桃花心木》，我浮躁的心突然像被打开了。当我读到种树人怎样种树时，我的心慢慢融入其中，仿佛我就是作者，在向种树人提一连串的问题，得到种树人解答后，我似乎又是一棵桃花心木，妈妈就是那个种树人。在我成长的过程中，遇到难题，我必须自己"扎根"寻找知识，寻找答案，而不是被妈妈每天"浇水"灌溉。当我像树苗一样养成被督促又依赖的心，根就会浮在地表，无法深入，一旦停止浇水，便会枯萎。即使存活，树苗也经不起风雨的洗礼，一吹就倒。我不能再这样无理取闹了，所有的妈妈都爱着自己的孩子，妈妈的爱是默默无闻的，是无私的。

我的内心被触动，追悔莫及，我悄悄地打开房门，一头扑进妈妈的怀抱……在妈妈的指引下，我这棵小树苗面对风雨，一定会努力面对，扎根地下，茁壮成长为高大笔直的大树。

陈方圆/文，六年级

搞笑的老爸

又到了"五一"国际劳动节，为了不给高速添堵，我们全家哪里都没有去，而是选择在家里好好休息。

虽然是休息，但是作业不能忘，日记写什么？一天都没有什么头绪，只好把会写的作业先写完。写着写着，一道关于成语的题目把我给难住了，我冥思苦想了好久，还是没想出来。没办法，还是去问问妈妈吧！

不知道是我的描述有问题，还是妈妈的理解能力有问题，我说了好多次题目，也根据自己的理解解释过了，可妈妈还是没听懂。我很无奈，有些不高兴地说："妈妈，你不是说你是读过大学的文科生吗？大学的文科生为什么连小学生的题目都不会啊？"

这时慵懒地靠在床头的老爸一下子来了精神，笑嘻嘻地说："你妈哪里是什么文科生啊，你妈是全科生，号称'全不会'！"说完，爸爸立马换了一副严肃的面孔，转过头来对我说："你是不是上课没好好听，怎么连作业都不会做呢？我看你就是个'都不会'！"

我很不服气地对爸爸说："哼，你会？有胆你来教啊！你不是说自己也上过大学吗？我看你肯定也不会！"

爸爸很不屑地看着我，说："我？我是你妈＋你，就是'全不会＋都不会'，我是'全都不会'！怎么了？"

"哈哈哈！""全都不会还说得这么理直气壮，你也真好意思！"妈妈和我笑成一团，我们的欢声笑语久久地回荡在房间的每一个角落！

虽然"五一"没能出去玩，但是看起来在家也很欢乐。我的老爸总是有这样的经典语录让我们开怀大笑，以后我每次都要记下来，说不定我还可以整理出一本《老爸搞笑语录》呢！要是碰到我有不开心的时候，翻翻《老爸搞笑语录》一定能让我马上变得开心不已！

胡桐/文，四年级

写给妈妈的一封信

亲爱的妈妈：

　　您好！感谢您这些年来对我的养育之恩！若不是您，我怎会有今天的成绩？

　　小时候，我夜里经常哭哭啼啼不肯入睡，您没办法，只好把我抱在怀里。过了好一会儿我才睡着，您把我轻轻放到床上，自己才疲惫地躺下。因为您白天要去上课，晚上又要照顾我，所以您的眼睛周围出现了浓浓的黑眼圈。

　　上幼儿园时，妈妈您鼓励我要多读绘本故事，还给我买了很多绘本与童话书。在我睡觉前，妈妈您还给我读一两个精彩的故事。那时，您除了给我买玩具外，买的最多的就是书了。在您的引导下，我渐渐喜欢上了阅读，阅读从此成了我最大的兴趣爱好。

　　在生活中，您总是把最好吃的东西留给我。记得每次吃饭，您总会把最美味的菜肴夹到我碗里，让我慢慢吃。而您呢，就看着我吃，还微笑着对我说："多吃点，好长身体哦！"我听了，心里多么温暖。

　　再长大些，我努力学习，妈妈您竖起大拇指表扬我，让我对学习更加充满信心。我帮您做家务活，您夸奖我勤劳懂事，这让我喜欢上了劳动。妈妈，您的表扬我都记在心里，而您对我的批评，我也从未忘记。

　　有一天晚上，我把手机放在床边充电，人却不知不觉睡着了。您发现后就把电源关掉了，还把手机轻轻放到了桌上。第二天，您把我叫过去意味深长地说："晚上睡觉，千万不可以把手机放床边充电啊，这是多么危险的事。记住，以后不可以这么做了。"也就是从那天起，我再也没有把手机放床上充电了。

妈妈，今天是母亲节，祝您节日快乐！我给您准备好了礼物：校运动会上获得的各项金牌、银牌，昨天刚摘的桑果、枇杷都是送给您的，希望您会喜欢。妈妈，您辛苦了，在您忙碌的时候，一定要记得休息哦。

祝您

身体健康，工作愉快！

您的儿子：诸明亮

2018年5月13日

诸明亮/文，六年级　指导老师：莫晓慧

想 念

　　爸爸妈妈总是想念小时候的我，他们说那时候我好可爱。妈妈翻着电脑里的视频：我扎着小辫儿，在那里唱歌、念诗、讲故事。普通话也不太标准，可妈妈看着看着就笑了起来，这笑容多温柔，多慈祥。

　　外公外婆也总是想念小时候的我，外婆说，小时候，你爱吃肉，爱吃蔬菜和喝汤，很乖很乖。外公说，小时候你爱听故事，我讲了很多遍，你还要我再讲再讲，很爱学习。

　　我也努力地回想他们说的这些事，可是我不记得了。我不自觉地想念小时候，因为看起来，他们那时候很喜欢我。虽然我说话不太清楚，可妈妈还是会说，你说得真好，爸爸会说，你背得真棒。我不爱吃葱，外婆会说，吃肉长个，不吃葱就吃肉吧。虽然我让外公讲很多遍《小猫钓鱼》，但他还是会表扬我，宝宝真爱学习。

　　不过我也不难过，我想等我再长大一点，他们一定会想念现在的我。而我也会想念现在的他们吧。

张葚楠/文，三年级

爸爸，我想对您说

爸爸，我有许多话想对您说，可我又不敢正视您那严厉的目光。今天我要用不一样的方式向您倾诉我的心里话。

每个人都说母爱是最伟大、最无私的，但在我心里父爱是同样的，甚至更伟大。在生活中，您无微不至地关心我、爱护我，学习上，您更是不辞辛劳地为我付出。记得刚放暑假的某天晚上，我写完作业准备睡觉，洗漱后已经快十点了，您还没有回家，我想您一定还在公司加班，就先睡觉了。不知睡了多久，我口渴起来喝水，发现书房的灯还亮着，心想：是不是我忘记关灯了。刚走到书房门前，突然听到有翻书的声音，我悄悄推开一条门缝，啊！原来是您在检查我的作业。您时而眉头紧锁，似乎有题目做错了；时而眉开眼笑，好像有一份作业写得很好；时而疑惑不解，仿佛有道题目也难住了您；时而揉揉眼睛，我知道您已经很困很困了。这时的我思绪万千，心里是说不出的滋味，我很想进去抱抱您，和您说说话，但夜已深，这样会延迟您休息，我决定不打扰您，悄悄地到厨房喝了水就去睡觉了。当时我真的很想对您说声："爸爸，您辛苦了！"

爸爸，您在我心目中是最伟大、最崇高、最值得敬仰的人。是您，给我创造了良好的生活环境和学习条件；也是您，给予了我一个温暖而幸福的家。

爸爸，谢谢您这十年来对我的培育和包容！我比较任性，有很多次闹情绪惹您生气，真是太不应该了。在这里，我要对您说声："对不起，爸爸。以后我会越来越懂事，让您少操心。"我还希望爸爸工作不要每天都那么累，要注意休息，每天都过得快快乐乐的。

爸爸，谢谢您！我很想大声对您说："爸爸，我爱您！"

胡安蝶/文，四年级

我的奶奶

　　我的奶奶今年六十多岁了，身体健康，行动很敏捷。别人到了这年纪，估计已是满头银发，但我的奶奶是个例外，满头黑发中找不到一根白发，整个人看上去只有五十多岁。

　　我爱奶奶，爱她的节约，也爱她的善良！

　　我爱奶奶的节约。她自己平时从不舍得买新衣服。几年下来，她一直穿旧衣服，或者是穿姑姑不要的衣服。让她把旧衣服扔掉，那几乎是不可能的。平时买菜拿回来的袋子、买衣服提回来的袋子，她都一个不落地收好，有的当垃圾袋用，有的装东西用，还有的在下雨天当雨靴用。只要我想拿袋子，大的、小的，尼龙的、麻布的，干净的、脏的，都可以在奶奶那儿找到，真是一个免费的袋子支取处。如果爸爸一个不小心把袋子扔进了垃圾筒，那会马上招来奶奶的一顿唠叨："你怎么可以这样，这袋子可以装鞋子、装垃圾、装菜、当雨靴……哎，你这个败家子！"老爸那真叫"有苦说不出啊"。奶奶的思想还挺先进的，有了她的这些"法宝"，在接下来的垃圾分类活动中，我们就不愁啦，袋子又可以二次利用，还真是变废为宝。想到这，我说了句："爸爸，你是十足的垃圾生产者，奶奶是环保主义者，你应该多向奶奶学习，这样我们身边的环境会越来越好！"爸爸被"教育"得低下了头，不好意思地冲我俩笑了笑。

　　我爱奶奶的善良，虽然她舍不得扔旧衣服，但却非常愿意捐衣物给贫困山区的人们。有一回，她看到一个绿色的捐献箱，就问我："那是干吗的，是新型垃圾箱么？我说："那是捐旧衣服的箱子。"她一听，眼睛都亮了起来。一回家，就把干净的旧衣服拿出来，一件一件地叠整齐，用她平时整理好的袋子一袋袋装好。"奶奶，这件红色衣服不是过年的时候刚买的，怎么就不要了？比这件更旧的你都没捐呢！""嗯，这件衣服结实，我想山区的老人更需要它！"理完后又把我不穿的衣服全搬出来，用袋子装好，奶奶和我一起出去把袋子一只只塞进了那个绿色箱子里。奶奶趁爸妈不注意，把他们的衣柜也"打劫"一番，然后又扛着鼓鼓的袋子出门，塞进了捐献箱里，这才一脸满足地回家了。

这就是我的奶奶，一个又节约又善良的老人！

舒宇露/文，六年级

亲爱的爷爷

　　我的爷爷今年六十多岁了，他有一张圆圆的苹果脸，一双深灰色的小眼睛，他那尖尖的鼻子旁长着一颗黑红的肉痣。

　　爷爷非常喜欢运动，每天晚上都要在小区里散步一个多小时，每天走的步数都接近两万，很厉害吧！他喜欢买既宽松又便宜的衣服，虽然妈妈经常说他买的衣服太大了，但他并不在意妈妈的话，还是按照自己的想法来。

　　爷爷像猫咪一样温柔，无论我想要什么，他都会给我买的。去年夏天，气温高得像坐上了过山车，整个绵阳好像被一双无形的大手丢进了烤箱。我又热又渴，看着旁边小卖部里卖的冰激凌，流着口水问爷爷："我能吃个冰激凌吗？""当然可以，我刚想问你想不想要冰激凌呢，没想到你先来问我了，快去选吧！"我一溜烟儿地跑进了小卖部，选了个很贵的冰激凌，爷爷什么都没说，直接给我买了。

　　从出生到现在，爷爷总是无微不至地照顾我、呵护我。记得小时候，我嘴里长了疱，爷爷就带着我急急忙忙往医院里赶。因为一有东西进入嘴里，我就会疼得流泪，虽然饭前吃了医生给的"麻醉药"，疼痛也不会完全消失。爷爷就把菜叶、虾肉和猪肉剁得很碎很碎，和着小米，煮一锅稀饭，再用小勺子一勺一勺喂给我吃，那种味道我至今还没忘掉。

　　爷爷很爱我，有时他能为了我而跟妈妈顶嘴。就在前几天，我因为做错了一道数学题而让妈妈火冒三丈，她一回家就开始指责我："怎么考试分数越来越低了……"爷爷听到了说："你不能这么说!""本来分数就越来越低了嘛。""你再说你会后悔的!"爷爷生气地反驳。爷爷竟然跟妈妈顶嘴，而且是因为我。我看着爷爷慈祥地对我微笑，有一种说不出的惊讶。

　　这样温柔慈祥的爷爷，我很喜欢他!

杨岚兰/文，三年级　指导老师：汤小芳

我长大了

在"笨小孩"的快乐中长大

妈妈是个"笨小孩",可这个"笨小孩"却是我的"灭火器"和"加油站"。每次我心情不好的时候,她总有办法让我高兴起来;每次我垂头丧气地回到家,"爱的击掌"和"亡羊补牢"总能让我找回自信,重新振作起来。

印象最深的是四年级那次,同一天得知了两个"噩耗"——英语得了"B"、数学考了92.5分。从来没有考过这么差啊,我情绪低落,吃晚饭时一声不吭。

"儿子,碰到什么事了?"妈妈问我。"英语'B',数学也考砸了。"我低着头说。"哦。怪不得你不开心呐。"妈妈好像恍然大悟,"好像筷子也拿不动了是吗?来,妈妈给你力量。"妈妈把我的手抬起来,用力地击了一掌。"唉,饭没吃饱,没力气啊。赶快吃两口,看着我,笑一笑。"我咧了下嘴巴,可是怎么也笑不出来。"百分之九十九点九九的概率又被你碰到了?你可以的,只是这次没发挥好而已。"妈妈摸摸我的头,"这么聪明的脑袋,吃完饭我们一起来看看是哪里没注意丢了分。""嗯。"我闷着头说。"哪道题这么难,把我们家那么聪明的儿子都难倒了?还是你审题的时候出点BUG?还是昨天晚上没睡好,血量不够?"听着妈妈的唠叨,我心里的郁闷好像少了不少。"我们赶快吃饭,化悲愤为食欲。等吃好了,再探究竟,看看敌人有多强大,秒杀它。来，'狼牙棒'来一个压压惊。"妈妈把一个大鸡腿塞进我嘴里。味道还真不错，我的心情也好多了。

那天晚上，妈妈陪着我和错题较量再三，先纠错再总结又做类似题，终于可以蔑视敌人了。"怕它什么，下次再来，保准秒杀它。对吧，儿子！"妈妈得意地望着我，又摸摸我的头，"大猷不怕题目难，万题千题只等闲。但使浙江大猷在，任它变化再多端。一个字，放马过来！""啊？妈妈，'放马过来'是四个字。"听着妈妈的打油诗，我忍不住笑了。"儿子，一激动我又算错了。没你聪明，我是笨小孩啊。往着胸口拍一拍呀，勇敢站起来，不用心情太坏；向着天空拜一拜呀，别想不开，老天爱笨小孩！"是啊，就像妈妈经常说的，凄凄惨惨是一天，快快乐乐也是一天，只要我们每天都认真努力了，就可以快快乐乐地活着。

"用心去灌溉，花自然会开。我要做问心无愧的笨小孩，每天上课认真听，回家好好复习，以后不在同一个地方摔跤。加油！我会越来越好的，笨小孩一定会变成很聪明的人。"晚上，我在日记里认真地写下了自己的心愿。

妈妈很喜欢唱《笨小孩》，总是笑眯眯地自夸"笨小孩生了个聪明小孩"；我常常看到妈妈各种笨的表现，像计算出错、背书漏字什么的，可是我超爱这个"笨小孩"。考砸了和她一起"吃顿好的"，然后"亡羊补牢"，常常就"满血复活"，心情也阳光灿烂了。考好了和她一起"哼哼哈嘿"，看一集《奇葩大会》或者《意外艺术》，再去西湖边看看接天莲叶，听听南屏晚钟，心情更是无比惬意。

"生活不只是活着，风雨之后有彩虹，最近的地方都有风景。"年年带高三的妈妈工作很辛苦，夜深了还经常在备课，可是"老天爱笨小孩"的口头禅太厉害了，见多了她的"笨鸟先飞"式实战和累累硕果，我也慢慢成了一个踏实努力的"笨小孩"。"儿子，你长大了，越来越聪明了！"妈妈常常感慨。"全亏了'笨小孩'陪我跑带我飞哦！祝贺一下我长大了！哈哈！"和妈妈击掌庆祝，我的心里春光明媚！

在"宝贝面"的诱惑中长大

虽说"人不是光靠吃米活着"，可是小时候，我就是特别讨厌吃面。滑溜溜的，太难夹了，每根还那么长，麻烦死了！外出旅游时闻上去很香的方便面，还让我吃坏了两次肚子。"你不会用筷子啊？"一想起同学妈妈惊讶的表情，想起那两次捂着肚子拼命跑厕所的情景，我对"面"的恐惧感油然而生。"吃面去？""不要。"小小的我是"望面生畏""谈面色变"！直至爸爸的一碗"爱心宝贝面"，才驱散了这浓重的阴影。

那天，我从下沙考试回来，饿得"整个人都不好了"。"妈妈，我们去哪里吃饭？""现在是用餐高峰，外面吃要排队等位置的，爸爸让我们直接回家吃。""爸爸已经到家了？还烧了好吃的等我们？""是啊，九点多到家的，他说给我们烧了超好吃的面。""啊？面，我不要吃。"我下意识地叫了出来。"是哦，你不爱吃面的。你爸的记性啊，出差回来什么都忘了。还说弄了一上午呢，比我还笨！那我们俩在外面吃？让那个笨小孩一个人在家吃面。"妈妈唠唠叨叨的，看来也火大了。"算了，爸爸都烧好了，我们还是回家吧。"我迟疑了一下，"好久没看到爸爸了，一起吃面也好的。""听你的，有个孝顺的聪明儿子就是好。老天爱'笨小孩'！"

"面好啦！大猷，快来吃。"到家十五分钟后，面终于好了。拥抱了我后才去"新鲜下面"的爸爸大声喊我。我无精打采地坐到餐桌前，拿起了筷子。看到碗里满满当当的面，我皱了皱眉，算了，开吃！

慢腾腾地挑了几根面放进嘴里，我用舌头舔着。"太好吃了！"这一口，可让我惊呆了！世上还有那么好吃的面！比方便面好吃一万倍！不，一亿倍！我顿时"原地满血复活"，伸长了筷子，呼噜呼噜地把面往嘴里赶。

一碗面很快下肚了，我感觉自己"神清气爽""意气风发"。"太好吃了！爸爸，我还要一碗。"我把空碗递给爸爸，"你看，一根不剩。""都吃完了？好吃吧！"爸爸神秘兮兮地说，"你知不知道这面条为什么这么好吃？""难道有'秘密武器'？"我诧异地问。"难得你要吃面，爸爸再去烧。独家秘方哦！"爸爸乐呵呵地说。"谢谢爸爸！您先吃，等吃完了再给我烧吧。一会儿我来帮忙，您是大厨我是小助手。我去洗菜。"我高兴地进了厨房。

"儿子长大了，都会体贴我了！看来，我这汤没白熬啊。"爸爸很高兴，跟我走进厨房，指着厨房里的一碗浓汤说，"秘方就在这里。"见我好奇地看着这碗汤，爸爸又说："这汤里有不少宝贝，都是爸爸从云南一个地方一个地方找来的哦。儿子，面有很多种滋味，远远不止你吃过的几种，有很多地方的面都很好吃，就像我这次在云南吃的豆面、菌菇面、牛肉面、辣椒面都很好吃。今天我给你烧的面里就放了云南的菌菇、饵块、豆角、牛肉、卤腐和酱料，光这汤爸爸可熬了三个多小时哦。好吃吧？""好吃。""你讨厌吃面，是因为上次的面质量不好，不是每碗面都会让人拉肚子的。"原来爸爸没有忘记我对面的讨厌啊，"嗯。就是面条不太好夹，吃起来容易掉。""好吃的东西还怕麻烦？筷子么，多夹夹就灵活了。你看我读书的时候怕这个怕那个，错过了多少好玩的事啊。谁也不是什么都会的，多学学多练练就会了。你看你妈，笨到自行车都不会骑，开汽车不是也学会了？"听爸爸又把话题转到"笨小孩"身上，看"笨小孩"一脸赞同的表情，我突然醒悟过来，这碗好吃得不得了的"宝贝面"是两个"笨小孩"联手煮的"爱心面"啊！

"儿子，我们给它取个名字吧，这可是我们的独家秘方哦！"爸爸笑得满面阳光。"笨爸爸烧的，笨妈妈和笨儿子都爱吃的，放了那么多宝贝在里面的，叫'三个笨小孩最喜欢的爱心宝贝面'，怎么样？"我灵机一动。"名字太长了！不好记。"妈妈说。"那就叫'宝面'——宝贝们爱吃的宝贝面。"爸爸说。"好，晚上继续吃宝面。"全票通过。

"有容乃大。一个人，只有视界开阔了，心胸才不会狭窄。"爸爸常常说，也常常带我和妈妈去看世界。"宝面"是我们仨最爱吃的面，配方却常常变化。世界那么大，宝贝无穷多，我长大了，"宝面"也在不断升级中。

今天，"笨小孩"突然问我："儿子，妈妈想听听你的意见，你说这根白头发要不要拔掉呢？前几天刚拔掉的，今天又长出来了。"看着她在镜子前纠结，我突然想起了一首歌："一年一年，时间飞跑，小小少年在长高。随着年岁由小变大，他的烦恼增加了……""妈妈，你想拔就拔，不想拔就不拔。"我认真地看着"笨小孩"，"反正，不管白头发还是黑头发，你都是'笨小孩'，我和爸爸最爱的'笨小孩'。"

高大猷/文，七年级

第二辑

阿太的老屋

阿太不在,但家园未荒芜。

这片温暖的土地上,依旧年年都绽放出新的希望。

阿太的老屋,给我无限的憧憬和向往。

奶奶和她的缝纫机

　　每个家庭都有"传家宝"，我家也不例外。它就是奶奶用了四十多年的缝纫机，是个"老古董"呢！它是奶奶的嫁妆，跟着奶奶大半辈子，奶奶把它当成一个亲人。

　　奶奶以前在纺织厂工作，对缝纫机了如指掌。到现在，缝缝补补的事也不在话下。家里的衣服破了，裤脚太长了，都用不着去店里修补，交给奶奶就行了。奶奶踩着缝纫机，三下五除二就搞定了，既省钱又省事。

　　我是奶奶的"常客"，因为我的衣裤需要修补的数量最多。一次，学校发校服，不知怎么搞的，我的那套特别大，尤其是裤子，肥得能装下两只水桶，裤脚直垂到地面，走起路来一不小心就会踩着。裤腰也松极了，总是往下跑，这裤子根本没法穿。我正郁闷着，奶奶笑着说："这裤子怎么穿呀？我来帮你改一改吧。"

　　奶奶来到缝纫机旁，那虽老旧但被擦得干干净净的缝纫机散发着淡淡的光泽。虽然是"老古董"，但它在主人的精心呵护下并没有"苍老"的痕迹。

　　奶奶右脚踩着踏板，右手转动滚轮。缝纫机发出"咔嚓咔嚓"的声音，仿佛为它的主人献上一首欢乐的乐曲。奶奶把宽大的裤管一边向里折进去，用手压住一端，一边踩着踏板，一边将裤子拉向她自己，一会儿工夫，裤管小了一寸；奶奶又将裤脚向里翻进去五厘米，用左手按紧，放在缝纫机上，随着"咔嚓咔嚓"的响声，裤子也变短了；

奶奶最后把裤腰带拆下，穿上一根皮筋，伴着"咔嚓咔嚓"的声音，裤腰也变小了。不过二十分钟，一条合身的裤子闪亮登场……

灯光下，奶奶的白发反射出道道银光，额头上的皱纹也一条条被放大了。可是我却觉得她并未老去，依旧那么年轻，那么能干。身旁的缝纫机也仿佛依旧是四十多年前那崭新的模样。他们如同一对亲密的老友，一起生活，相互陪伴。

经过漫长岁月的洗礼，一直被保留下来的东西，是那样珍贵，那样独一无二。因为人们对老物件倾注了自己的感情，如同奶奶对那台"古董"缝纫机。

卢梓诚/文，五年级

藤叶茶的香甜

老家没有喝绿茶、红茶的习惯。唯一的茶山在水库山坡边，很早就没人打理，荒废了，茶树结满果子。茶树结的果与油茶树的果很好分辨，剥开皮，它的果粒是圆圆的、黑黑的。小孩玩弹珠游戏时，喜欢用它做弹珠。

家乡常喝的是一种用不知名的藤叶泡的茶。在水壶里撒上几片黄褐色的叶片，再往里浇上滚烫的开水，褐色的叶片上下翻滚，不多久，整壶水就变成了黄色。茶水喝在嘴里，甜甜的，一股清香瞬间溢满口腔。这种茶既消暑解渴，又有利尿排毒功效。它还有个特点，隔夜不馊，一壶茶可喝上好几天。暑假回老家，跟着爷爷奶奶在室外干活，他们总会随身备上一大壶藤叶茶水。他们在地里辛勤劳作，我们几个小孩在一旁玩闹。渴了，放肆地喝大树下的凉茶。玩腻了，满身臭汗地跑回家，倒上满满的一碗藤叶水，仰起头牛饮而光。因为茶是凉的，喝下去全身凉爽，真是舒服！"谁能消暑解渴，唯有藤叶凉茶水！"茶水流淌着香甜和凉爽，让人忘却了夏天阳光的炎热。

藤叶茶的香甜深印在脑海里，给了我对茶最初的认识，它让我对茶有种天然的好感。香甜的藤叶茶伴随我度过了童年，成了儿时一种深刻的记忆，随着时光的流逝变成了一种深深的乡愁。

袁熙睿/文，八年级

三号老家

在我很小的时候，父母有时会让我到乡下的老家住一段日子。

老家的房子很大，不仅有四层楼，而且还有房前的晒谷大院和屋后的池塘田地，平时只有奶奶一个人住在这里。我总是缠着奶奶在屋子里玩捉迷藏，奶奶"不见"时，我就会哇哇大哭。奶奶便赶紧从藏身处出来，我就知道奶奶还"在"，马上破涕为笑，而且会乐上好一阵子。

我们老家的门牌号上有数字"3"，我喜欢跑到第"26"号家去，那是我堂姐的老家，一到假期，堂姐也回到老家来住，我就去找她玩。暑假时，我们会到池塘边玩泼水，累了，就坐下休息一会儿，打一打只有我们自己知道规则的扑克牌；如果下雨，我们就每人各拿一个碗儿，看谁的碗先被雨水灌满；寒假时，我们就把自己"包裹"严实，然后开始打雪仗、堆雪人。

等我又长大了一点，堂姐就上小学了，她忙得没有时间回老家，村里的许多孩子也都去上学了，村子变得安静了许多。不过这时，村子仿佛成了我的天下，我在带滚轮的不锈钢晒衣架上放上一块木板，它就成了"小汽车"，我开着"小汽车"，在村里笔直的水泥路上叫着"小汽车，嘟嘟嘟……"

对老家最后的印象是爸爸妈妈带着我到房子前拍了一张全家福，爸爸说："老家要拆掉了，这是最后一次住在老家了。""为什么呀？"我问。"机场扩建呀，全世界的飞机都会飞到这里来，等你长大些，你就明白了。"爸爸笑着对我说。

后来我上了小学，爸爸又带我回到老家的村子，我们来到一幢被拆倒的废墟前，爸爸若有所思地在地上寻觅着，然后从砖石堆里捡起了一块蓝底白字的门牌，我跑过去一看，上面写着"和顺村3号"。

现在我生活在美丽的城市里，记忆中那段3号老家的美好时光却越来越清晰，它将永远陪伴着我。

黄予聪/文，五年级　指导老师：黄利文

外婆的缝纫机

"嗞嗞——嗞——"房间里传来了外婆缝纫机工作的声音。我抬眼望去，在洒满金色夕阳的窗边，外婆正轻轻地踩着她的缝纫机。每当这时，我的思绪就飘到了外婆常常说起的那段岁月……

当时，生活物资比较匮乏，外公外婆也不富裕，这台缝纫机就是全家人衣服的"工厂"，同时它还兼任了"写字台"的角色。每天放学后，妈妈和舅舅就在缝纫机盖板上做作业——他们从这一方小小的天地起航，一路过关斩将，都考上了大学……

夜深了，外婆忙完家务，就会取出一卷卷用油蜡纸包裹的布料，将缝纫机的盖板翻过来，小心地把布料放在台面上，然后一边用脚轻轻踏着，一边用手稳稳扶着，飞针走线……那时，外婆可是效率极高的"熟练工"啊，半个小时就能完成一件上衣！

外婆说，这台缝纫机是妈妈出生那年买的。如今，妈妈已经快四十岁了，缝纫机也进入了它的"老年时代"。可外婆仍然当它是个宝，在外婆的精心护理下，它看上去还像新的一样。机身上"西湖牌"三个字清晰可见；盖板也是锃亮的，发着光，摸上去很光滑；只有脚踏板和皮带，像老年人的腰腿一样，即便外婆常常给它们上油，终究敌不过岁月的侵蚀，一踩上去就发出"嗞嗞——嗞——"的声音。外公经常打趣地说，"你们听，缝纫机又在唱曲儿啦！"

现在，外婆住上了大房子，领上了退休金，衣食无忧，可她闲不下来，还经常去买布料，自己做衣服。她说，"外面头的衣服，总没有自己做得好!"

"嗞嗞——嗞——"金色的夕阳下,外婆的缝纫机卖力地工作着。它吟唱着岁月沧桑的小曲儿,陪伴着我家的三代人:它见证了外婆的青春,陪伴了妈妈的成长,也走进了我的生活……

倪溯飞/文,五年级

那只猫

　　夜晚，风呼呼直响，墙上的年画被刮得噼啪作响。我被冻醒了，起床关窗，昏暗的路灯下，我看到树叶落了一地。单元门旁，那根竹竿依然挺立在那里，上面的猫爪印应该还清晰可见。唉，我又想起了那只猫……

　　那是邻居收养的一只老野猫。小区里，经常有流浪猫在垃圾桶边翻找食物。动物世界里弱肉强食，年轻力壮的野猫往往吃得膘肥体壮，年老的、残疾的就只能在它们的"残羹冷炙"里混个半饱。邻居是个好心人，见一只毛色灰暗的老猫总是吃不饱，就经常拿一点鱼肉来喂它。年底了，邻居要回老家过年，怕老猫挨饿，就在自家的窗台上给它放了一只装满食物的食料盆和一个能容老猫睡觉的泡沫箱，还特意找了根竹竿，一头绑在窗台上，一头戳进花坛的泥土里，方便老猫上下。于是，老猫就有了它的"养老公寓"。

　　邻居家的窗台离我们的单元门很近。说来也怪，每次有人进出，它都会紧盯着并一直喵喵叫，就好像在审查问话，活像个看门的保安。只要不是太匆忙，单元里的人进出都会逗一逗它，而它就会摆出一副吹胡子瞪眼的样子，对我们表示不满。一天里，它也没什么事干，不是吃就是睡，从不爬下邻居为它搭好的"竹梯"去地面上玩，虽然这个"梯子"还没我高。我猜想，可能是它老了，不爱动了，也可能是怕别的猫趁机来抢占它的地盘。真是只精明的老猫！

　　然而老猫的担忧马上成了现实。一个夜晚，它遭到了攻击。我记得，那个夜晚，死一般的寂静，天空仿佛被涂了黑颜料，暗极了。忽然，一声尖锐的猫叫传进我的耳朵，随后是一阵厮打声。我一下子就被惊醒了：是别的野猫来偷袭它了吗？我赶紧走到窗边，但路灯的微弱光线根本照不到那只猫。厮打声很快就停止了，黑夜又恢复了平静。我叹了口气，回到床上，一直担心着那只老猫，整晚都没有睡好。

第二天一早我就跑下楼去看它，它把身体蜷成一个毛球，正窝在泡沫箱里睡觉呢！大概是昨夜的战役消耗了它太多的体力，毕竟老了呢。再看看周围，一片大战之后的狼藉：竹竿上留下了很多抓痕，食料盆也掉在了地上，里面空空如也。这一整天，它大部分时间都在睡。

大概是没有了食物的原因，第三天，它也离开了。听不到它喵喵的叫声，看不到它毛茸茸的样子，我的心里有点失落：亲爱的老猫，你在哪里？你还好吗？

倪溯飞/文，五年级

爷爷的菜园

爷爷有一个菜园。园子里什么都有，青菜、豌豆、洋葱、土豆……还有蟋蟀、蚯蚓在这里安家，麻雀、蜜蜂在附近做窝。园子美得像七彩的油画。

菜园离爷爷家只有一百多米，爷爷每天都会过来细心照料菜园子，小到一棵菜，一片叶子，就像慈父呵护子女那样。

一年四季，爷爷轮流种上各种蔬菜，有粗枝大叶的芥菜、绿油油的豌豆、整整齐齐的大蒜，数也数不过来。摘剩的小青菜，一到春天就长得老高，开出金灿灿的花朵。金黄的菜花谢了，结出了密密的嫩荚，等变成灰褐色，爷爷会将种子收集起来，等来年再种。豌豆花犹如无数只白色的蝴蝶，停在一片葱绿中。豌豆的藤蔓很细，细得像丝线；很绿，绿得像翡翠。这些小藤蔓碰到什么就抓住什么，爷爷还特意在它们旁边插了一排小竹竿，好让它们攀爬。豌豆们紧紧抓住竹竿，哪怕是风吹雨打，它们也不怕，只是轻微地摇摆一下。

早春时节，晨雾朦胧。太阳从大雾背后挣扎着撕开一道缝，露出半个脸来。胆小的蜗牛醒了，小心翼翼地探出脑袋；鹅黄的蝴蝶来了，在花丛中翩翩起舞；蜜蜂从篱笆边的蜂房里赶来，"嗡嗡嗡"地在花丛中忙碌，沾上一身金黄的花粉满载而归；灰绿色的蝈蝈和棕色的麻雀，在唱着赞美春天的歌。园子是小动物们的天堂。

菜园西北角有棵银杏树。它是我和爷爷一起种的，春夏一片葱绿，秋天满树金黄，远远就能看见。春天，它开始抽芽了，嫩芽从看似快要枯死的树枝里钻出来。前年，我跟它比谁高，还是我高些，今年它就已经长到三米高了，究竟是我变矮了还是它长高了呢？这让我想起了《父与子》里的一个笑话。

我最喜欢和爷爷去菜园里挖土豆。刚开始爷爷让我挖，我一锄下去，把大土豆劈成了两半。爷爷很心疼，便只让我捡他挖出来的。爷爷轻轻地拨开土，土豆就滚了出来，我兴奋不已，像捡宝贝似的捡着土豆，不一会儿就捡满了一篮。爷爷种的土豆是我的最爱。

多么生机勃勃的菜园子！听爷爷说，这里以后也许会造一条公路。真是令人惋惜！我希望这片菜地永远属于爷爷和我的，属于豌豆、土豆和小动物们的。

陈幸至/文，五年级　指导老师：陈玲芬

大鼻子爷爷

外婆家在天台镇，那是一个历史悠久、风景秀丽的千年古镇。镇上的人们淳朴善良，脸上总是洋溢着幸福的微笑。不管认不认识，只要你需要帮忙，他们总是热情主动地帮助你。

每次放假，我都会去外婆家玩。

我和小伙伴们最喜欢在大操场上玩游戏、骑车、奔跑。大操场的边上住着一位老爷爷，因为老爷爷长着一个特显眼的大鼻子，小伙伴们就淘气地叫他大鼻子爷爷，他听了也不生气，反而笑眯眯地捏我们的小鼻子。大鼻子爷爷头发花白，稀疏的眉毛又白又长，长得都快要盖到眼睛了。他的眼睛虽然不大，但是炯炯有神，像是会说话。他脸上的皱纹纵横交错，看得出来，这是一张写满故事的脸。我曾进屋看过大鼻子爷爷年轻时的照片，穿着一身军装，虽然是黑白的，但是丝毫掩盖不了他的英姿飒爽。

他总是喜欢坐在家门口，眯着眼睛看着我们玩。

看我们游戏玩得开心的时候，他也会跟着我们一起笑，天真得像个孩童；当我们有谁摔倒受伤或者吵嘴时，他又锁紧了眉头，像是在担心着我们。

他家的小桌上，也会经常放些糖果等小零食。

暖暖的冬日，我经常坐在老爷爷身边，听他讲以前的故事，讲他参军打仗的故事，小小的我小眼睛里充满了敬意。我也会和老爷爷分享我学校里发生的趣事，觉得好笑时，他的眼睛就眯了起来，连皱纹也上扬得像在笑一样。金色的阳光洒在大鼻子爷爷皱皱的脸上，分外好看，似乎暖暖的阳光可以把他的皱纹填平。

从我记事起，大鼻子爷爷就一直是一个人。他的腿脚有点不好，走起路来总是一跛一跛的，走台阶的时候，我就会去扶着他。我知道，这是大鼻子爷爷年轻时，参加革命而受伤的。他有一辆破旧的自行车，但我从没看他用过。

又是一个假期来到，我如期来到了外婆家。可我去大操场玩的时候，并没有看见大鼻子爷爷，整个下午都没有看见，他家的门也紧闭着，没有打开。我的心里像是丢了什么似的，空空的。回到外婆家的时候，我问外婆："外婆，那个大鼻子爷爷怎么不在家？"外婆看了看我，叹了口气，说："他去了一个很远很远的地方，或许不会再回来了。"我愣住了，我知道那是什么意思，但是，我还是接受不了这个事实。

我默默地在操场上走，操场边的大树上偶尔传来几声鸟叫，几只蜻蜓在低处盘旋着，空气有些闷热，怕是要下雨了。曾经的大鼻子爷爷，此时该会在哪里呢？你那儿有没有下雨呢？我多想再看你一眼，哪怕是在梦里……

李依辰/文，二年级　　指导老师：郑秋霞

年　味

过年了。年味是什么？我开始寻找。

年味是游子回乡的团聚。走进车站，熙攘的人群、沉重的行李，奔走的脚步里满是父母的焦急等待与昂首期盼。五湖四海的游子们，在这一刻，不畏山高路远、车马劳顿，只为家中的一盏明灯，只为餐桌上熟悉的味道，只为那份血浓于水的牵挂。

年味是久藏心底的记忆。路过烤番薯摊，听见身旁的一位红围巾阿姨说："这味道和我小时候吃的一模一样。"她两手不停地翻动着热气腾腾的番薯，脸上洋溢着满足的笑容。透过她的脸庞，我似乎看到儿时的她，围坐在灶前炉边，咽着口水等待番薯的样子。而那甘甜软糯的番薯味儿，也注定成为她一生的回忆。

年味是咸鱼酱鸭的醇香。驻足街头巷口，只要阳台上挂起了香肠鱼干、咸鸡酱鸭，我就知道离过年不远了。"我女儿最喜欢吃我做的鱼干了！"一位大伯正检阅着他的"作品"，充满自豪和喜悦地对邻居夸耀。每一条鱼、每一只鸭的背后，都饱含着父母亲的用心良苦。在冬日暖阳的照射下，它们越发显得油光闪闪，将这位大伯朴实的脸颊映衬得金光灿灿。

往日车水马龙的大街，此时车子很少。寒风依然凛冽，不住地往我脖子里钻。我紧了紧衣领，斜瞟到马路边发现多了两排喜庆的红色。灯笼穗儿一个劲儿地在空中飞舞，仿佛是在欢送归去的人们，同时又在欢迎归来的人儿。我不禁加快了回家的步伐。

刚出电梯，还没来得及推开家门，就闻到一股浓浓的香味。"立闻，外婆炖了你最爱喝的冬笋咸肉汤哦！"走进厨房，外婆正提着汤勺尝着味道。锅里白花花的笋，让我想起每年的清明时分，外公都会带我上山去挖笋。"外公，快来呀！这里有一个笋尖儿！"外公小心翼翼地一锄一锄地刨开周围的土，而我则围着外公雀跃着。看着一根又一根带着泥土芬芳的山笋装满竹篮，我仿佛在空气中闻到了阵阵笋香。这何尝不是一种年味呢？一种伴随成长的幸福。

坐在书桌前，随手翻开案头的《唐诗三百首》。"爆竹声中一岁除，春风送暖入屠苏。""故乡今夜思千里，愁鬓明朝又一年。"耳畔又响起母亲与我背诵唐诗的诵读声。每次放学回到家，我都会以闪电般的速度卷起一本书就钻进厕所里，直到母亲三催四请才极不情愿地走出厕所。对我这个书虫而言，家即是书。此刻，又读到孟郊的《游子吟》："慈母手中线，游子身上衣。临行密密缝，意恐迟迟归。谁言寸草心，报得三春晖。"

是时，我忽然明白了什么是年味。

年味，就是家的味。无论是游子的眷恋，还是家人的期盼；无论是幸福的陪伴，还是温暖的牵挂，家的味道是永存心底的味，是珍藏记忆的馋。纵使千山万水，纵使沧海桑田，年味都不曾褪去。

曹立闻/文，四年级

去杭州过年

　　腊月二十九的天津依旧是晴空万里，没有一点下雪的迹象。一大早，我就要和爸爸妈妈坐火车离开天津，到杭州姥姥家过年了，这是我期待很久的事。我们全家在天津西站乘坐漂亮的高铁列车，上车不久，列车就像离弦的箭一样奔向姥姥家。

　　高铁虽然开得飞快，但是一点儿也不晃，车厢里暖和和的，非常干净整洁，很舒服。我以前去姥姥家，坐普通的火车，车上的环境根本没有办法和高铁相比。于是，我就问爸爸："我原来坐的火车怎么没有这么快，这么稳呢？"爸爸说："这几年我们国家的科技发展很快，已经建设了许多高铁站；高铁不仅技术设备先进，而且管理严格，火车跑起来才又快又稳，在世界上都是一流的。"这时候，列车员阿姨笑容满面地走过来为大家服务。

　　高铁很快就到达了上海虹桥站，我们还需要从这里再转高铁去杭州，用不了一个小时就可以到达杭州东站。我们出来时，姥爷已经在出站口等很久了。我看见姥爷还是那么精神，笑嘻嘻地迎接我们。接着我们一起乘坐地铁、公交到姥姥家。坐在公交车上，窗外突然又下起雨来，杭州的雨淅淅沥沥地下着，地上湿漉漉的。"是春天来了吗？"我自言自语，这让我想起一句诗："好雨知时节，当春乃发生。"杭州的满城绿色与天津的景色大不相同，迎着蒙蒙细雨，呼吸着清新的空气，真是令人心情舒畅呀！

　　到家了，见到姥姥我很兴奋！我有一年的时间没见过姥姥了，她的样子好像比以前更温柔了。晚上，姥姥给我们做了香喷喷的焖面，我吃得很满足。饭后，我们一起看电视、拉家常，我还和姥爷下围棋。一家人其乐融融，团聚在一起，真是一幅祥和的过年景象图……

李明聪/文　三年级

嵊州的春节

嗨，那个家伙，给我站住，竟不知你有这么调皮。上一年，你悄无声息地从我身边飞过，竟不跟我道别。今年，你终于如约而至，乖乖地牵起我的手，在嵊州的春节畅游一番吧。

"腊七腊八，冻死寒鸦"，过春节的交响乐开响了前奏。腊八这一天，人们要吃腊八粥的，这是用各种米、豆与各种干果一起熬成的，照老舍的话来说，"这不是粥，而是小型的农业展览会"。

除此之外，人们还要糟物，这是我们嵊州一个独特的风俗，任何肉类都可以糟制，长时间地腌制在缸里，撒上盐等材料，时间足的糟肉混合着酒肉的奇特味道，真是让人赞不绝口。

腊月二十三，春节的交响乐伴随着人们的期待欢快奏起，堪比过年的"彩排"。凡是家里有灶头的，都要进行祭灶，在灶王爷神像前摆一大把麦芽糖，好把老神仙的嘴堵上，希望他"上天言好事，回宫降吉祥"，祈求来年平安和财运。当然，这些糖最后就是孩子们的零食，尽得渔翁之利。

过了小年，家家忙得不可开交，家里收拾得亮堂堂，把一年的晦气全扫走，孩子们欢呼雀跃地叫大人把年货预备充足，抱着一颗蠢蠢欲动的心，相信明天会更好。

除夕来了！交响乐正式响起，热闹而喜庆，处处张灯结彩，漫步在悠悠老街上，到处弥漫着酒肉的香气，人人都穿起新衣服，从屋里到屋外都是耀眼的红。

一张大圆桌，把亲朋好友都聚在一起了，大家谈天说地，喜气洋洋，女人们端上了一大碗一大碗热气腾腾的年菜，而且乐此不疲！

屋外灯火通明，大家团聚在一起看春晚，不亦乐乎。除夕夜，我们这几乎没有人是不守岁的，静等新年的到来。另外，小孩还要收压岁钱，钱囊鼓鼓的。在孩子们心中，那就是整个世界，想买什么就买什么。

正月初一，交响乐轻松愉快地进行着。接下来的几天里，走亲访友，互相拜年，孩子们还有额外的收获——丰厚的红包。

到了正月十四，在嵊州的春节里，人们还必须喝亮眼汤，青菜切细加年糕烧成汤，俗话说："喝过亮眼汤，眼睛亮堂堂。"

正月十五，喜猜灯谜，锻炼思维。餐桌上，必摆一大锅汤圆，团团圆圆，和和美美，那晚的月亮正如汤圆一般，如同玉盘，独自一人赏月，颇有一番风趣。

正月十六，恍惚间，那个调皮的家伙突然松开我的手，飘然而去，大街上陆续出现人们忙碌的身影。那个调皮的家伙，明年一定来哦！

林佳颖/文，五年级

外婆的粽子

在朋友家偶得一个粽子。

回家时，月色刚好，我把粽子放入白瓷盘中，芬芳的粽香盈满房间。粽子，入口温热软糯，勾起我心底的乡怀，外婆的面容隐隐模糊……

小时候，我对粽子情有独钟，总是缠着外婆包粽子，外婆也总是无条件地满足我的贪婪。她早早地就从梨树下挖出装着去年蜜渍好的桂花罐子，再从肥瘦相间的腊肉中，精挑细选一块油花出得极好的肉来，切成大小均匀的小肉丁，装在蓝瓷罐里。有时候，光闻闻那香气便已是满足了。

小时候，外婆总是很熟练地从浸满水的大缸里取出一片粽叶，将粽叶底部向上轻轻一旋，就成了圆锥状，抓一把雪白晶莹的糯米，小心翼翼地添进去，大拇指轻轻地将糯米抚平，中指一弯，那高高立起的粽叶立即俯首称臣，再扯一根尼龙线，团团系住。经过外婆的一双巧手，细细的尼龙线总能把粽子捆得又小巧又紧实。我在一旁痴痴地看，想到桂花的香、糯米的甜，口水不禁沾湿了衣襟。

每次包粽子，我总会拉着外婆嚷嚷着要学，却总是笨手笨脚的，一会儿把米撒了，一会儿把粽叶扯破了，急得满头大汗。倏地抬起头，瞧见外婆嘴角的一抹笑，幸福而满足。五月的天气总是很宜人，阳光总是暖暖的，外婆的笑也暖暖的。

那年，我细细咀嚼，阳光暖暖的。

煮粽子时，锅上方冒着蒸汽，揭开锅盖，醉人的香扑面而来，自然的清香将我带入一片如梦般的芦苇荡。水中溢满了绿色的细胞，朦胧的水汽中氤氲着幸福的味道，映着外婆含笑的脸庞。

龙应台曾问："时间用什么测量？"我想，大概只能用记忆。如今，外婆住在远方，粽子到处都能买到，我偶尔为失落的故乡与童年感到遗憾，却不知童年与故乡深深存在于我的情意中，无法遗忘。

时间是最残忍的法官。

我呆呆地看着瓷盘，里面有颗沾着水色的糯米，脑海里仍是挥之不去的故乡。我心底感叹：世事变迁，但那些事、那个人依然鲜活地存在于我的心底。

应兴哲/文，七年级

我家的"花花"

我太爷爷家里养了一条狗，名叫"花花"。

为什么叫它"花花"呢？首先，它是一只母狗；其次，因为它的样子，它身上有漂亮的黑色花点，所以我们给它取名"花花"。

狗是人类最忠诚的朋友，花花也一样。太爷爷坐车外出办事，但不能带花花上车。花花一想到主人要离开它了，它就会着急地对着太爷爷不停地大叫"汪汪，汪汪"，好像不让主人走，但太爷爷还是上了车。车子开了，花花一直追着车子跑出去好远好远，但狗的速度毕竟不能与汽车的速度相比，车慢慢开远了，花花只得垂头丧气地慢慢走回主人上车的村口，静静地等待主人归来。花花等了一整天，终于盼回了太爷爷，它兴奋得摇头摆尾、上蹿下跳，围着太爷爷转了一圈又一圈。虽然我平时不经常回太爷爷家，但每次只要我回去，花花都会激动地快速跑过来迎接我，用它的头轻轻蹭我的腿，还会发出"嗯嗯"的声音，好像在说："小主人，欢迎你回来！"

花花不只是一只狗，它更是我们大家庭中的一分子，它给我们的生活带来了快乐、温暖和幸福。我爱我们家的花花！

余周颖/文，四年级

爷爷家的后院

每年放假的时候，我都会回老家看看。那里有宽敞的前厅、整洁的房间和洒满阳光的露台……最让我着迷的，还是爷爷家的后院。

爷爷总爱在院子里搭瓜架，并种上南瓜、丝瓜，让瓜藤绕在棚架上，形成一个个绿色的凉棚。在棚架前，总会看到一只母鸡带领着一群小鸡，悠闲地觅食，或是瞧见挺着胸的公鸡，正大踏步地走来走去。

菜，乡下人家都会种。在爷爷的后院里，有一大片菜地，菜地上是绿色连着绿色。有绿色的葱、绿色的青菜、绿色的荠菜、绿色的大蒜……这大片的绿色甚至会让你感到有些眼花缭乱。

爷爷每次给我烧饭时都会说："孙女儿，快帮爷爷拔点葱来。"我就赶紧跑去后院，用力拔了一把葱，边跑回厨房边回应爷爷："来啦！"我把葱送到厨房，由爷爷洗好切好，往锅中一撒，一盘香喷喷、诱人的葱油鳜鱼就做成了。

小院的一侧，紧挨着一条清澈见底的小河。河上有一座弯弯的石拱桥。在石桥旁边，总会看见许多鸭子在水中。它们大胆地在河面上游来游去，即使有人在河边洗衣服，它们也从来不害怕，为这静静的河面增添了不少生机。

苍翠欲滴的棚架，蔬果遍地的菜园，再加上一侧宁静流淌的小河……绘成了一幅自然、独特的乡村风景画。我爱爷爷家的小院，它是那么迷人，那么独特！

余周颖/文，四年级

故乡的小溪

外婆家后院有一条小溪，溪水非常清澈，可以看到水底的泥土和石块。小溪在我外婆家这段形成一个小池塘，过了外婆家就急速向下，变成一道小瀑布。小溪每天不知疲倦地流着，唱着叮叮咚咚的歌。

春天，随着布谷鸟的欢叫声，小溪开始有了些许生气。岸上长出了青青的小草，还有开出五颜六色小花的，引来许多蝴蝶和不知名的昆虫。小溪的水量也明显增加了，水里有了一些会动的小黑条，仔细看，原来它们是一些小溪鱼，因为背是黑色的，所以像极了小黑条。露出水面的一块大石，开始被一只小癞蛤蟆霸占，它坐在石头上，等待飞虫的经过，然后用长舌头把它们抓住吞进嘴里。

炎炎夏日到来了，小溪里更加热闹了。小溪鱼们已经长到半条手指长了，它们开始互相追逐嬉戏。水面上有许多小蚊虫在飞舞着。癞蛤蟆忙极了，不停地吃着，吃累了，它也会偶尔调皮一下，来个高台跳水，漂亮地画出一道弧线后跃入水中，引得小溪鱼们一阵慌乱。树上的知了看到了，高兴地在树上大叫，像在为癞蛤蟆助威。

秋风萧瑟，小草渐渐黄了。小溪鱼们已经长到一指长了，开始不满足于小池塘的空间，三五成群地跃下小瀑布，游向河中。癞蛤蟆依然霸占着大石，继续孤傲地坚守着它的领地。小飞虫越来越少，终于，癞蛤蟆坚持不住了，爬到淤泥里冬眠去了。

凛冽的寒风刮起，隆冬到来，小草们已经枯萎，只剩下一截截草茎在诉说着它们的存在。小溪鱼们早已不见了踪影，水中冷冷清清，只剩下黑黑的泥底和五颜六色的石头，癞蛤蟆早已在淤泥里呼呼大睡，再也顾不上自己的宝座了。

小溪年复一年地流着，就像外婆家的这个小山村，一如既往地平凡而安静。也许有一天，我会像小溪鱼离开小池塘一样离开我的故乡，离开中国，去探索更为广阔的世界。但无论走得多远，故乡的小溪和童年的欢笑，都会时不时地出现在我的梦中，提醒着我常回家看看！

蒋文鼎/文，五年级　指导老师：徐敏英

舌尖上的家常美味

盐冬瓜是一道老底子的宁波家常菜，它价格低廉，制作方便，清凉解暑，美味可口，曾经是宁波老百姓的夏季当家菜。下面就由我来教大家制作这道美味佳肴吧。

首先，取一大块冬瓜，切为两段，去皮去籽，每段再切为三个中块，每个中块再切为三个小块，用清水清洗两次，洗净待用。清洗后的冬瓜放入锅中，放入三勺盐，加水没过冬瓜为止。上灶开小火慢炖，十来分钟后开锅看一下，冬瓜由白变透明状即可关火，但不要马上开锅，要继续盖上锅盖焖二十分钟，这样冬瓜才会更加酥软可口，这是秘诀哦。焖好后开锅让冬瓜完全冷却，将冬瓜和汤汁放入大盘子中，入冰箱冷藏两至三天即可食用。最后，上桌前再浇上一点"小车麻油"提香，这盘美味可口的盐冬瓜保证是饭桌上大家争抢的美食啦。

奶奶和我说，盐冬瓜物美价廉，以前家家户户的饭桌上顿顿都有它，是很多宁波人脑海中挥之不去的儿时美味。就连曾经的世界船王、宁波籍富翁包玉刚先生，以前来宁波考察时，也点名要吃盐冬瓜呢。

爸爸说，他小时候已经不需要天天吃盐冬瓜了，大概也就每星期吃个两次。到我这一辈，已经几乎吃不到盐冬瓜了。这背后，并不是盐冬瓜不够美味，而是随着国家的日渐富强，老百姓餐桌上的美食越来越多。所以，盐冬瓜即使依旧美味，但还是被其他更具营养价值的美食挤下了餐桌。

今天我从奶奶那学会了做盐冬瓜的手艺，我会继续把这道宁波人的美味传承下去。同时，我也会更加努力学习，长大后为我们的祖国奉献我的聪明才华，将我们的祖国建设得更加繁荣富强！

蒋文鼎/文，五年级　指导老师：徐敏英

我心中的美好

我的家乡嘉善，是一个有着几千年悠久历史的美丽县城。它绿草如茵，景点众多，物产丰富。

嘉善地理位置优越，交通便利，气候宜人。从小我就为住在这样美丽的地方，感到无比幸福。当然，随着科技的发达、经济的发展，嘉善每一天都有新的变化。你看今天的嘉善县城那一条条干净、笔直的马路两旁的银杏、香樟，枝叶茂密，绿荫如盖。夏天走在马路上，就好像打着一把把大大的遮阳伞。放眼望去，一片新绿，给人一种蓬勃向上的感觉；还有那一条条绿道把县城的各大小区连起来，犹如一个身穿绿色丝带的美丽女孩。数十个街景游园、小区花园，犹如一颗颗闪闪发光、神采奕奕的明珠；你看那一座座高楼，一排排大厦，还有那一条条干净的河道，无不释放着新嘉善的青春与活力。走在嘉善的马路上、河道边、公园里，如同走进一幅幅山水画，到处是风景，处处赏心悦目，大气、秀气、灵气的嘉善，宛如曼妙少女翩翩起舞、风情万种，一个美丽的新县城正悄然展现在人们面前。

当然说起嘉善，免不了要提一句西塘古镇。那里古老却不古板，那里充满着生活的味道，那里有着江南水乡的美，那里也有明清时代的韵。临水而筑的民居、石桥、古弄、廊棚，二十多个景点，吸引着成千上万的游客来这里。而我们美丽的嘉善不单单有古镇西塘，还有汾湖、梅花庵、云澜湾温泉、十里水乡、大云生态休闲度假区、丁栅湿地等多个风景游览胜地。

　　正如我们在嘉善的大街小巷里经常看到的宣传标语：地嘉人善！
这就是我的美好家园。

　　　　　　　　　　　　朱薛安/文，四年级　指导老师：阮征

我们的"忙"种

    每年六月六日前后，会有一个特殊的节气，在这段时间里所有的农民都会忙碌起来，把有芒的麦子收割了，把有芒的稻谷种下去。你们来猜猜，是哪个节气？没错，这个节气就是芒种。

    你一定会问："既然你写的气节是芒种，题目为什么叫'忙'种呢？难道打错了？"让我来解释吧。都说：芒种芒种，忙收又忙种。外公告诉我："以前我们都种两季水稻，芒种就像一道分水岭一样，必须要在这之前把秧苗插下去，这样收成才会好。于是，那段时间，大家都是"带月荷锄归"。白天，站在高处往下看，农田里到处是"面朝黄土背朝天"辛勤劳作的人们；晚上，还能看见庄稼人披星戴月，在田里"扑通、扑通"地插秧。"以前你妈妈还小的时候，都是等他们熟睡后我们再出门。晚上插的秧苗容易活，不比白天，水田里的温度很高，秧苗插下去会被烫伤。"我奇怪地问："晚上能看得到吗？天那么黑，不会害怕吗？""晚上我们有月亮帮忙，还有很多虫子、青蛙唱歌，可热闹了。"

    那时的我，并不能理解，也不相信外公说的话。现在想来，城市里的人们，没有"忙"种？又何尝有春播、夏"忙"、秋收与冬藏呢？

舒宇露/文，五年级

冬至·盼雪

印象里，温州是没有雪的，至少我没看到过下雪。因此，盼雪的念头更强烈了。

每次到了冬至，全家都会吃上一碗热气腾腾的汤圆，都说冬至大过年，吃了汤圆也就大了一岁。可我并不这么认为，在我看来，没看到下雪，就等于没有过年，自然也没有长大一岁。

在更小的时候，每年我都能见到雪。樱花般的雪，总是如期而至，漫天飞舞。雪又像是小孩般嬉闹着，钻到草丛里、池水中、瓦缝里，一下就不见了。第二天，打开姥姥家的大门，哇，到处都是白茫茫的！树梢、屋顶、眼前的平地上，满目都是洁白的雪。看着看着眼都花了，我揉了揉眼睛，穿上小皮靴，不顾姥姥的阻挠，毅然跨出门去。

沙、沙、沙，一开始并不敢很用力往下踩，担心自己踩空；又担心下面有小动物，突然间蹿出来，因为雪太软了，像暖暖的棉被，又或者有哪只贪玩的小家伙昨天忘记回家，被冻僵在里头了呢？身后姥姥"慢点、小心、慢点……"的叮嘱声不绝于耳，我听着却更大踏步往前迈了，心中暗喜，嘴里发出咯咯咯的笑声。再回头，身后已是长长的一串脚丫子印了。

眼看姥姥离我越来越远，我更开心了，走到围墙边，看着墙垣上的雪，晶莹剔透的，像一颗颗白砂糖。我轻轻探过身去，用手抓起一撮，伸出舌头舔了舔，冰冰的，嚼着沙沙响，透着淡淡的甜。

院子边的柚子树被雪压得低了不少，好多树枝都垂挂下来，像极了秋天枝头挂满柚子的样子。咦，叶子怎么穿上水晶衣啦？摸起来厚厚的，滑滑的。原来是结冰了，它将叶子严实地裹住，生怕叶子着凉哩！远远望着，挂满一树的冰条！嘿嘿，真好！

妈妈说温州也下过雪。可在温州的这些年，我也未曾见过一次。打电话给姥姥，说老家近几年也很少下雪。

其实，我盼望的，也不过就是那一瞬，你从我眼前飘落，那曼妙洁白的身姿，那晶莹剔透的心灵，该有多温暖！该有多惊喜！

温州的雪，你何时会再来呢？

舒宇露/文，五年级

幸福的花生

　　童年时代的生活多姿多彩，像一个个绚丽的贝壳，铺在柔软的记忆沙滩上。今天，让我们也拾起一个贝壳，倾听它的故事吧。

　　一个平常的早晨，我和好朋友小燕子以"葛优躺"的姿势躺在床上，津津有味地看《喜羊羊和灰太狼》。过了几个小时，我们看厌了动画片，便跑到了家门口，开始做游戏。正当我们玩累了坐下来休息的时候，眼尖的我看见了一篮花生，于是，几秒之后，两个人就开始狼吞虎咽了。"咳咳"我一边拍打着胸口，一边对小燕子说："你看这花生这么脏，要不我们把它端上楼，给它好好洗个澡?""唔，嗯!"小燕子嘴里塞满了花生，含糊不清地回答着。

　　我们俩一人抓篮子一边，"三，二，一!"一起发力，将篮子抬了起来。"嘿，我们把花生倒进这里面吧!"我指着一个红色的大盆子说。"好!"小燕子回答道。我端着大盆，接了满满一盆水，费力地把那盆水挪到卫生间的中间位置。小燕子和我把花生倒入水中，只见那些花生一个个都浮在水面上：有的只露个头，在水上呼吸着新鲜空气；有的开始悠闲地仰游起来；还有的一会儿露出水，一会儿又沉下去，似乎在练习憋气。我和小燕子使劲儿地搓着，一个个花生运动员变得干干净净，只是细小的缝里还残留着一些泥巴。我还嫌不够干净，倒了些沐浴露进去，"我搓，我搓，我搓搓搓……"唱着歌儿，我们的心情快乐到了极点，白白的泡沫伴着歌声一直飞呀，飞呀，飞出了窗外……

"露露，你在哪儿？""我在卫生间里！"当妈妈推开门的那一刹，我看得出她很惊讶。"你……你们在干吗？"妈妈有些语无伦次。"我们在给花生洗澡呀！"我颇有些得意地说。妈妈急匆匆地看了我一眼，嘀咕了一声："糟了。"随后端起大盆下了楼。我们紧跟在妈妈身后，眼睁睁地看着一个又一个"战利品"被捞起，扔掉……

喔，我"可怜"的花生宝宝，愿你来年再带一身泥来，我愿再为你洗一次澡。

童年时代的生活恰似一幅流光溢彩的画页，也似一首跳跃着欢快音符的乐章。

舒宇露/文，五年级

桂花的记忆

　　我找到了一棵即将开花的桂花树。从远处看，桂花树真像是一把绿色的大伞。叶子绿绿的、静静的，仿佛像小宝宝一般依偎在母亲的怀中，做着金黄的美梦……一阵风拂过，叶子们开始演奏乐曲，一串串"沙沙"的美丽音符吹进我的耳朵。那声音好听极了，因为那是来自大自然的响声。桂花树的树干粗细有如成人的手臂，分出两条枝杈，就像一个人举起手臂一样。再走近一点儿，能看见三五成群的绿色花苞，米粒般大小，小到不希望人触碰。我心想：这小花苞什么时候才能变成金黄的呀！

　　没过几日，桂花开始变黄了。有的桂花毫无保留地秀出了美丽的容颜；有的桂花才刚刚露出花蕊，好像一个个好奇的小孩儿把头探出来一般；还有的桂花仍是羞答答的，不好意思把自己展示给别人……我走近桂花树，用鼻子凑近花瓣，用力一吸，啊，那缕缕的幽香瞬间在我胸前荡漾，我立刻陶醉在了清香中。桂花一朵挨着一朵，挤成一堆，形成一个个美丽的花簇。它们像一个个调皮的小精灵，散到地上，飞向天空……这时候，只要有一阵大一点儿的风，就可以下一阵桂花雨了呢！好像是老天在帮助我一样，起风了。那金黄娇嫩的桂花落在我的脸上，感觉柔柔的，这些小精灵真的是到处捣乱，它们落在我的头发上，飘进我的手心里，有的真顽皮，偷偷钻进了我温暖的口袋里。闭上眼睛，用鼻子感受它们，一阵一阵的清香，我觉得自己好像在仙境里游坑，尤比轻快，飘飘然桂花的香已经飘满了杭州城。无论你在大街还是小巷，都可以闻到浓郁的花香。这时的桂花已经不是小女孩了，她是一个亭亭玉立的大姑娘。大姑娘自然得有大姑娘的风范，有的穿黄色衣裳，还有的穿金黄色的衣裳。桂花姑娘有四片花瓣，像一个风车，仿佛在风的吹拂下转动，将它的芳香传到远处，让人陶醉。桂花的香气引来了不少人，这些人聊着桂花的香，谈着桂花的美。

　　我对桂花似乎有一种特殊的情感，很亲切。桂花给了我许多美好的时光，这些时光是童年里最美好的记忆。或许，我的记忆里也有着桂花淡淡的清香。

齐兆一/文，四年级　指导老师：章文华

从"压祟钱"到"压岁钱"

又过年了，与往年一样，我收到了长辈们发的压岁钱，很开心，也很期待。因为早在过春节前，我就拽着妈妈给我在银行开了账户，为以后收到压岁钱的储蓄做了充分准备。

只是，有一个问题始终困扰着我：拜年时，爸爸妈妈也给亲戚的小朋友们发压岁钱的，可大人们互相给孩子们发"压岁钱"，究竟是什么意思呢？爸爸告诉我，有关春节发红包、给压岁钱的由来，故事精彩着呢！

传说古时候啊，有一个叫"祟"的小妖怪，在大年三十这天，趁小孩子睡着的时候，它就出来害人：祟会摸小朋友的脑门，导致小孩子发烧，等烧退了小孩还会变成"祟"，再去害人。

有一大户人家，因为怕家里来小偷，大年三十睡觉时在枕头边放了一大包铜钱。那天，正好有"祟"上门想害他们家小孩，但发现枕边的铜钱时，却被铜钱发出的金光吓得尖叫着逃跑了。这件事呀，很快就传开了。人们意外发现"祟"不敢侵扰枕头下面放钱的孩子。"祟"与"岁"同音，时间久了，人们就把"压祟钱"写作了"压岁钱"。看来，压岁钱最初的意思是镇恶驱邪的，"压"的正是"祟"这个坏妖怪。也怪不得，今天我们说一个人搞怪做坏事，就说他"鬼鬼祟祟""作祟"，原来"祟"字是一个妖怪的名称啊。

其实，关于压岁钱，还有好几种说法呢，但我觉得这个说法最靠谱。因为到现在，除夕夜收到的红包，爸爸妈妈都是让我放枕头下面压一压的。

当然了，这只是传说。我们知道，世界上不会有妖怪的，就像世界上实际上没有圣诞老人一样——我现在越来越肯定，每年圣诞节圣诞老人送的礼物，实际上应该是爸爸妈妈送的，他们还假装自己是圣诞老人给我写信，鼓励我好好学习呢。小妖"祟"和"圣诞老人"一样，应该都是传说才对。

我明白了，今天，发压岁钱主要是一种祝福，希望小孩子在新的一年都健康快乐成长。在我们家，爸爸妈妈也给爷爷奶奶、外公外婆，还有祖奶奶发压岁钱，那是希望老人健康长寿！

徐其琛/文，五年级　指导老师：袁劲梅

开心农场

　　奶奶是个闲不住的人，常常会在家附近开辟一些荒地。在她的精心培育下，那一片"开心农场"越来越大。秋天的"农场"早就呈现出一派丰收的景象：绿油油的小青菜，白胖胖的大萝卜，红得像火的辣椒，还有圆鼓鼓的番薯，它们都等不及似的加入这个金秋的聚会来。

　　这个周末，妈妈叫我和她一起去奶奶的农场里挖番薯，我一听迫不及待地喊道："太好了，我们快点行动吧。"奶奶耐心地对我说："棒棒，要记住挖番薯时，先用铲子顺着茎轻轻地把泥土一点点刨开，随着土层慢慢翻开，就会看见粉红的番薯皮露在外面，然后就可以完好无损地把整窝番薯挖出来。""好的，谢谢奶奶！"我答道。于是，我就照着奶奶教的方法开始挖番薯，果真，挖出来的番薯，一簇簇的，红扑扑的，根须细细长长的，而且紧紧地抓住泥土，它们似乎不愿意离开安稳舒适的"家"，我却毫不留情地把它们一个个装进麻袋里。我转过身看了看，只见奶奶双手握着锄头，弯着腰，很轻松地挖出了一堆番薯。奶奶真不愧是农场里的老兵啊。没多久，我们便挖了满满两筐番薯，我望着这些"战利品"，心里美滋滋的。

　　走在田间的小路上，我若有所悟：农村生活真是繁忙，而奶奶却不怕忙、不怕累，只为我们能吃到更好、更新鲜的农产品。每当它看到农场里的硕果累累，就会露出开心的笑容。因此，这个农场被称为"开心农场"。

　　　　　　　　　　　　　章艺格/文，五年级　　指导老师：李铁林

冬 至

冬至，俗称"冬节""长至节"或"亚岁"，既是二十四节气中一个重要的节气，也是中华民族共同的传统节日。冬至兼具自然与人文两大内涵。民间有"过了冬至便是年"的说法！今天我给大家讲讲我外婆家的冬至！

在外婆家，每年一到冬至，天刚亮的时候也许我们还在睡大觉，而那里除了能听到喔喔的鸡叫声，你一定能听到此起彼伏的"二师兄"的撕心裂肺的惨叫！因为从这一天开始，基本上那里的家家户户都要杀年猪了！如果你起得早，在村里那铺满稻草的地上，你一定看到一群人从猪栏里拉出一头肥猪，大家冻得红扑扑的脸上都笑着。有的人用铁钩钩着猪鼻子，有的人拉着猪耳朵，有的拉着猪尾巴，几个大汉一边推着一边拉着，有的还骂着把猪往外赶！几个大汉最后把猪按倒在一条尺高的长凳子上……（因为血腥，此处省略两百字！）

女人们在厨房里用大锅烧两大锅开水，将之倒在一个特制的大桶里，杀猪的屠夫会加冷水调好水温，然后把杀好的猪放在桶里泡，待手能扒下猪毛时，大家七手八脚忙活一阵，猪身上大部分毛都被刮掉。然后，屠夫开始庖丁解牛，不！应是庖丁解猪！一头猪就变成了一块块猪肉！每块猪肉都用烤过的棕榈叶制成的绳子捆起来！待猪肉冷后开始收藏起来准备腌制，这是后话！然后就开始吃全猪大餐，有猪血、猪肝、猪肉等，可怜的"二师兄"已变成盘中餐了，还不到两个小时！

为什么要在冬至杀猪？因为从冬至开始地里就没有活干了，一年的收成也都进了粮仓！有了时间，为了腌制的猪肉不会变味，又为了庆祝一年的丰收，更为了祭祀祖先的祭品丰盛，所以农村的冬至很隆重！

陈小小/文，五年级　指导老师：王微

香椿摊蛋的情

时逢家庭聚餐，我上街想买些蔬菜。冬末春初，农贸市场里蔬菜品种不多，看看也就那么几样：青菜、苦瓜、四季豆等。

突然，我在一菜摊上发现几束香椿。稍老的绿皮上长着一层层红嫩的新叶，包得不算严实，像迎接初春的太阳。或许已经好久没有吃过这道菜了，一下子仿佛闻到了爷爷烹炒的香椿摊蛋的香味。

回到家，我把自己亲手买来的香椿连同鸡蛋递给爷爷。爷爷接过后朝我微微一笑，顿时明白了我的意思。

不知不觉看书到了中午，厨房里飘来一阵阵清香——这是我小时候熟悉的香椿味道！我立马跑去餐厅，一盘香气腾腾的香椿摊蛋已摆在餐桌上。我急忙坐下，迫不及待地拿起筷子，迅速地夹起一块，也顾不上烫嘴，就往嘴里送。这味道，的确就是儿时熟悉的味道！脑海里渐渐清晰地浮现出以前的景象……

记得我六七岁的时候，在爸爸的帮助下，我在老家的一条小路边摘了几株野香椿。回到家后，爷爷就忙活着打蛋、切菜。而我就在餐桌边，一边拿着筷子，一边坐立不安地守候着。十几分钟后，一盘热乎乎的香椿摊蛋就呈现在眼前。我一撇一大块，全塞进嘴里。"烫！烫！"我呼啊了好几次，试图减少嘴巴里那团香椿的热度。在我的不断"攻击"下，满满的一盘香椿摊蛋被我吃了个精光。

此时此刻，桌上的那盘香椿摊蛋，让人充满了无限回忆与遐想。

余星源/文，六年级　指导老师：吴玉芳

渐行渐远的童年

一个人的夜晚，我的思绪常常从回忆童年开始。

石砖、池塘、青草，菜地里那长势喜人的白菜，从老房子中飘出的轻薄的炊烟，山中几棵参天大树，那里栖满了诗意。多年后，在城市的房屋中，桌上摆着那永远刷不完的题，见到在城市的高楼间飞翔的孤独的鸟，它已找不到归程和穴巢，绕树三匝，无枝可栖。

吃着城中早已吃惯的老硬的白菜，我不禁想起了童年时外公的大白菜。外公在村庄中拥有一块菜地，他在地里种着各种鲜嫩的蔬菜。早晨五点多钟，外公就已经到菜园干活了。在他的精心照料下，白菜长势喜人，年年丰收。外婆将白菜做成各种可口菜式，夹一片菜叶放入口中，轻轻一嚼，一种甘甜的味道溢满舌尖，使人陶醉。空闲之余，抬头看天空中的月亮，只有被云层包围的淡淡的影子。在城市中，月亮已经被霓虹灯替代，漫步在人声鼎沸的广场上，目光所及，再也没有我心目中的月亮了。

我心中的月亮是乡村，是诗人心中那纤尘不染的蓝月亮，它只能在诗词歌赋中出现。童年是我许多个夜晚都不敢触摸的一个词，它是我的根，是我心中永远的甜。

王梓恺/文，六年级

寻　根

俗话说："水有源，树有根。"对于离家在外的游子来说，最期待春节回故乡的寻根之旅。

妈妈出生在衢州常山县，它在钱塘江的上游。常山江环绕着群山，那里虽不富裕，却是一个山美人美的好地方！

新年来临，妈妈的同学打电话来邀请我们回常山看看。年初一清晨，我们坐上了和谐号动车，尖尖的子弹头列车稳稳地出发，一个小时便到达了衢州车站。然后，我们坐上大巴车，沿着宽敞的公路，半个小时就到了妈妈曾经生活过的地方。在那里，我们放鞭炮，逛庙会，登塔山，游农舍，体验着乡村浓浓的年味，我吃上了猪头肉，那个翘翘的猪鼻子味道简直让人销魂！我还爬上了常山的三衢山，据说那里曾经发现三叶虫化石，是一座宝山呢！

在聚会宴上，妈妈情不自禁地讲起了当年她坐大篷火车的趣事：那时，妈妈也就八九岁的样子，她的寻根之旅是和外公外婆一起到杭州太婆家过年。每一次都是坐那种黑色大篷车，车厢壁上只有一个透气的窗口。这种大篷车本来是运货的，在春运期间临时变成了载客火车。车厢里，大家席地而坐，角落里放一个木桶，权当厕所。人声、货味，夹杂着尿味，让人昏昏欲睡。途中，在义乌火车站买一盒三元钱的盒饭，那是最让人开心的了。盒饭只有几棵发黄的青菜，上面躺着两块肥肉，但是香气扑鼻！也许盒饭价格不便宜吧，外婆总是买两个盒饭，外公一盒，妈妈一盒，外婆却总是说不饿！摇晃了九个小时，火车终于停靠在杭州站。外公奋力挑起扁担，两头是用麻袋装着的胡柚和冻米糕，一家人随人流下车。忽然，扁担断了，麻袋里的胡柚调皮地滚落一地，有的还蹦下了铁轨，外公急匆匆地去抓，妈妈和外婆看得笑弯了腰！

妈妈的回忆让我感受到光阴的飞逝和生活的变迁。其实，对于过往而言，每一个人都是游子。时光在杭州与常山之间悄悄地溜走，记忆总在回顾与思索中停留。

卢融融/文，七年级

欢喜过大年

我们一家都到安徽绩溪的姑奶奶家过年。第一次到农村去过年，会和在城里过有啥不同吗？我很好奇，也很期待……

姑奶奶的家在山背上，地势很高，车子是无法直接开进去的，要沿着一条崎岖的小路，穿过一条铁路才能走进姑奶奶家。院子外面就是铁路，这是我第一次见到，超级酷！只是我很担心晚上睡觉会不会很吵。

姑奶奶家厨房用的还是柴火灶，灶头还供着灶王爷，"上天呈好运，下地保平安"，看着灶台后面堆放整齐的柴火，我想用柴火做出来的饭菜肯定格外香。果不其然，焖米饭、煎年糕、摊面饼、煮饺子、蒸肉圆、炸虾片、炖鸡汤……看着姑奶奶变戏法似的从柴火灶里变出那么多好吃的，我的嘴巴一刻都停不下来，过完年又得胖好几斤了，我的减肥大计任重道远啊。

在大年三十那天，我和往常一样收获了许多红包，姑奶奶给了我一个与众不同的红包。四个小朋友中，只有我的红包上面写了一个"旺"字。不仅如此，我还收到了一头"小金猪"。"小金猪"其实是一个储钱罐，是姑奶奶靠给别人碾米赚的加工费攒起来的，这么多硬币，她要给多少户人家碾米啊。一想到这个，我手中的"小金猪"就变得格外沉甸甸的，它装满了姑奶奶对我深深的爱和美好的祝福。

还有一件趣事不得不提，姑奶奶家原本有两只猫。其中有一只小猫不听话，馋嘴偷吃了准备做成年夜饭的食材，不料被叔叔发现了。

叔叔一气之下把小猫扔上了门前经过的一辆火车上，小猫被火车给带走了。结果除夕那天，它却从遥远的地方找了回来。天哪，这猫是自带导航的吗？爸爸开车经常开着导航，还老是迷路呢。

其实还有好多有趣的事情我没写下来。我觉得在农村过年更有年味、更能感受浓浓的亲情，明年我还想到姑奶奶家过年。

吕昕翰/文，六年级

年　味

　　年味在灯笼、对联衬托起来的吉祥里，在烟花、爆竹释放出来的快乐里，是老人脸上堆满的慈祥，也是孩子眼里洋溢的幸福。

　　今年我是在外婆家过的年。外婆所住的村子，已经没有了白墙黑瓦的院落，没有了乡间泥泞的小路，取而代之的是一栋栋拔地而起的小洋楼，宽阔的大马路。虽然村子越来越现代化，似乎一切都变了，但是人们走亲访友的传统习俗没有变，对传统美食的传承也没有变：咸鱼、酱鸭、麻糍……还有外婆家那美味的梅花蛋卷。

　　梅花蛋卷，是外婆家每年过年的必备菜肴，这也是我对年味特有的回味。这么美味的蛋卷是怎么做出来的呢？来！让我带着你们去了解一下。

　　"笃，笃，笃"，咦？这是什么声音？走进厨房一看，原来是外婆在砧板上剁着新鲜土猪肉呢！只见外婆麻利地把用土鸡蛋做成的金黄蛋皮平放在大盘子中，然后又用勺子把刚刚剁好的土猪肉像抹奶油一样平铺在上面。紧接着，外婆又戴着手套把它们卷起来，还拿出了一大片粽叶把蛋卷裹在里面。最后，外婆又用棉线把五根筷子均匀地五花大绑在粽叶外，放入土灶上蒸。二十分钟后，蛋香、肉香、粽香完美融合在一起的香味从土灶上飘出，梅花蛋卷就可以出锅了。微冷以后，外婆打开粽叶，放在砧板上，一片片切开来，不一会儿外黄内粉、有着五个花瓣的梅花蛋卷就呈现在餐盘中。此时我的馋虫开始作怪，我偷偷拿筷子尝了一片，清香鲜嫩，美味无比呀！

我迫不及待地加入外婆的制作队伍，外婆对我说："你可别小看这个小小的梅花蛋卷，我小时候特别爱吃。那时候，你的太外婆每年过年就做给我们吃，你妈妈小时候也爱吃，于是这种做法就传承了下来。用粽叶来包裹这个梅花蛋卷啊，可以让它保留油脂，还让它带着粽叶的香味！""啊！原来一个梅花蛋卷也有这么多讲究啊！"我感叹道。"是呀，这对我来说，是儿时的味道，更是过年的象征，它里面包裹的，可是浓浓的年味呀！"外婆说着，脸上洋溢着幸福的笑容。

　　虽然每一辈人对年味的诠释不同，改变了的是年俗，但是不变的是人们对年的感受。年味是一代代人对幸福生活的追求，对美好事物的憧憬，也是几辈人对历史文明的传承。

傅钰棠/文，六年级

阿太的老屋

　　阿太走了，留下她住了七十多个年头的老房子。在时光的浸染中，老房子也愈加苍老了，那原本雪白的墙经过岁月的侵蚀已看不出原来的颜色。石头垒起的院墙，院墙根种着一排茶花。角落里有一个仅供四人站立的炊房。炊房里的四面墙壁被日积月累的烟火熏黑了，天花板被熏黑了，屋顶也被熏黑了，只有灶台一尘不染、光亮如新。我仿佛又看到了阿太在炊房里忙进忙出的身影。

　　小时候，我经常来到这个院子里玩。每次过来，都能看到阿太忙个不停的身影，一会儿给茶花浇水，一会儿在石榴树下的水池里洗衣服，一会儿又是洗菜又是切肉。忙完后，她又在院子角落的菜园里择几株菜，动作麻利地拔出来，甩掉泥土……不一会儿，面的香气扑来，阿太端着面在炊房前朝我招几下手，面碗里蒸腾出来的热气缓慢地上升，在阿太布满皱纹的脸上氤氲开来，萦绕在她的白发间，一点点消失在石榴树细细碎碎的叶间。

　　等到我们再大一点，阿太就走不动路了，拄着拐杖艰难地移动着脚步。我常常做完作业就跑到阿太的房子里，向她问好。阿太每次一看到我，就高兴地一把把我拉到怀里，一个劲地摸我的头，抖抖索索地用钥匙打开柜子，摸索一阵子，神秘兮兮地塞到我手里，常常是几颗花花绿绿的奶糖或者是一包小零食，非要我马上剥开吃了。然后我扶着她，走到院子里，阿太吃力地走到墙根儿，给茶花浇浇水，给几撮葱苗浇浇水，阿太边浇浇边说："等过几天腿不痛了，再种一块地的青菜。青菜啊，天气好就长得快，勤快点拾掇拾掇，一年都不用买菜了。"外婆和姨婆妈都劝阿太去歇着，但阿太轻轻摇摇头："没事做，难受。"说着又拿起毛衣针，坐在院子里织起了毛衣。阿太慢慢地织着，温暖的阳光洒在她身上，安详得让人眷恋。

阿太走了，夕阳下的院子突然变得空落落的，再也看不到那个挥手送别的白发老人了；石榴树下的水池空落落的，再也看不到那个刷刷洗洗的身影了；那方小小的菜园空落落的，失去了往日的生机勃勃。我每次来到这个熟悉的院子，总觉得少了很多东西。直到今年冬天，妈妈又带我来到阿太的老房子，踏进院子那一刻，突然觉得院子又和阿太健在时一样。我紧张地四下寻找，一切都和以前一模一样啊——阿太离开之后，这个院子就停止了翻新。熏黑的炊房、石榴树下的水池、石头垒起的院墙和院墙下……

啊！我看到了！原来是阿太最喜欢的那一排茶花，在冬日的寒风里，火红的茶花怒放着，盛装迎着太阳，那样生机勃勃，枝叶在风里微微婆娑摇晃，就像夕阳里阿太挥着的手。

我盯着那些热烈的茶花很久很久，拿起水瓢，舀了半瓢水，慢慢浇在茶花的根部，慢慢浇在阿太那方小小的菜园里，慢慢浇在石榴树下。阿太不在，但家园未荒芜。这片温暖的土地上，依旧年年都绽放出新的希望。阿太的老屋，给我无限的憧憬和向往。一次次徘徊，一次次守望，这温暖的院墙。

霍陈意/文，六年级

第三辑 蚂蚁的奥秘

除了景物能帮助蚂蚁辨识方向外，
它们还有一个法宝，
那就是蚂蚁走过的地方都会留下一种特殊的气味，
掉队的蚂蚁根据这气味就能确定方向。

外婆家的小院子

外婆家在一个宁静的小镇上，家里有一个小小的院子，院子里种着花果蔬菜，四季缤纷。

春天，院子西边的那畦菜地里，去年冬天外公种下的小青菜已经长成了，整整齐齐地排成两队。外婆做菜的时候，现摘上两棵，也不用加额外的调味料，光是加点盐，炒出来的青菜就鲜嫩鲜嫩的，可好吃了。畦旁的韭菜也绿油油的，长势喜人。刚割了一茬，还没到两个礼拜，新的一茬又长出来了，只要你勤快，就可以一直吃下去。东边的杜鹃花也开了，粉红梨白，错落有致地交织在一起，整个小院子也被映衬得分外精神。杜鹃过后，金银花开了。长长的藤蔓垂下，黄白相间的金银花如同满天繁星。外婆说，这株金银花的年纪比妈妈还大。金银花开的那几天，外婆每天清晨不到五点就会去采摘。外婆把新鲜的金银花摘下，晾干，用来泡茶清凉败火，全家人可以喝上一整年。

夏天，黄瓜和丝瓜先后爬上了房前屋后外公外婆亲自搭好的瓜架。细细长长、弯弯曲曲的藤上开出柠檬黄的花朵，可能是花太香了吧，时不时地引来蜜蜂，吓得我和妹妹哇哇大喊"救命"。夏天还有一种恼人的东西，那就是蚊子。在院子里乘凉，一不小心就被蚊子叮得满身红肿。还好，院子里有对付蚊子的秘密武器——外婆种了好几盆防蚊草，随手摘下几片叶子，揉挤出汁液，涂在身上，蚊子就不会来咬你啦。被咬的地方抹上防蚊草的汁液，清清凉凉的，带着天然的青草味，马上就不痒了。

秋天，是收获的季节。一棵棵的辣椒才半身高，火红的辣椒好像一个个手指大的迷你小灯笼，倒挂在辣椒树上，别提有多喜庆啦。南瓜也结果了，一个个金黄的南瓜，胖乎乎的，躺在地上睡大觉。八月桂花飘香，院子里的桂花树，树叶还是那么绿，那么光滑，像涂了层绿蜡油似的。叶子的周围有一层小尖刺，如果被刺了，也不会太疼，有一点痒痒的。树干还是像往常一样，有一点粗糙，有一点"驼背"。桂花全开的时候，花瓣中间有小小的触须，看过去是一片深深浅浅的黄：有些是鹅黄，有些是金黄……非常香，有客人来，还没进院子，就被浓郁的桂花香味溢了一身！

冬天，小院子也不会寂寞。下雪了，天寒地冻的，北边墙角的茶梅却开放了。红的花，白的雪，相互映衬着，形成一道独特的风景。过年的时候还有金橘。金橘又叫金玉满堂，是全家人都喜爱的好彩头，满满一树金灿灿的金橘果，看着就觉得满院子热热闹闹的。柚子也是不可或缺的角色，往往在冬天成熟并隆重登场。我和妹妹有时候感冒咳嗽，外婆就会摘下一个，用冰糖慢慢地熬上一个下午，切成一条一条的，我和妹妹分着吃了，咳嗽也就好了。

外婆家的小院子，一年四季鲜花蔬果不断，满含的，是外公外婆辛勤劳作的汗水；满载的，是外公外婆对我们深深的爱。

张慈恩/文，四年级　指导老师：许蓉蓉

蚂蚁的奥秘

你想知道蚂蚁的奥秘吗？让我们一起去探索一下吧！

今天吃完晚饭，妈妈带我和妹妹出去散步，我们可开心了。

远远地，我看见了一条正在移动的黑线；走近一看，原来是一群蚂蚁正在搬一只死了的蟑螂。我蹲下身子，瞪大眼睛观察着：它们有的拉着蟑螂的脚，有的推着蟑螂的头，还有的拖着蟑螂的身子，几乎整只蟑螂都被围住了，可蟑螂却纹丝不动、稳如泰山。但这些蚂蚁一点儿也没有放弃的意思，依然竭尽全力地拉着、拽着、推着……

黑蚂蚁还没把蟑螂搬走，另一边来了一群红蚂蚁。黑蚂蚁立刻派出大将，和红蚂蚁迎战。只见红蚂蚁来势凶猛，张牙舞爪地逼近黑蚂蚁。但黑蚂蚁大将也不甘示弱，连忙摆出架势，沉着应战。突然一只红蚂蚁乘黑蚂蚁大将不备，咬了它一口，黑蚂蚁大将勃然大怒，向着红蚂蚁冲杀而去。双方使出了十八般武艺，相互撕咬着、搏杀着……打得难解难分，真是精彩。我继续聚精会神地注视着这场"战斗"，黑蚂蚁大将突然使用了一个战术，后退几步，向杀来的红蚂蚁猛咬一口，这只红蚂蚁顿时慌了手脚，立马败下阵来，落荒而逃。

我本以为这场战斗结束了，令人意想不到的是：败下阵来的红蚂蚁悄悄地跑到黑蚂蚁大将身后，来了个突然袭击。它猛地蹿了上去，紧咬着黑蚂蚁大将不放。这黑蚂蚁好似一个久经沙场的老将，立马转身，来了个"回马枪"。双方使出了看家本领，你来我往、你进我退，一口气恶战了十几个回合，最终还是红蚂蚁败下阵来。

败下阵来的红蚂蚁好似一条丧家犬，转身逃进了自己的蚂蚁窝。此时的我，脑海中不禁升起了一个巨大的问号：蚂蚁是靠什么辨识方向的呢？经过查阅资料，我知道了蚂蚁是靠识记周围和天空的景物来辨别方向。有人曾做过实验：用圆筒围住一群正在行进中的蚂蚁，让它们只看天空，这群蚂蚁可就像在热锅上似的团团转了。除了景物能帮助蚂蚁辨识方向外，它们还有一个自身法宝，那就是蚂蚁走过的地方都会留下一种特殊的气味，掉队的蚂蚁根据这气味就能确定方向。如果用樟脑之类气味重的东西放在蚂蚁走过的路上，那么后来的蚂蚁就会因寻不到同类的气味而迷失方向。

突然，一只蚂蚁爬到了我的手上咬了一口，我被它咬得奇痒无比，决定把它摔死。我怒气冲冲地把它抓起来，使劲地往地上摔去。但是蚂蚁就像羽毛一样掉在地上，它翻了个身，平安无事地逃走了。我百思不得其解，从这么高的地方摔下去，它为什么没被摔死呢？我重新捉住蚂蚁，站在路边的大石头上，重重地又摔了一次。我想，这次蚂蚁死定了吧。可蚂蚁就像小小空降兵似的慢慢落在地上，毫发无损，我顿时傻眼了。看它那安慰得意的样子，它一定在说："你就是摔不死我！"这究竟是为什么呢？我找来《十万个为什么》，一查阅，让我茅塞顿开。原来任何物体在下降时，除了地球对它的吸引力外，还受到空气阻力的影响。蚂蚁非常小，在空气中下降，受到的地球吸引力非常小，但受到空气阻力很大，于是他下落时就会减慢速度，慢慢落下来。另外，蚂蚁在下落过程中，六只脚是张开的，它们快速地划动，这样又减慢了下落的速度，保证落地时六只脚稳稳地着地，而不让身体直接接触地面。因此，蚂蚁就安然无恙了，真是"处处留心皆学问"。

　　对了，黑蚂蚁把蟑螂搬回家了吗？当然搬回家了啦！蚂蚁这种坚持不懈的精神值得我们学习！

　　　　　　　　　　　　　　龚晋程/文，五年级　指导老师：冯倩芸

春天的白玉兰

　　春天的花朵儿大部分都是姹紫嫣红的，但唯独它还保留着冬天那洁白无瑕的颜色和表面上的冷若冰霜。它就是——白玉兰！

　　校园里种了好几株玉兰花，但都只有一种颜色——那就是纯白色。白玉兰有的含苞待放，像芭蕾舞者没有把自己舒展开，又像一个小姑娘害羞地不敢把头抬起来；有的还是花骨朵，看起来鼓鼓囊囊的，好像在说："我马上就要跳出来了，不要靠近我！"有的花瓣儿全展开了，露出了里面小小的花蕊，好似一盏盏洁白的玉兰花灯。即使在黑得伸手不见五指的夜空中，也能隐隐约约地看到一丝亮光，给人们带来希望。舒展开的纯白色花瓣，又好似小姑娘穿着白色纱裙，站在枝头跳跃。一阵微风拂过，玉兰花在枝头摆动起各自的舞裙，我突然感觉天地间一片白色。仔细一看，原来是白玉兰的花瓣纷纷扬扬地飘落下来，像极了天空中飘落下来的白云，铺满了地面，让我不敢迈动脚步，生怕自己踩坏了白色云朵。

　　白玉兰，你的花瓣没有一片是垂头丧气的，每一朵都努力向着碧蓝的天空绽放，昂首挺胸，像一个个坚守岗位的士兵，雄赳赳，气昂昂，给人一种蓬勃向上的感觉。

　　我独自站在白玉兰树下，抬头仰望着。闭上眼睛，我深深地吸了一口气，仿佛我就是它们中的一朵，屹立在枝头，朝着温暖的阳光争先恐后地怒放……

　　　　　　　　　　　　　　徐卉萱/文，三年级　指导老师：丁涵祺

雪

　　雪，象征着纯洁，象征着快乐！星期五晚上，杭州下了一场大雪。

　　星期六，我一起床就看见了一片白茫茫的雪世界，把手伸出窗外，一片片雪花慢慢地飘到了我的手里，凉凉的。这雪的形状就像一个六角形的宝石，可惜，它一瞬间就化掉了。

　　我站在窗前往下一看，洁白的雪地上清晰地印着人们的脚印。车窗、车顶、车身上也都被雪盖得严严实实的。再往上一看，呀，树枝被雪压得直不起身子来了，好像上方有千斤巨石一般。

　　看着眼前美丽的雪景，我兴奋极了。心想：如果我是一片雪花，我会飘到屋顶上，然后在屋顶上眺望杭州西湖，欣赏断桥残雪的美景。

　　我吃完早饭后，跑到楼下，堆雪人玩。堆完小雪人后，我把雪人的头改成了五个小雪球，把它们砸到地上，啪啪地响，真好听！

　　雪给我们带来了欢乐。我喜欢雪。

傅泓铭/文，三年级

月季花

荷花的典雅脱俗、冷艳幽香，令我为之仰慕倾倒；水仙花的清新冷傲，令我赞叹不已；牡丹花的国色天香，令我着迷……但，我最喜爱的还是花中皇后——月季花。

从远处看，它们挨挨挤挤地靠在一起，这一丛，那一簇的。一阵风吹过，这片花海便开始翻涌起来，泛起了彩色的波纹。如果天空中下起大暴雨，它们在风雨间频频点头，就更有趣了。

再往前走一走，你仔细看，那些花朵白的如雪，好像刚刚泡了个牛奶浴一般；暗红色的则像一个个燃烧的火把；黄的赛金子，好像闪闪发光的宝库……各有各的美，各有各的风姿！那花儿有的完全盛开着，好像观音菩萨的宝座。花瓣的颜色由浅入深，中间的花蕊好似龙卷风一样。有的才展开两三片花瓣，瞧！月季花的"手"好像被"隐形手铐"给铐住了，不能伸展。当月季花还是花骨朵的时候，如同躲在被窝里迟迟不肯起床的害羞姑娘。

月季花的叶子是从红色逐渐变成绿色的，叶子从顶端的"独行侠"到"双人合作"的好朋友，十分有趣。那茎又细又长，上面还带有许多暗红色的小刺，好像在对我们说："只许观赏，不许触碰！"

我喜欢月季花，因为它有趣、美丽、多彩！更因为它无私地把令人心醉的芬芳，奉献给每一个热爱生活和大自然的人们！

傅泓钰/文，二年级

水　泡

　　这只小狗，是我和妈妈领养过来的。那天，我抱着这可爱的小狗回到家中，放在我们精心准备的房子里，心里别提有多高兴啦！它的老主人告诉我：它的名字叫水泡。

　　水泡是只泰迪，它的两只大大的耳朵每天都耷拉着，每次叫它名字的时候，耳朵都会竖起来。一双圆溜溜的眼睛一天到晚转个不停，不知道的以为它又在打什么鬼主意呢！它全身的毛都是棕色的，软得像棉花糖一样，非常讨人喜欢！

　　有一次，我趁它不注意的时候，悄悄把肉放到它的"房子"里，然后就赶紧躲在一旁。它一动不动地站在那，像个木头人似的，连那香喷喷的肉都不吃。当我走到客厅时，水泡却迅速跑进"房子"里，把肉放进嘴里，把骨头吐出来，然后津津有味地嚼起来。吃完后，它舔了舔自己的嘴巴，就懒洋洋地睡觉了。

　　还有一次，妈妈发现水泡肠胃不好，而且不吃狗粮只吃肉。妈妈说："这样可不行，得让它饿饿肚子。"这一饿就是三天三夜。在第四天的早晨，妈妈带我出去买早餐，回来的时候发现水泡不见了，我们一家人急得四处寻找。妈妈发动朋友、发朋友圈等办法一起寻找水泡。在好心人的帮助下，终于把水泡找了回来。当时，我就觉得水泡应该是出去找吃的，所以才"离家出走"的。你们觉得呢？

　　这只既聪明又顽皮的水泡，真是太令人喜欢啦！

刘嘉琪/文，五年级　　指导老师：潘璐瑶

听，多么美妙的声音

我们的小区有许多美妙的声音。

春天，万物复苏，小鸟从南方飞来，站在枝头欢快地歌唱着，好像在说："春天来了！春天来了！"小区的河水叮叮咚咚地流淌着，活像个活蹦乱跳的小马驹。风，从杨柳的枝条间吹过，发出了"沙沙，沙沙"的声音，好像杨柳在和春姑娘呢喃细语。

夏天，大地好像铺上了一层绿油油的地毯。风从树叶身上吹过，发出"哗哗"的声音，真像树叶在哈哈大笑。蝉是个男高音，它每天都在不停地唱呀唱呀，仿佛在炫耀自己的歌声。

秋天，大雁从小区头顶飞过，发出了一阵暖暖的叮咛："再见，明年我还会再来！"金黄的银杏叶纷纷落下，铺成了一条金色的地毯，当人们踩到它们时，便发出"沙沙"的声音，仿佛在迎接秋天的到来。喷水池的水落下来，像是顽皮的小孩摇响了一串铜铃，清脆悦耳！

冬天，白雪给大地穿上了一件雪白的大衣，北风吹过，发出"呼呼"的声音，让人感受到了北风的威力。天再冷也挡不住孩子们的热情，有的打雪仗，有的堆雪人，笑声和雪声交加在一起，变成了一首美妙的交响曲。

啊！我们小区一年四季的声音，真的是好听极了！不过我觉得，最好听的还是要数清洁工打扫小区道路的声音，扫帚划过银杏叶的"沙沙"声，才是小区里最美妙的声音。

蒋可宜/文，三年级　指导老师：刘玉君

四季之风

春风是一位美丽的新娘。
头上戴着花环，
身上披着绿草。
牵着小草的手，
挽着小花的臂，
一起去舞蹈。

夏风是一个顽皮的小娃娃。
身上套着泳圈，
手里拿着冰棒。
带着碧绿的叶儿，
卷着画画的纸张，
一起上蓝天。

秋风是一个善良的少女。
身上穿着金裙，
手里捧着果实。
吻着孩子的脸颊，
扯着果农的衣领，
一起到果园。

冬风是一位古怪的老爷爷。

下巴留着白胡须，

手上挂着冰锥儿。

时而闹着孩子们脸上刺痛，

时而陪着孩子们快乐玩耍。

惹得孩子们，

都不懂自己到底是爱冬爷爷，

还是——

恨冬爷爷呢？

崔以琳/文，六年级

院子里的"小少女"

春天到了，春姑娘呼唤着我家院子里的"小少女"——山茶花。瞧，她醒过来了！

山茶的花骨朵可美了。花骨朵儿还带着渐变色呢，由根部的深绿色，渐渐变成了顶部的淡粉色。

我站在院子欣赏着这美丽的花景。现在的山茶已经是亭亭玉立的"小少女"了。红中带着一丁点黄色，花蕊是嫩黄的小鸡仔色，多像一幅鲜活的画呀！远远望去仿佛一大片烈火在燃烧。走近来看，花瓣儿手拉着手，跳起舞来。一阵微风吹过，阵阵清香飘过，闻着清香，我所有的烦恼仿佛都飞到了九霄云外。

我忽然觉得自己就是一朵山茶花。穿着火红的衣裳，微风吹过，我散发出阵阵清香。风停了，我静静地站在那儿，蚂蚱跳过来，告诉我清早跳跃的快乐；大雁从头上飞过，告诉我从南方带回的消息。过了好一会儿，我才记起原来我不是山茶花，真是应了那句"山茶花下醉初醒"的诗句！

"小少女"不仅非常美丽，还有许多功能哦！山茶花的种子榨出的油可以食用，据说比我们平时吃的菜籽油香了许多呢！我在一本书上还看到将山茶花入药，可以凉血止血，有治疗便血的功效。

瞧，咱家的"小少女"是不是很值得拥有呢？

汪星宇/文，三年级　指导老师：李冬霞

我家的小乌龟

我家有一只调皮可爱的小乌龟，它的背上画着可爱的小花，所以叫它"花花"。它有一个专门的鱼缸，里面有一个小山洞当房间睡觉。

"花花"的性格实在有些古怪。说它贪睡吧，它有时候的确会钻进房间里，睡上几天几夜。当我着急地察看它怎么回事的时候，它才慢悠悠地探出半个脑袋。可是，一旦它活跃起来，鱼缸壁就成了它的磨爪墙，山洞顶就成了晒太阳的床，所有的室内用品都成了玩具，耍个没完没了。有时候，它还把上房顶的梯子当成滑梯，一滑就一头扎进水里，那样子让人哈哈大笑。

若饿极了没食物，它也不会吹胡子瞪眼，而是静静地等待。你给它拿龟食时，它会盯着你，生怕你在背后下毒手。等龟食落入鱼缸，它先试探地迈出两步，平稳身子。接着，大模大样地放开步伐走去。望着即将到手的食物，它眼里闪过一道贪婪的光，大摇大摆地伸长脖子，忽然咬住，得意地叼着，像胜利者拎着猎物一样回山洞品尝。只要不是饿到极点，它肯定不会直接吃掉食物，似乎那样有损它的颜面。

可有时候"花花"又很胆小。它总是不敢见人，连同类都怕。隔壁姑父家有只大草龟，有脸盆那么大。我把"花花"放入院子，它兴奋地东张西望，傲慢的样子荡然无存。它先是小心翼翼地走几步，慢慢地，飞奔起来。忽然，它看到了大草龟十分傲慢地吃着蘑菇，吓得赶紧缩回壳中，任凭你怎么呼唤，它也不肯出来。

我家的"花花"真是个两面派啊！

蒋佳睿/文，四年级　指导老师：张姣

棒 冰

　　我抓住棒冰，一股冰冷的感觉从手掌一直延伸到肩部，棒冰周围是一层淡淡的雾。咬一口，舌头、嘴唇好像被火烧一样，有一股灼伤感。

　　我不敢再把棒冰留在嘴中，估计再过一会儿，嘴巴就要冻住了。咬了咬，牙齿麻麻的，什么感觉也没有了。不敢再让它逗留了，我硬是吞了下去。顿时，它从食道滑下去，一路吸收着热量，直到落进胃里。我细细回味着那股冰凉的感觉，那样舒服。其中还夹着糖的味儿，真是very good！炎炎夏日，它真是我的救星！我觉得棒冰可以列入"人类最伟大的发明"。

　　第一口下肚后，我不再小心翼翼地蚕食，而是以迅雷不及掩耳之势开始向棒冰"进攻"了：那棒水似乎感觉到了我的杀气，从那缺口开始融化，好像宁愿融化也不愿葬身我的肚子。我深吸一口气，"嚓嚓嚓"不过几秒钟，棒冰就像战败的士兵一样，伤痕累累，丢盔弃甲。不过，这不是我嘴巴的功劳，热浪也是出了一份力的——看，还没过多久，棒冰就大汗淋漓了……估计如果我不把它吃掉，它也会化掉。

　　棒冰真好吃！夏天，怎能少了它呢？

孙楷瑞/文，五年级

111

校园的紫藤

走进校园的亭子里你会发现，亭子上方布满了枝条，你可能会问这是什么，是紫藤。

春天，枝条长出了嫩绿的叶子，不用过多久花朵就慢慢长大了，花瓣上紫色里透着白，花心还带点淡黄。走到亭子中央，风娃娃一吹，成片的紫藤花飘落下来，仿佛下起了"紫藤雨"。人还在远处，一阵阵清香直往你鼻子里钻。

夏天，紫藤的枝条像一条小龙，在亭子上方盘绕着，叶子也越长越茂盛。太阳大的时候，还能给我们当太阳伞呢，不过还是有光线在空隙中照到亭子地面，像利剑一般。

秋天，紫藤叶子慢慢枯萎，风娃娃一吹，叶子就像蝴蝶在飞舞，仿佛赶着回家呢。

冬天，紫藤孤零零地躺在那里，藤上一片叶子也没有了，落叶都留在紫藤妈妈的脚下。

我爱校园，我爱校园里的亭子，我更爱校园里的紫藤。

陈苏杭/文，三年级

树叶的秘密

　　大自然就像一位魔术师，我们身边不时出现各种各样稀奇古怪的现象。在这一个个妙趣横生的问号中，最使我难忘的要数我解开了树叶的秘密。你们知道树叶的秘密吗？

　　在今天的课上，我们讨论了关于叶脉的种类。叶脉有三种：主脉、侧脉、细脉。你们知道叶脉有什么作用吗？叶脉像我们的血管一样，可以输送养料和水分；叶脉也像我们的骨头，可以支撑树叶。原来小小的绿叶如此强大啊！

　　我还发现叶子在不同的季节，也会有不同的颜色变化。那你们知道这又是为什么吗？因为春、夏季，叶子要吸收阳光，进行光合作用，叶子中绿叶素居多。秋天和冬天的时候，大树为了保存体力，同时减少了给树叶的营养，叶绿素就慢慢减少了，叶子就会变黄变红。

　　秋风起，落叶飘落。那你们知道落到地面的叶子是哪面朝下吗？我来告诉你吧！因为平常树叶长在树上都是正面朝上，它吸收的营养多，所以会比较重一些，落下去的时候就正面向下了。

　　大自然真的是太神奇了，蕴藏着丰富的知识！让我们一起不断地去探索发现吧！

　　　　　　　　　　　　徐子谦/文，五年级　　指导老师：周明叶

我的四季

春天
我在清晨醒来
嫩芽儿在床头微笑
小花儿在窗外点头

夏天
我在午后醒来
雨点儿在阳台碎落
小燕儿在空中展翅

秋天
我在傍晚醒来
红果儿在枝头摇曳
大雁儿排成一行行

冬天
我在半夜醒来
雪人儿在轻轻歌唱
小猫儿在脚边取暖

朱薛安/文，五年级

蚕

今年五月份，科学老师给我们每人发了几条很小的蚕，让我们带回家饲养并观察。

刚发下来的蚕是白色的，背上还带一点淡黄色。这时的蚕还比较短小，总长约两厘米。

蚕每天的食物就是桑叶。它吃桑叶的样子很可爱：先在桑叶上啃一个小洞，不知道它是怎么啃的，居然能把洞啃得那么圆。再从上到下，头一仰一俯一仰一俯，很认真地一点点啃，很快就会在桑叶上啃出一个大洞。有一天早上，我刚起床就迫不及待地跑到蚕盒边，发现叶子上有很多洞，还发现有很多黑黑的小颗粒。后来才知道那是蚕的大便。

蚕每天吃啊吃啊，很快就长大了，并且又白又胖。看着它在桑叶间蠕动的笨拙身体，我忍不住就想用手去触碰它。我的手指刚一碰到它的身体，它就警惕起来，突然把拉长的身子缩成一团。它那滑稽的模样可以使你哈哈大笑。它的身体一段一段的，一般有八段。每段下面都有两只左右对称的足。与其他昆虫不一样，它的足像吸盘，能稳稳地吸在桑叶上或者盒子的内壁上。蚕头上的皮肤皱巴巴的，像老人的皮肤一样。头部正前方有个灰球球，我估计是蚕的鼻子，摸上去嫩嫩的。把蚕抓到你手上，你会被它吸盘式的足弄得很痒。

蚕一天天长大，终于有一天它吐丝结茧了。蚕的丝可以用来做衣服。蚕蛹成蚕蛾后，只能活短短几天的时间。但它们在有限的存活时间里，产子、繁衍后代。我的六条蚕就足足产了上百颗蚕子，太多了，我觉得我养都养不起了。

这就是可爱的蚕。虽然它的生命很短，但是吐丝给人们做衣服穿，快乐地过完它的一生。

孟大力/文，四年级

凤仙花

初春的时候，有一个小男孩在阳台上的花盆里种了几株凤仙花。夏天的时候，果实成熟了，小男孩很高兴地来收种子。你知道，凤仙花的果实一碰就会炸开，种子就会弹出来。于是，有一颗种子就这样落在了花盆里，小男孩没有发现。

夏天过去了，这颗种子悄悄地发了芽。这时候天气已经开始变冷了。一只小蚂蚁爬过来，发现了这株小小的凤仙花苗，他很惊奇地说："你怎么这个时候才发芽呀？秋天就要来了呀！""没关系。"凤仙花苗说，"我不怕冷。这里有灿烂的阳光和蔚蓝的天空，多美啊！"小蚂蚁摇摇头，走开了。

时间过得很快，已经快到深秋了。凤仙花努力地生长，已经开花了。她现在枝叶繁茂，开满了美丽的紫色花朵，散发出阵阵芳香。小蜜蜂飞来了，小蝴蝶飞来了，他们围着凤仙花跳舞。"真美啊！"他们赞叹道。太阳就要落山了，他们对凤仙花说："我们要回家去了。冬天就要来了，我们要等到明年春天再出来。天气很快就要变得很冷，你该怎么办呢？"凤仙花回答说："是啊，冬天就要来了，我要赶在下雪之前结出种子。"

下雪的冬天快到了，花盆里只剩下了枯萎的凤仙花，花和叶了都落光了。可凤仙花心里是高兴的，因为她知道，她留下的那些种子正在雪被下面安安稳稳地睡觉呢。

黄博昉/文，四年级

冬 天

冬天到，北风叫，
雪花朵朵满天飘。
红梅枝头争炫耀，
松鼠出来凑热闹。

冯佳玮/文，四年级　指导教师：刘瑾

第四辑

我的手指罢工啦

我有个习惯动作，
一想问题就情不自禁地咬手指。
手指放进嘴里就像大脑接通了电源，
一下子就运转起来了……

小黄叶的新家

　　我每天放学后依然要路过那个十字路口，一棵梧桐树一直悄无声息地矗立在那儿，那粗壮的树干轻松地支撑起一树茂密的枝叶，看起来应该有些年头了。

　　每到秋冬时节，上面的叶儿们就会相继幻化成金黄色。在老梧桐腰上的一个枝丫上，有一片小黄叶尤其瘦弱、单薄，但脉络里却顽强地带着些许绿。突然，一辆金黄色的跑车飞驰而过，小黄叶没有站稳，和其他几片叶子一样，开始慢悠悠地往下飘落。接着又有几辆消防车鸣着笛呼啸而过，这带起了一阵让它们晕头转向的风。小黄叶和其他叶子十分不情愿地被调皮捣蛋的风拉到路上开始转圈。小黄叶尖叫了起来："啊！啊！啊！我受不了了！好多灰尘，好晕呀！"那个风圈跟龙卷风似的，下面小上面大，绕着一小块路基不停旋转，旋转……

　　等小黄叶终于可以停下来的时候，它已经连喘气的力气都没有了。一个穿着校服的圆脸小女孩路过，看见了小黄叶。"妈妈，你瞧，这片叶子好奇怪，竟然还没全部变黄就落下来了！"说罢从地上拾起小黄叶仔细地瞧了瞧，满心欢喜地放进了手中的书本里。

　　晚上，小黄叶盖着厚厚的纸被子，感觉暖洋洋的，舒服极了。

赵忻笛/文，三年级　指导老师：蒋蓉

夜

夜深了，周围的一切都安静了下来，我却还没有睡着，因为明天就要放假啦！我兴奋地望着窗外，皎洁的月光柔和地洒进了房间，驱散了我的睡意。

我在床上翻来覆去的，白天学校里发生的事情在我的脑海中放起了电影。我多想按下暂停键，让我的小脑袋清醒一下，但它们始终循环播放着，怎么都停不下来。折腾来折腾去，本以为过了两个小时，但当我睁大了眼睛去看时间，原来才过了二十分钟。这真是一个漫长的夜晚！

有没有小伙伴和我一样还没睡着的？太阳还没有睡，因为它正着急地跑去地球的另一边上班；时钟还没有睡，因为它一直在"嘀嗒嘀嗒"地响着；小河还没有睡，因为它在不停地向前奔跑着；被子也还没有睡，因为它刚才被我的霹雳腿踢醒啦！

难道小伙伴们都还没有睡着吗？不，床头的书本睡着了，它在我关灯后合上身子睡着了；公园里的小花睡着了，它品尝了夜晚甘甜的露水后睡着了；楼下的小猫睡着了，它吃了辛苦捉来的小老鼠后睡着了；客厅里的蚕宝宝睡着了，它裹在纯白的蚕茧里睡着了；可爱的妹妹也睡着了，她听着有趣的故事甜甜地睡着了。

"1，2，3……"我静静地数着绵羊，慢慢地进入了梦乡。

吴昱霖/文，二年级　指导老师：陈莉朋

冬　风

　　小兔、小猪、小鸟、小老鼠是快乐生活的一家人。

　　冬天到了，黑夜变长，白天变短。经过长长的黑夜，他们迫不及待地想出去玩了，推开门看见石头上、屋子上、树上挂满了洁白的雪花，外面真是风景如画呀！

　　天上飘着鹅毛大雪。他们一起滑雪、堆雪人、打雪仗……看他们堆的雪人，鼻子是小兔子喜欢吃的胡萝卜做的，眼睛是小鸟喜欢吃的松果充当的，嘴巴是小老鼠喜欢玩的小石子扮的。小猪还从家里拿来手套、围巾、帽子给雪人穿戴上。

　　突然，一阵风吹了过来，把他们的脸都吹红了。小老鼠说："风真是一个坏蛋，把我的脸给吹红了！"小猪说："风真像一个调皮的小男孩，他把地上的雪花吹得四处乱飞。"小兔说："风真像一把刀子在乱砍，砍得我的脸都疼了！"小鸟说："风其实像一只大狮子，因为他的叫声真的很响！有点吓人。"

　　他们一直玩到傍晚才回家。进入夜晚了，风还是没有停，还在呼呼地刮着。睡觉了，大家又觉得冬风是位会讲故事的老爷爷。冬风的故事可真多啊，讲啊讲，讲到深夜，讲到凌晨，还在不停地讲，一直讲到阳春三月、冰雪融化、春回大地、万物复苏才讲完！

郑清宸/文，三年级　指导老师：袁波

乌龟历险记

睁开眼睛，我发现我在一个陌生的地方。我的朋友们呢？他们去哪了？我微微抬起头，发现了一群我不认识的"巨人"，我的心中充满了恐惧和疑惑。

我一定要去找我的朋友们。我奋力地伸出爪子，努力地往前爬，但不停地被撞倒。我抬起头来看，立在我面前的是一堵"高耸入云"的墙。正在这时，一个"巨人"突然把我抓到了一张桌子上。离开了地面，我更加害怕起来。她要干吗，她会把我怎么样？

我顿时头皮发麻，四肢无力，紧紧地闭上双眼，可是半天也没动静。我抬起一只眼，只见"巨人"拿起手机，用镜头对着我，好像打算给我拍照。哈哈，这个我喜欢！我赶紧摆出一个漂亮的姿势，又换了一个pose，只听见"咔嚓咔嚓"的声音，忙着摆动作的我，感觉心里没那么害怕了，我慢慢地放松下来，在桌子上溜达开来。

忽然，"巨人"又将我一把从桌上拿到了空中，高高地举起来。天哪，好高呀，这又是要干什么……

我不知所措，但耳边传来了阵阵议论声，我偷偷睁开眼睛，发现身边挤满了"小巨人"。他们都紧紧地盯着我看，个个指手画脚的。我提到嗓子眼的心，又渐渐地放下来，开始环顾四周，原来"小巨人"们也都蛮可爱的，我开始有点喜欢这里了。

余周颖/文，四年级

拜年奇遇记

今天，我要到一位爷爷家去拜年。据说这位爷爷家是养羊的，有一个大大的羊场。

车子开进村庄，两旁家家户户都在门上贴了对联和"福"字，到处都是春节的气氛。

羊场的爷爷给我们上了全羊宴，有白切羊肉、红烧羊肉、羊肉串、羊肉汤、羊肚、羊肝……各种花样，馋得我口水直流，而且每一种烧法都别有一番滋味。特别是白切羊肉鲜嫩多汁，特别有嚼劲，让我大饱口福！

吃完饭后，我和朋友们到院中玩耍，发现了一只关在笼子里的鸟儿：它的身体是黑色的，有一双炯炯有神的眼睛，眼睛的外圈是黄色的，里面是黑色的。它还有一张又细又尖的嘴巴，一双强壮有力的翅膀和一对小巧锋利的爪子。见到有人来，开始"噗嗤噗嗤"地拍起翅膀，它或许也正高兴有人来跟它玩呢。

我说："你好！"

鸟儿也兴奋地向我问好："你好，美女！"

我们傻了眼，这只小鸟竟然会讲话！

它又说："吃饭了吗？吃饭了吗？"

我们回答："吃了，吃了！"

"却反（吃饭），却反（吃饭）！"小鸟竟然还会说家乡话，我们更加惊喜了。小鸟接着问："你是狗，你是狗？"

我们都大笑起来……

爷爷告诉我们，小鸟说话，说什么话，这可都凭它高兴，它若是不高兴，一声也不出。今天一定是见到我们来，高兴了。

不久，我们依依不舍地离开了。这真是一次难忘的拜年啊！希望下次还能来看望这只鸟儿，吃到美味的全羊宴！

余周颖/文，四年级

索菲亚跳舞记

索菲亚是一只长颈鹿，长脖子优雅而纤细，独自站立时非常优美，轻轻一抬头就可以吃到树上的树叶。可惜她的膝盖向外弯曲，腿瘦得皮包骨头。一转圈，她就会四脚朝天跌倒在地上，发出"啊"的声音，所以，小伙伴们都会嘲笑她："索菲亚不会跳舞，索菲亚永远跳不了舞！"

索菲亚并不气馁，心想：我一定能够学会舞蹈！

然后她就开始尝试第一个舞蹈——探戈。她用力地前后甩头，脖子也随之摇摆起来，但因为她的脖子实在是太长了，所以没甩几下，索菲亚便"砰"的一下，重重地摔倒在地上，疼得她"哇哇"直叫。

索菲亚还是不放弃，她又开始尝试恰恰舞。恰恰舞的节奏快速，音乐强烈，她的膝盖外翻，压根儿就跟不上恰恰的节奏，四条腿像麻花一样扭在了一起。

索菲亚还是不甘心，她继续尝试牛仔舞。她努力地踢起了腿，整个身体都开始颤动，越跳她的身体颤动得越剧烈。可是那骨瘦如柴的四肢再也支撑不住了，颤动的身体"砰"的一声倒在了地上，疼得她眼泪都流了下来。不认输的索菲亚仍然尝试了一次又一次，但都以失败告终。

索菲亚很沮丧，当她准备放弃时，她的朋友莉娜看见了，连忙走过去。

"索菲亚，你不必伤心，因为你没有找到适合你的曲子。"莉娜安慰索菲亚道。

"那什么曲子适合我呢？"索菲亚疑惑地问。

"你或许适合轻音乐，因为节奏慢，而且音乐柔美。我相信你一定可以！"

听了这番话，索菲亚重新振作起来，有了十足的信心。

慢慢地，索菲亚发现了适合她自己的舞蹈——伦巴。她刻苦练习着，先走一步，然后慢慢地转一个半圈，再转一个半圈，在地面上画出了美丽的弧线。渐渐地，她的身体开始放松下来，随着音乐舞个不停。她一蹦三尺高，高声喊道："我会跳舞啦！我会跳舞啦！"小伙伴们都很好奇，便过来围观，看到索菲亚的曼妙舞姿，小伙伴们不禁叫了起来："索菲亚太棒啦！"莉娜看到这一幕，更是热泪盈眶。索菲亚给大家深深地鞠了一个躬，然后便高高兴兴地回家了。

从此，索菲亚成了最棒的舞者，森林里的每一个动物都很喜欢她。

余周颖/文，四年级

假如我会飞

我有一个永远也无法实现的愿望——拥有一对乌黑油亮的翅膀，可以像雄鹰一样展翅高飞。

假如我会飞，我会飞到迪士尼乐园。一进乐园，就看到了超级醒目的标志——那童话中的城堡，还有许多欢迎我们的卡通人物，它们一一向我招手，我异常兴奋，就跟它们来了张合影。正在这时，我忽然听到了阵阵刺耳的尖叫声，原来，是人们在玩乐时发出的声音。我的目光随即转移过去，不一会儿，我也来到了游乐设施上，开始玩了起来。其中，让我印象最深的还是"创极速光轮"，只听"3，2，1"，我只觉得风在耳边跟我赛跑，其他的就毫无概念了。我想：如果没有这安全保护，我就"死"定啦！

假如我会飞，我还会飞到那荒无人烟的沙漠。那里没有山，也没有水，只有漫天的飞沙。我看见了壮观的骆驼队，还有沙漠中的绿洲，绿洲上有松树，还有成熟的葡萄……

假如我会飞，我会飞到山区。山区里的小朋友们都很需要帮助，我看见他们身上都穿着破破烂烂的衣服，他们无法上学，没有书，也没有笔，只能天天和农活打交道。我会送给他们很多很多玩具和书，我也会时常飞过去和他们聊聊天呢！

要是我有一对翅膀，那该多好呀！

傅泓铭/文，三年级

我的手指罢工啦

我有个习惯动作，一想问题就情不自禁地咬手指。手指放进嘴里就像大脑接通了电源，一下子就运转起来了。

这天晚上，我睡着的时候，手指十兄弟聚在一起开了个会。会议的主题就是声讨我这个主人乱啃乱咬，"暴力"对待手指。

左手大拇指说："我实在受不了啦！主人动不动就把我放进嘴里咬上两口，你们看看我，都面目全非啦！"

右手大拇指大声地说："我才委屈呢！明明是主人咬了我，把细菌一起带进了身体组织，可身体其他部门却联合起来投诉我携带危险品入内！"

"还有，主人一点都不善待我们，看看我们哪个身上不挂点彩！""还有，还有……"其他手指七嘴八舌也都加入了激烈的声讨中。

会议最后，手指兄弟们决定举行"非暴力不合作运动"——罢工！

第二天一早，闹钟响了，我习惯性地用手去按开关。咦？怎么回事，我的手指动不了了？难道是睡太久麻木了？"嘀嘀嘀，嘀嘀嘀！"闹钟响个不停，幸好停止键面积大，我用脑袋一顶，止住了闹铃。

可接下来我就傻眼了，看着衣服、裤子、袜子、鞋子，再看看我的两只手，现在应该称它们为两根棍，这可怎么办？场外求助吧！爸爸妈妈昨天说过一早要出门买东西。唉！真是叫天天不灵、叫地地不应啊！只能自力更生了！我"棍"脚并用，搓、蹭、扭，使出十八般武艺，把能想到、能用上的姿势都用上了，终于穿戴完毕。一检查，裤子还穿反了。算了，反正也不出门，没人看见。

"咕噜噜！"肚子向我发出求救信号。我三步并作两步，冲进厨房。好香啊！我看到了最爱吃的大肉粽。我紧紧地盯着透明锅盖，一分钟、两分钟……可惜我的目光不是激光，不能击碎锅盖。我想用牙把锅盖掀开，可找不到可以下口的地方。最终只好伤心地离开厨房，继续觅食。可找到的食物都是有皮、有盖、有包装袋的。唉！看来只能饿一顿了。

我倒在沙发上，呆呆地躺着。想画画，拿不了笔；想看书，翻不了页；想打电话让爸爸妈妈快回来，可拨不了号！"我的手指到底什么时候才会动呀！"

我把手指又放进了嘴里，忽然眼前一黑，进入了一个奇怪的地方，十个手指模样的小人轮番向我"开炮"……最后，一个带着牙印的小胖子说："我们再给你一次机会，如果你再乱啃我们，那就不止罢工这么简单了，我们将离家出走！"说完十个小人全都消失不见了。我一下子惊醒过来，赶紧看手指，幸好他们都还在。

我活动了下手指，惊喜地发现他们又能动啦！瞬间，一切都变得美好起来了。我赶紧把十根手指洗得干干净净，边洗边下定决心，"一定要改掉咬手指的坏习惯！"

我们拥有能动的手指实在是太幸福啦！

傅泓铭/文，三年级

小麦的旅行

"哇，我终于出来了！"麦地里刚刚探出头的一株小绿苗兴奋地大叫。

千年古树笑呵呵地说："据我统计，你是我看到的第六千零二十三万九千五百七十株小麦，加油成长哦，也不知道以后会变成什么……"

眨眼间，秋天来了，小麦披上了金黄色的大衣。一双大手把它摘下来装上了货车。"再见，小麦！"古树挥着枝叶。

小麦被运到一个工厂。"天呐，我会变成什么呢？"小麦心想。她想起夏天时，一个小女孩拿着一个棕色的小东西。树爷爷告诉她，那叫蛋糕，可以给人类吃。"嗯，我想变成蛋糕！"

小麦的运气很不错，那个工厂就是做小麦粉的。她被装到一个袋子里，在商店里出卖。终于，有人买下了这一袋小麦粉——是位蛋糕店的烘焙师。

烘焙师把小麦和其他食材拌在一块儿，把它们放进了烤箱。"啊，真舒服，就像阳光一样！"小麦很高兴。叮咚——纸杯蛋糕做好了！

小麦和其他纸杯蛋糕一起，排队等烘焙师给她们裱花。哇，她们真漂亮！只见一个戴上了白奶油小花，一个身着美味的朱古力……眼前怎么会飘起了雪花？哇——，小麦惊喜地发现，落在她身上的正是最甜蜜的糖霜！

接着，蛋糕们被摆在了橱柜上。"阿姨，我要一个纸杯蛋糕！"

个女孩清脆的声音响起。"好，你要哪一个?""嗯……就这个!"女孩指着小麦说。

　　"真好吃!"女孩说。这是小麦听到的最幸福的话。

鲁子齐/文，五年级

未来的我

2039 年，我发明的"空间穿梭门"已经在全球普及：它非常便捷——无须倒换交通工具就可以瞬间到达目的地；它没有污染——完全不产生尾气之类的有害物质；而且作为公共资源，它对所有公民免费开放。可我，作为新时代高科技的领军人物，也越来越忙了。

今天下午，好不容易挤出了半天假，我决定回一趟家乡——杭州。自从2024 年创办了穿梭技术公司后，我有十多年没回老家了。走出实验室，我来到办公楼大门口的"空间穿梭门"。我熟练地戴上头盔，心里默念着"中国浙江杭州"，然后按下启动按钮。

一眨眼的工夫，我就回到了杭州。嗯？以前拥堵的大马路，怎么全变成了宽阔的人行道？我正纳闷呢，忽然听见有人喊："啊！是倪博士！是帮我们彻底解决交通拥堵的大恩人！"话音未落，后方就有一大群记者追了上来。为了不耽误我宝贵的回乡时间，我快步往一侧的小巷里跑去。

跑着跑着，我突然发现周围全是高楼大厦，以前那些低矮破旧的小平房已经销声匿迹了。咦？这些大楼的玻璃幕墙怎么一点儿也不刺眼？哦，我想起来了！前几个月的《都市快报》上说，有一家本土的公司研制出了新型的抗反光玻璃幕墙，可以有效减少甚至杜绝光污染现象。看来，杭州人民已经率先尝到了这种新科技产品的甜头。

我停下脚步往后一看，"记者大军"早就没影了。我大口呼吸着新鲜空气——甜丝丝的，带着花草香……环顾四周，小小一个街区竟然有三个公园！我恍然大悟：对呀，现在没有了停车场、飞机场、码头、火车站，低矮的平房也改建成了容积率更大的高楼大厦，空出来的地方当然可以建公园啦！我向其中一个公园走去。这里有孩子们喜欢的游乐场；有登山爱好者训练用的攀登墙；有迷你马拉松赛道、树林迷宫……许多机器人来来往往，忙着为人们服务。这公园简直就是天堂，令我流连忘返！

"丁零零——"视频电话突然响了，是我的助手打来的："空间穿梭门第十一次设计方案修改大会还有五分钟就要开始了。博士，您得快点回来啊！"我看了看表，不知不觉已经闲逛了三个小时。于是，我快步走向离我最近的公共空间穿梭门……

走进会议室的那一刻，我对自己说："高科技真的能够改善老百姓的生活。我一定要完善自己的设计，发明出更多有用的东西。"

倪溯飞/文，五年级

失落星空的星星

灿烂美丽的星空，小星星和她的小伙伴们一起在玩耍。她欢快地说："小伙伴们，我们玩捉迷藏吧。""好呀，好呀！"伙伴们开心得一蹦三尺高。"三、二、一。"伙伴们急匆匆地四散开来，有的变成云朵，有的躲在草丛里，有的潜伏到银河里。小星星跑得像离弦的箭，四处找寻可以躲藏的地方。"哎呀——"意外发生了，小星星太着急了，像流星一不小心失足从星空跌落下去了。小星星害怕地晕了过去。

不知道过了多久，小星星睁开眼睛，四周一片漆黑，小星星不再是亮闪闪的了，她发不出一丝光亮，黑黑的、丑丑的就像一块难看的石头。小星星难过地哭了："我好怕，小伙伴们，你们在哪里啊？我在哪里啊？谁来帮帮我？"小星星的泪珠大颗大颗地流下，她伸出手擦擦眼泪，她的手却没有发出亮光，连她的眼泪也无法发光了。她害怕极了，她想找到回家的路，但是现在她得躲起来。她躲进了草丛里。

过了许久，小星星才认出原来她掉到了森林里了。夜晚里的森林，黑黑的、密密的树遮住了夜空，看不到天上的月亮妈妈。突然，在森林深处发出点点的光，"是我的伙伴来找我了吗？"小星星兴奋地狂奔而去，追逐着那忽隐忽现的光。原来是一位提着小灯笼的精灵——萤火虫。"请问，你知道我家在哪里吗？"小星星难为情地问。"啊？你的家吗？"萤火虫提着小灯笼照了照小星星的脸："对不起啊，我不知道你家在哪里，但是你可以来我家看看，我家很大，我们萤火虫都住那里，很亮很美丽。""哦，谢谢你，我想回我自己的家。"小星星垂头丧气地走了。

小星星走过树林，来到小池边。一位舞者在跳着美丽的舞蹈，小星星被深深地吸引住了，她入神地欣赏着舞蹈。"美丽的舞者，你知道我的家在哪里吗?"舞者擦擦汗说："我不知道。不过，我的家很大，我们都住在那里，我们的衣裳上有闪闪发光的星星，特别好看。""谢谢您的邀请，我还是想回我自己的家。"小星星失望极了。

小星星走不动了，在山顶上，把自己缩成一团，她哭着，她哭得太伤心了，没有发现在山顶上浮现一团光。温暖的光里走出来一个温柔的身影："小星星，想家了吗?""月亮妈妈，是您吗?"小星星不敢相信自己的眼睛。月亮妈妈温柔地用手抚摸小星星的头，小星星低头瞧瞧自己的双手，她又变得闪闪发光了。月亮妈妈牵着她的手飞回了星空。

你瞧，刚才还是黑黑的失落星光的星空。小星星睁开她美丽的眼睛一眨一眨地，正在告诉我们，她回家了。

丁艺萌/文，三年级　指导老师：梁雪利

小刺猬的愿望

放学回家时，小刺猬非常伤心。

原来，今天下午，学校里玩捉迷藏游戏时，老师说："如果谁在三局中都没被捉住的话，那她就赢了！"三局结束了，小乌龟和小刺猬都没有被捉到。小刺猬看到小乌龟被别人围着庆祝，大家抱得紧紧的，可抱她的却一个也没有……

回到家后，小刺猬把事情经过告诉了妈妈，还没说完，眼泪就已经像瀑布一样流了下来。妈妈说："我们身上都是刺，别人抱了会受伤的！"小刺猬委屈地说："讨厌的刺儿，走开！"

刺儿听了，含着泪默默走开了。

第二天早上，小刺猬惊喜地发现身上刺儿全没了，只有光溜溜的皮肤！"好极了！"小刺猬心花怒放。

妈妈叫她去采苹果，小刺猬像往常一样，先摇摇树干，再往地上打个滚。可这次不但没把苹果带回家，反而把自己撞得到处是伤！"还是有刺儿好！刺儿不但可以帮助我，还可以保护我，是我的好帮手。"小刺猬终于认识到自己错怪刺儿了。

最终，刺儿回来了！从此，小刺猬每天都过得开开心心的。

王译苓/文，二年级　指导老师：陈莉丽

影子的自述

大家好，我是影子。什么影子？对，就是你生活中常常看见的那个影子呀。

我的好朋友Cherry，她喜欢叫我"可爱的模仿者"，有时候称呼我"调皮的跟屁虫"，有时候夸我是"温馨的陪伴者"。哈哈，我都有些不好意思了呢。

"可爱的模仿者"。幼儿园时，每天的晚安故事，Cherry和她的妈妈最喜欢手影游戏，她们的手指在空中变换各种形状，我便在墙上认真模仿，原来是各式各样的小动物呀！一会儿变小狗在玩耍，一会儿变小兔子两腿直立东张西望，一会儿变老鹰飞来飞去，还有两只小鸭子一摇一摆在散步……她们的角色扮演惟妙惟肖，欢声笑语，可爱极了！

"调皮的跟屁虫"。天空晴朗的操场，我最欢喜了！因为Cherry和同学们一下课就来操场跑步、打篮球、跳绳等，我总是跟在他们后面，调皮地跑来跑去，跳来跳去。体育课上做游戏——踩影子，分成三人一组，互相踩对方背后的影子，伴随着同学们的欢笑声、吵闹声，你追我赶，不知疲惫，乐不思蜀。虽然我有时候被跑得快的同学踩到，但一点都不痛，而且很开心！

"温馨的陪伴者"。Cherry每天晚上写作业时，我都在她旁边陪伴，默默地看着她。只见她一会儿认真地画图，一会儿左手托着腮帮子在思考，一会儿又在思维本上列式计算呢！写完数学又拿出语文书，嘟囔着小声背着课文，正在她摇头晃脑背课文时，被她眼角的余光发现了我，她好奇地挥着手和我打招呼："嗨，影子你好！"我也同时用同样的姿势挥手回应她。她笑了笑，她又继续专注地背课文了！

这就是我——影子，可爱又调皮！朋友们，我可是随时在你身边呀，看看自己周围能不能找到我呢？

吴依轩/文，四年级　指导老师：徐齐

我的幻想症

我常常会想，我的脚下有没有一座城？

在《流浪地球》影片中，有一万多座地下城，这时，我就相信我的脚下有座城。每次坐电梯在1F下面，还有-1F，-2F……这就令我更加确信脚下有座城。漫画书中，几乎所有的秘密基地都建在地下，难道地下没有一座城吗？

我常常仰望天空在想，天上有没有一座岛？

在我的心里，天空中有一座小岛，飘浮在半空之中，岛上有许多高楼。大家都坐着筋斗云，一个跟头，就从岛的北部飞到岛的南部……生活真是幸福。岛上的动物不用系铁链，可以自由自在地和人们一起生活嬉戏。

我常常注视大海的照片，心想着海底有没有金山银山？

每次坐游轮，总耐不住性子，要在船上东跑西跑，去寻找金山银山。我想当一名船长，去寻找宝藏，把宝藏带回家，当一个大富翁。远处，仿佛有什么在发光，我很兴奋，觉得那个光点就是金山银山。

小时候，我的天真常常会变成一种笑话。是啊！地下怎么会有座城呢？天空中怎么会有小岛呢？大海之中哪有所谓的金山银山啊！可能，过不了多久，我也会为我的天真而感到可笑。

王弈铠/文，五年级

小老鼠玩电脑

有一天，小老鼠的妈妈答应小老鼠，"你如果考试考了100分，我就给你买一台电脑。""真的吗！老妈，我一定会努力的。"小老鼠开心得手舞足蹈起来。

小老鼠到了考场后非常紧张，但是他不停地对自己说："不能紧张，不能紧张，为了电脑我要加油，好好考试。"下午，考试成绩出来了，100分。小老鼠兴奋极了！小老鼠说："我的电脑有着落啦！"

快递果然快，一天就到了，不然就叫"慢递"了！小老鼠拿到快递就迫不及待地拆开来，拿出电脑就接通电源，按开机键。妈妈说："儿子，你可别弄坏了，这可是我三个月的工资啊！""放心吧！"小老鼠坚定地说。

小老鼠才打开电脑一会儿，觉得不对，心想：咦，为什么屏幕是黑漆漆的？忽然，电脑里出现了一只大猫咪！这下可不得了！小老鼠被吓得魂飞魄散，脸色苍白，心脏病都要吓出来了！小老鼠吓得好久都没有缓过神来，差点就休克了！"这这这，是什么破电脑啊，害得我儿子命都要没了。"小老鼠妈妈说。"不好意思，不好意思，实在是不好意思。"卖电脑的人说。

一个月过去了，检测报告出来了，小老鼠妈妈仔细地看着，一旁的小老鼠说："我……不想……看到……那……该死的……电脑！"小老鼠现在说话都吞吞吐吐的。看来，小老鼠有后遗症啦！不过不用担心，小老鼠妈妈已经叫卖电脑的人赔了精神损失费了。哦，原来是电脑就叫猫咪牌电脑，出来的只是屏保罢了。

赵奕辉/文，二年级　指导老师：沈梦佳

神奇的变身

　　"丁零零……"无情的闹钟准时把我从睡梦中唤醒，我伸了伸懒腰，照例去落地镜前看看睡眼蒙眬的自己。忽然，我发现背后有一对又大又透明的翅膀正在轻轻地张开，我下意识地想去用手摸一摸，一抬手又发现手上拿着一根粉红色的魔法棒！天啊！我竟然变成了平时自己心心念念的小魔仙！

　　带着惊奇我来到了阳台，试着轻轻舞动了一下翅膀，在清晨阳光的照耀下，闪烁着五彩光芒的翅膀真的带着我飞了起来！飞啊飞，越飞越高、越飞越快……我来到了一座大山里的一所学校。学校很小，只有唯一的一栋房子和几间简陋的教室，门窗还都有破洞。课桌也都是同学们自己从家里搬来的，高高低低一点儿也不整齐。课桌上摆放的文具大部分都是缺胳膊少腿的，都只剩下一个很短的铅笔头了还在用。我决定给他们一些帮助，于是趁老师和同学们外出上体育课的时候，悄悄地进入教室。我拿起魔法棒轻轻一挥，整个教室顿时焕然一新，讲台上有了电脑和投影仪，四周安装了电风扇，统一的课桌椅让教室看起来是那么整齐划一，每个同学的课桌上还都整齐地放着一套崭新的校服呢！我一边想象着待会儿同学们回到教室后惊喜的表情，一边又悄悄地溜出教室继续我的开心魔法旅程。

　　我又继续飞啊飞，飞到了一片荒无人烟的沙漠。一眼望去，漫天的黄沙里只有零星几棵叫不上名的绿色灌木。我挥动手中的魔法棒，把沙漠变成了生机盎然的绿洲；我还飞到了一条被污染的小溪，乌黑的溪水散发着令人作呕的恶臭。我捂住鼻子，用无所不能的魔法棒瞬间把小溪变得清澈见底……

啊！神奇的变身让我拥有了如此不可思议的魔法能力，我决心去更多的地方消除贫困，改造荒漠，消灭污染，让更多的人生活在一个富强文明、绿水青山的环境中。于是，我又轻轻挥动五彩的翅膀，向着远方飞去……

廖文晗/文，五年级

假如我的房间可以……

从九岁开始，我就拥有了真正意义上属于自己的小房间，它只属于我一个人，它非常漂亮。有时我总会坐在房间里幻想，假如我的小房间可以随心所欲地变化，那该有多好啊！

假如我的房间变化成美味的糖果屋，这里面的所有东西都是糖果做的，在我做作业的时候，如果我饿了，直接啃一口书桌，我立马就可以元气满满，满血复活了。在我必须要去睡觉的时候，如果我睡不着，闻一闻糖果的香气，便会迅速进入甜甜的梦乡……

假如我的房间变化成宇宙飞船，我一定会开着它去外太空遨游。我想去看看太阳到底有多大，也想去月球看看，那里有没有晋阳小学，还想去火星上看看，到底有没有外星人……我也会开着它飞向大气层的边际，看看我们地球母亲的全貌，顺便也替大家看看有没有适合人类生存的第二空间。我还要去探索一下，宇宙到底有没有尽头……

假如我的小房间变化成艾莎公主的冰晶宫，那么在夏天它一定比空调房还要舒适，我可以在里面玩耍、溜冰，和朋友们在这里看书，或者干任何我喜欢做的事情，而不用汗流浃背。我还可以在里面养企鹅、海狮等生活在雪地里的动物，那一定超级有趣……

假如我的房间变化成一片森林，那一定是玩躲猫猫的最佳场所；假如我的房间变成浩瀚的海洋，那就可以近距离地观察海洋生物了；假如我的房间变化成音乐厅，那我就可以实现个人演唱会的梦想了；假如我的房间是互联网络，那我就可以在无际的网上畅游……

陶梦洁/文，四年级

追踪神出鬼没的野猫

野猫走路的时候，
总是无声无息的，
行踪也十分诡异。
追踪这些小家伙，
简直比登山还难。

我的课余生活

　　我的课余生活丰富多彩，但最喜欢的还是下中国象棋。记得2016年，我每个周日都会去少年宫学习下象棋。一开始，我看别人下得特别好，很羡慕，可我脑子里一片空白。但这并没有吓倒我，我也没有放弃，而是更加坚定了学好象棋打败对手的决心。之后，只要一有空，我就缠着爸爸下象棋。

　　那一次，我记忆犹新。我和爸爸面对面坐着，我们先抽棋，我抽到了黑棋，接着爆发了一场象棋大战。这次"战争"，我用了自己发明的伏击战术——地狱强袭战术。当爸爸走"炮"时，我觉得时机到了，我把自己的"大将"——車，放到了敌国的"炮"旁边。可爸爸见了，还一副得意扬扬的样子，全然不知自己已经进入了包围圈。这个战术非常成功，一击致命，爸爸先输一局。

　　我得意极了，一鼓作气，继续跟爸爸对战。第二盘，原来的战术就没那么有用了，所以我输了这盘。但我并不气馁，正所谓"胜败乃兵家常事"。第三盘，我用了新招——铁甲龙战术。爸爸开始强攻，铁甲龙正好属于防御型战术，专门克制强攻型打法。所以，爸爸等于"送子"给我吃……三局两胜，我取得了最终的胜利！

　　中国象棋，是我国独有的国粹，还能让我的思维变得更加敏锐，希望更多的人喜欢上中国象棋。

傅泓铭/文，三年级

追踪神出鬼没的野猫

野猫走路的时候，总是无声无息的，行踪也十分诡异。追踪这些小家伙，简直比登山还难。

一次，我正在小区里骑滑板车。突然，一只棕色皮毛上有着黑色斑点，长着长长的白色胡须的野猫蹿了出来，它一看见我便闪电般地奔跑起来。这小家伙，跑得快极了！一眨眼的工夫，就消失得无影无踪。可我并不灰心，决定不找到这只野猫的家，就不回家吃饭。我绕着小区转了好几圈，头都晕了，肚子也饿得向我发出求助了，我只好回家去吃饭。一边吃一边想：我一定要追踪到这只野猫的家！顺便给它取个名字，叫"棕豹"。

棕豹还挺悠闲的。中午，晒着太阳，眯着眼睛，哼着小曲儿，就这个模样，躺在那里，好像在沙滩上度假呢！棕豹还找了根鱼骨头，独自玩弄，一点儿也不把我放在眼里。

我知道这是激将法，于是一点一点地靠近它，忽然一个猛扑。可棕豹灵活极了，像是猜到我的心思，故意逗我玩似的，我一扑，它就直接跃进一旁的树丛里，没了踪影。

这真是一只有趣、悠闲、贪玩却非常机智的野猫啊！我以后也要学习它的机智呢！

傅泓铭/文，三年级

采访前的暴风雨

我马上就要和明星作家段立欣老师见面了，而且还可以进行面对面的采访，实在是太开心了。马上出发！

杭州的秋天总是十分宜人，但今天的风姑娘却实在是不够温柔。手臂上的每根汗毛都在肆无忌惮地摇晃，似乎想把每个毛孔都摇晃开来。头上的黑发也不甘示弱，疯狂地扭动，似乎想摆脱这头皮的束缚。风中刮起的片片黄叶在车轮底下咔嚓作响。

天上，也许是一只顽皮的小虫子悄悄爬进了乌云宝宝的房子里。乌云宝宝吓坏了，忍不住开始大哭大闹起来。它的眼泪从天空上纷纷落下，车窗玻璃都快要被这疯狂的泪水砸破了。乌云宝宝的哭闹声震耳欲聋，实在让人无法忍受，我只能用手把耳朵捂得严严实实的，脑瓜子都大了！

过了好大一会儿，终于一切归于平静。桥下的河水险些爬过了河岸，两三只白鹤偶然从河面上掠过，不慌不忙地落在灌木丛边。杨柳仙子浑身湿漉漉的，弯腰看着水里自己模糊不清的倒影。河道工人左一下右一下地划着小筏子，还不时地从河面兜起一些什么。

思绪间，一座高楼出现在我眼前。呀！原来已经到了，赶紧进去吧，我都等不及了。

赵忻笛/文，三年级　指导老师：蒋蓉

运动会

今天是我们最风光的一天，也是最开心的日子，因为要举行学校的第四届运动会。

一大早，全校的师生就开始准备。伴随着开场音乐声，我们班的同学拿着羽毛球拍来到操场集合。隆重的开幕式终于开始了，只见大家都精神抖擞、整齐划一地表演着，有一年级的青蛙队、气球队，有二年级的武术队，有四年级的红旗队，特别是我们班的羽毛球队表演得非常精彩，赢得观众如雷般的掌声。

运动会开始了，有50米、100米、400米跑步和跳高、垒球等精彩赛事，观众的呐喊声、欢呼声连成一片，在操场上久久回荡。其中让我印象最深刻的还是自己参加的团体企鹅漫步比赛，这是本届运动会中的趣味性创新比赛项目。游戏规则是：每班二十人，十男十女一组，共五组。按男去女回的顺序依次进行，选手听到裁判发令后，每人左右手及脚各有一个篮球（共三个），呈企鹅状，跳二十米。球如果掉落，可捡起在原地继续进行，以到达终点的总时间最短者为胜。

比赛开始了，赖士柯奋勇当先，动作娴熟，没一会就跳过半了，我们不禁高兴得又蹦又跳。"不好。"我心里暗暗喊道，因为看到他腿上夹的球掉了，只见他马上捡起继续跳，可是没跳几下球又掉了，"哎！真是欲速则不达呀！"掉了一次又一次，我焦急得直跺脚。时间在一分一秒地过去，"哇！"终于到终点了，我们为他喝彩。轮到的同学都非常努力，"小企鹅"们有的如袋鼠一般，蹦蹦跳跳，有的摇摇晃晃，有的憨态可掬，引发观众连连喝彩叫好。

终于轮到我上场了，心里激动不已，总结了前面一些同学失败的教训。一开始我就用腿紧紧地把球夹住，也用双手把球抱得稳稳的，不慌不忙地一步一步开始跳，在掌握一定的规律和节奏后，不断地加快速度。很快，离终点越来越近了，心里非常高兴。但是，越到后面，这球越不听使唤，感觉马上就要掉出去一样，我心里越来越慌张。这时，听见同学们震耳欲聋的"加油"声，备受鼓舞，于是我咬紧牙关，竭尽全力，终于顺利地坚持到了终点。虽然累得喘不过气来，但没有给班级拖后腿。

最后，我们班取得了年级团体第二名的好成绩。这次比赛让我知道了团结合作的重要性。下次我要更加努力，为班级争光！

尹浩铭/文，三年级　指导老师：陈海霞

竹海青青 童趣无限

5月19日，我经历了人生中的第一次露营！

那天中午，我们文一街小学的小记者们在崔老师和果果老师的带领下，冒着蒙蒙细雨，踏着蜿蜒山路，一路兴奋地到达安吉赋石水库烟水湾。

一到目的地，只见被雨水浸染过的烟水湾，水雾迷蒙、仙气缭绕，连空气里都是阵阵泥土的清香。真是山清水秀，青青竹海远山近山连绵起伏，呈现出不一样的绿，和碧绿的水遥相呼应，简直是一幅浓墨相宜的山水画，让我联想到"山色空蒙雨亦奇"的诗句。

我们一边感受着，一边在崔老师招呼下拍了小记者的大合照。然后，大家拉着行李兴奋不已地朝晚上要安营扎寨的一大片草地奔去。我们选了一个离水库最远的宝地作为帐篷所在地，这样可以避免湿气太重。我的好伙伴马赫同学动作麻利地拿出他准备的帐篷、防潮垫、睡袋，可是问题来了，我们根本没有搭过帐篷啊。于是，我们礼貌地向与我们随行的马老师和果果老师求助，马老师又是拿石头固定帐篷的脚，又是帮我们撑起帐篷。我学着马赫的样子，一起把帐篷布的卡扣扣到支撑杆上。在大家的齐心协力下，帐篷固定住啦！能干的马赫又开始铺防潮垫，我和他一起铺睡袋和吹枕头。不一会儿，我们晚上的安乐窝就这么完美地搭建起来啦！

安营扎寨后，迎来了我们的美味烧烤晚餐和精彩的篝火晚会。我是篝火晚会的小主持人，无法尽情享受烧烤过程，只能拉着其他小主持人一起讨论晚会的节目安排顺序，还有如何串词。虽然我多次主持电视台的元旦晚会，也主持过户外的美食节目；但是，这是我第一次主持篝火晚会，也是第一次需要即兴发挥。我既兴奋又激动，还好，整个晚会进行得很顺利，圆满完成。令人激动的抽奖环节，我们班的四位小记者收获满满，马赫和张意涵得了一等奖，我和王恺昕居然还抽到特等奖，看着篝火熊熊燃起，我们欢欣雀跃！

进行了简单的洗漱后，我们回到帐篷，怀着满满的好奇心去各自的帐篷打探。最后，我们在蛙声、虫鸣声中慢慢入眠。

第二天，我们五点半就在公鸡啼鸣中醒来。这一天的集体活动也非常丰富。我们参加了精彩纷呈的"传递矿泉水瓶"的活动和"划皮划艇"比赛。开心又激动的"传递矿泉水瓶"，让我明白团队合作、沟通交流很重要；分组"划皮划艇"的水上活动，让我懂得了力量的协调和"欲速则不达"的道理。

两天一夜的活动慢慢接近尾声时，浙江在线的果果老师采访我，问我对这次活动的感想。当时我就一个念头：这样有意义又有趣的活动，真让人终身难忘。这么美丽又让人流连忘返的烟水湾，我肯定会再来的！

周锡奥/文，四年级

雨后兜风

在这个炎热无比的季节里，在这个欢乐无比的暑假里，阴天兜风可以说是夏天里的一大乐趣。

迎着轻柔的风，闻着花草树木的气息，一定会让你觉得神清气爽。这不，就在昨天，我就体会了一次这样的兜风。一场暴雨后，天气顿时凉爽了不少。没有了骄阳似火，没有了闷热的夏风，没有了灼热的空气，一切变得清新起来。

爸爸带我们去低田那边兜风，首先映入眼帘的就是那一排高大无比的树木，它们好像一位位勇猛的战士，日夜不休地保卫着这片土地。柔和的阳光透过茂密树叶的缝隙照在路上，像是一块块碎银洒在地上。大树们伸展着双手（树枝），好像在说："这可是天然的凉棚，堪比空调哦。"

再向前，我看见了一片片茂密的荷塘，那么多的荷叶，一簇堆在另一簇上面，不留一点儿缝隙，好像要把它所有的生命力展现给我们看。瞧！荷叶上的水珠像一颗颗晶莹剔透的珍珠在玉盘上滚动，又像是一个个调皮的小精灵在舞台上舞动。荷叶中间时不时会探出一个碧绿的莲蓬或一朵粉嫩的荷花，在阳光的照射下，格外迷人……

"呼——呼——"我们的汽车向远方驶去……

龚晋程/文，五年级　指导老师：冯倩芸

放风筝

春天到了，春姑娘用她那五彩的颜料把小花、小草、大地装饰得十分鲜艳，这正是放风筝的最佳时期。

我们得知上午第四节课要放风筝时，一个个都兴高采烈，迫不及待地想要去放风筝了。第三节课上完了，我们可以去放风筝了！大家拿出了自己的风筝，哇！风筝的样式可真多呀，女生们大多都是冰雪奇缘、小猪佩奇、迪士尼公主之类的。而男生的呢？则是超级英雄、老鹰、汪汪队等。

我们拿着各自的风筝，排着队，来到了操场，那里已经有好多人在放风筝了。我们也快速地给风筝绕上线，让它在天空中"飞翔"。我正迎着风忘我地奔跑时，突然，觉得风筝就像被人点穴了一样，拉不动了，就立马转过身子。啊！原来我的风筝和一个女同学的风筝相互缠上了。我停止了奔跑，走过去帮风筝解开绳子，那绳子绕得就像一团乱麻，无从下手，经过一番折腾，它露出了破绽，我们抓住时机，轻松地解开了。我们又开心地继续放风筝了。我跑了好久好久，累得满头大汗，老师恰好在这时喊道："同学们，快来拍个照吧！"等我过去时，大家正挤来挤去，争先恐后地想让老师拍到自己。我也挤了进去，抢到了一个拍摄最佳点，老师还说我很上镜呢！

放风筝结束了，大家都气喘吁吁地回到了教室，谈论自己放风筝时的趣事儿。

何方/文，四年级　指导老师：姚嘉庆

神奇的"草木染"

中国的文化源远流长，拥有许多传统工艺，其中有一项技术叫草木染。草木染又称植物染，是一门古老的染色技术，采用天然植物、中药材、花卉、蔬菜、茶叶等制作染料，为织物染色。早在商周时期，人们就已经掌握了相当水平的草木染技术。可惜，随着社会的进步，化学染色剂被大规模应用，这种纯手工的传统染色技术越来越少见了。

今天，我有幸见证了这门有着悠久历史的传统工艺技术。一早，我来到染坊，首先映入眼帘的是一口大缸，里面是蔚蓝澄澈的染料。这可不是一般的大水缸，而是一口"活缸"。据工作人员介绍，它两年前就在这里了，它可是有生命的（里面有氧菌类）。里面除了有大量的蓝草，还加入了石灰、白酒等。古人云："青出于蓝，而胜于蓝。"这里的蓝指的就是蓝草，蓝草有松蓝、蓼蓝等。这口缸里的染料是取自蓼蓝的叶子，新鲜的叶子采摘后要经过一系列的工序和时间的沉淀，才能变成这样的染料。为了让我们印象深刻，工作人员带我们来到工作坊不远处的一个小山坡上，这里生长着一大片绿油油的蓼蓝，长得整整齐齐的。我拿起镰刀"刷刷刷"地割了一大把。

割完蓝草，我们又来到工作坊。看着新鲜的蓼蓝，我还是很难想象它和蓝色的衣服有什么关系。于是我又向工作人员讨教了染色技术，这里的一位小哥哥亲手给我演示了一遍。

首先，将一块白色的棉布在清水里沾湿（工作人员说染色效果最好的是全棉布和真丝料），然后将布放入染料中浸泡5—10分钟，捞出来一看，原来白色的布变成了天蓝色；然后，把布挂在通风的地方晾一会，又一次放入染缸里，这次再拿出来的时候，颜色比第一次深了一些，变成了瓦蓝色。这样反复浸泡好几遍，布的颜色变得越来越深了。听工作人员介绍，染好的布料不能在太阳底下暴晒，否则就会褪色。因为植物染是一种天然的活性染料，不像化学染色剂那样稳定，固色效果好。草木染做好的衣服会给人质朴、素净的感觉，给人带来清新脱俗的视觉享受。植物染最大的好处就是对环境不会造成任何污染，同时如果衣服穿旧了，放进缸里重染一遍，又会崭新如初。所以，在古代物资匮乏的时候，这样的染色技术就会特别受用。

除了蓝染，我还看到工作坊里有茶叶、虎杖、栀子花等材料。工作人员说这些材料都可以用水煮开后做染色剂。

植物染色技术现在已经很少有人会了，我们一定要好好传承它。

席延吉/文，五年级

春节包饺子

　　"爆竹声中一岁除，春风送暖入屠苏。千家万户曈曈日，总把新桃换旧符。"不知不觉，时光流逝，春节又一次来到了。

　　每年过节，饺子都是过年美食的王牌。这不，我家包饺子开始了。爸爸一手拿着擀面杖，一手拿着准备好的面团小块。只见擀面杖在爸爸右手中上下滚动，左手却让面皮不停地左转右转，不一会儿一个圆圆的饺子皮就做好了。再看奶奶，她左手拿着饺子皮，右手往皮里放了合适的馅，两只手运用巧妙的指法，再用力一压，一个精美的饺子就做好了。没过多长时间，在爸爸和奶奶的共同努力下，一大锅饺子就包好了。这些饺子个个圆润、饱满、昂首挺胸地立在板子上，活像一个立了战功的大将军。

　　饺子包好了，该下锅了。爷爷把锅里放满水，等锅里水沸腾后，就把饺子放了下去。饺子们像一个个跳水运动员，挺着大肚子、翻着跟头，"跳"进了沸腾的水中，在水中翻滚着，时而在水面上追逐游戏，时而又在水底躲躲藏藏。又过了一会儿，"白天鹅们"就白着肚皮漂在水面上了，爷爷把他们捞进了碗里。一阵香味扑面而来，我们一家人吃得津津有味。

　　过年包饺子，带给我们团圆的幸福。美味的饺子，也让我们回味无穷。

　　　　　　　　　　　丁佳琦/文，四年级　指导老师：雷小金

龙太子欢乐谷游玩记

今年一放暑假，我和爸爸妈妈就去了诸暨龙太子欢乐谷游玩。它可是诸暨市最大的室内水陆两栖游乐园。它的外形就像童话故事里高大雄伟的城堡，我们开车过去很远就能看到。老爸一停好车，我就迫不及待地朝城堡飞奔了过去！

上午我们先玩陆地乐园，第一个项目就是我非常喜欢的旋转骑牛。我曾经在中央电视台少儿频道的快乐大巴里看到小朋友们骑牛，是多么羡慕啊！现在我居然也可以玩了，好激动！终于轮到了，我怀着兴奋与紧张的心情爬上了牛背，双手拉好绳子，双腿夹紧牛肚子在牛背上趴好。随着音乐的响起，红色的大牛开始旋转起来，并且不断摇摆，速度越来越快，晃动也越来越厉害。我整个人有种被抛起来的感觉，终于我支撑不住了，"哎呀"一声，我从牛背上掉了下来。"哇！这太刺激了！"我激动地朝老爸大喊！老爸也对我竖起了大拇指，笑着告诉我坚持了41秒，是刚才所有小朋友里坚持时间最长的一个！"耶！"我兴奋地叫了起来！接着，我们又去玩了碰碰车，我和妈妈一组，和老爸的车对撞，可好玩了。后来还玩了隧道打怪兽、旋转的杯子，还第一次观看了如同身临其境的5D动画小电影，那种超级真实的带入感非常震撼心灵。

中午我们在休息区吃了丰盛的午餐，简单休息了一下，终于等到了我最爱的水上乐园开放时间。我们飞快地换好泳装后就往里冲！哇！水上乐园太棒了，有好多好玩的水上项目。我先玩了水上滑梯，刚走到顶坐下，就被工作人员一把从上面推下，哗的一下，水花四溅，我就掉入了水底，等在下面的老爸一把将我从水里捞了起来，太好玩了；这时老爸神秘地说要带我和妈妈玩个刺激的，我们抬着一个皮划艇，爬到了三层楼高的巨型水梯上面。在工作人员的指导下，我坐在前面，妈妈坐在后面，我们都抓紧了扶手。随着皮划艇后面被大力一推，我们连人带艇从水梯顶端像子弹出膛一样急速而下。这个水梯是连续弯道，每到弯道处，整个皮划艇感觉像要侧飞出去一样。在弯道里不断飞速旋转而下，吓得我和妈妈闭着眼睛哇哇大叫，整个滑道上除了四处飞溅的水花，还有我们失控的尖叫声，老爸却在下面看得哈哈大笑。终于滑到了底部停了下来，我才敢睁开眼睛。哇，这过程超级刺激！不过我和妈妈一路失声尖叫的狼狈一幕也被老爸全程拍了下来，妈妈看到后笑着追打老爸，要他把视频删除。后面我们还玩了家庭漂流、水上浮桥等多个好玩又刺激的项目……

这一天我和爸爸妈妈几乎玩遍了所有游乐项目，我也似乎化身为童话故事里的小公主，在这个欢乐的城堡里玩得忘记了回家。

钱柯怡/文，五年级　指导老师：陈杰

第六辑

阅读·快乐

读书之时，心如止水，潜心书海，
享受着无拘无束的阅读快感。
仿佛自己统领着"知识宝国"，
就这样日复一日，
渐渐养成了一个永远不变的爱好——阅读。

你的心中有精灵吗？

每个孩子的心中，都有一个精灵。她引领着每一个孩子的希望，飞向远方。

我带着迫切的心情，向你介绍这本可爱的书——《床单精灵》。

故事主人公是一个"喜欢"生病的小男孩特迪。他觉得太无聊了。可有一天，特迪的床单不知道什么时候加入了一位神秘的朋友——床单精灵。精灵发明了一个游戏：只要特迪选定床单上的一个方块，盯着它看，等床单精灵数到七七四十九时，他就能成为故事中的人物，身临其境，体会故事的美。

小男孩特迪在故事中，有时是一个正义的王子，有时是一个小小的捣蛋鬼，有时则是黄金国的国王。

有一天，特迪选择了那块彩色的格子，床单精灵从一数到了四十九，他就来到了彩虹国。他惊奇地发现自己变成了一个精灵，他与艾伦一起玩耍，艾伦则教他如何飞翔，他们手牵着手，自由自在地飞翔，共度这快乐的时光。只可惜，艾伦是个不幸的孩子，她的脚不幸跛了，甚至有人还吓唬她，吓得她连医院也不敢去了。在这个童话中，艾伦并不觉得医院很可怕，因为它浑身散发着五彩的光。令人惊奇的是，回到现实中后，她立刻同意去了医院。我能想象作者在夜晚的创作，天马行空，思绪翻飞！

这本书中的十个童话生动有趣，语言诙谐幽默。一拿起这本《床单精灵》，便能让你忘记世俗的烦恼。沉浸其中，感受床单精灵带给你的欢笑。阅读这本书会让你的心情时刻保持轻松愉悦。在美妙的故事中，我走进了床单精灵的世界，感受到另一个孩子的天真无邪。我们一起冒险，一起勇往直前！精灵的世界是书中的，也是我的。在拿起书的片刻，我得到了它，于是，我忘记了一切。

　　每个人心中，都有一个床单精灵，在你需要她的时候，她就会出现……

杨其睿/文，四年级

做一个勇敢的人

寒假里，我从书里认识了一个不平凡的男孩。他有一张消瘦的面孔，一双翠绿的眼睛，他戴着黑色圆框眼镜，最特别的是他的额头上有一道像闪电似的疤痕。相信你们已经猜到，他就是女作家J.K.罗琳笔下的哈利·波特。

哈利·波特和一点都不友善的德思礼夫妇，还有他们那令人厌恶的儿子达力住在一起，他受尽了欺凌。哈利的房间是一个窄小的储物间，就在楼梯下面，而且十一年来他从来没有举办过生日派对。但是有一天，猫头鹰信使突然送来一封神秘的信件，信里附着一张来自霍格沃茨魔法学校的录取通知书。哈利·波特在九月一日带着他的猫头鹰，乘着特快列车来到魔法学校。在学校里，他遇到了他一生中的两个好朋友罗恩和赫敏，学会了空中飞行，得到了一件隐身衣和一把飞天扫帚，还意外地发现了魔法石。最终哈利凭借自己的机智，勇敢地打败了伏地魔，成了霍格沃茨的英雄。

我读了《哈利·波特与魔法石》后，被书里引人入胜的故事迷住了，反复读了两遍还意犹未尽。我仿佛也进入了奇妙的魔法世界，和哈利·波特一起经历着许许多多惊心动魄的事情。

哈利·波特那勇敢、自信、坚强、遇到困难不退缩的精神让我十分钦佩。想想自己平时在生活和学习上遇到一点点困难就退却，经常在爸爸妈妈跟前哭鼻子。有时，碰到了难题，我就想放弃，总是迫不及待地寻求妈妈的帮助，妈妈总会说："自己先想办法，可以再读一读、画一画。"我就"砰"地用力率门，制造很大的响声，发泄自己的不满，心里暗暗地想：如果妈妈心疼我，就会马上告诉我答案了。但妈妈往往都是无动于衷，我就开始抹鼻子流眼泪。我又想到了上课的时候，我总是"前怕狼后怕虎"，老师提问，我都不敢举手，生怕答错了。我总是被眼前的小困难打败。

比起哈利·波特，我真是无地自容。在家，哈利·波特受德思礼夫妇的打骂，被比他强几倍的表哥达力欺负；而我，有疼我爱我的爸爸妈妈，每天接送我上下学，细心地呵护我。在学校，哈利·波特被不喜欢他、总想让他出丑的斯内普教授刁难，被可怕、恐怖的伏地魔追逐；而我，有用心教导的老师，有友善相处的同学……

不管生活多么困难，哈利·波特依然鼓起勇气，勇敢、自信地面对一切。我们都要向哈利·波特学习，不能向困难低头，做一个正直、正义、勇敢的人！

吕家瑜/文，五年级　指导老师：黄亦娜

《父与子》，我的最爱

"想当年，爸爸可是神枪手，百发百中！"爸爸自豪地说。

"砰砰砰……"

"意外……"爸爸无奈地耸了耸肩。

儿子一边说，一边跑过去摘下靶子，把它放在离爸爸不远的地上。

为了证明自己，爸爸又开了一枪。结果，子弹从一棵树上弹回，刚好落在靶心上，儿子高兴得跳起来："哇，老爸真是个神枪手！"

多么幽默温馨的句子啊！再配上那有趣可爱的插图，令读者留下难以磨灭的印象，并被漫画中那对风趣可爱的父子逗得哈哈大笑！这就是我最喜爱的绘本《父与子》中的《神枪手》部分。

《父与子》，是一本幽默连环画，出自世界上最伟大的漫画大师卜劳恩先生之手。它由一组组生动有趣的画面组成，幽默、温馨，流露出纯真的赤子之情和轻松的父子之乐，感人至深；是作者卜劳恩与其子克里斯蒂安的真实生活写照。每次翻阅这本书，我都会忍不住发出"咯咯咯"的笑声。

在这里，没有战争，没有歧视，有的只是一位慈父和稚子之间发生的一个个充满着善良和温情的小故事。这本书，让我学会了善良、正直和宽容，也懂得了亲情的重要性。从现在开始，我要和父母一起快快乐乐地生活，珍惜现在的美好时光。

冯佳玮/文，四年级　指导老师：刘瑾

我的英雄梦

2019年的暑假里，我非常幸运地拿到了一部武侠小说《射雕英雄传》。在这炎炎的夏日里，我如饥似渴地读完了整套小说，心中萌发了一个伟大的英雄梦！

曾几何时，我读过一些文章，文章中对英雄做了一些说明，因为年龄的原因，我并不是很懂。但读过这部小说以后，我开始慢慢地懂了……

"英雄是虽然心灵满是伤疤，但是仍旧眷恋这片土地，仍旧痴情不改的人。" 当成吉思汗派蒙古大军来占领大宋的时候，郭靖在城内城外都布置好了士兵，忽然发现对方领兵打仗的首脑是自己的好朋友——托雷（成吉思汗的第四个儿子）。托雷说："郭靖安答，投降吧，成吉思汗对你会很好的。"郭靖说："托雷安答，我是大宋子民，就算死也要保卫大宋，我决不会投降的，来决一死战吧！"我觉得郭靖是一个爱国的人，为国家而战的人，他是个英雄。

"英雄是在生死面前敢于去保护别人，不畏惧死亡的人。"黄蓉为了救治郭靖，在一个小密室里住了整整七天七夜，他们最怕在疗伤的时候有敌人来偷袭，因为在救郭靖的同时，两个人必须一动不动地传送功力。特别是在最后一夜，要是中断功力的传送，郭靖就会死的。所以当有敌人冲进来的时候，黄蓉一面用一只手传送功力，用另一只手把敌人打退，实在是惊险。我觉得黄蓉为了救郭靖，愿意在这危急的时刻，挺身保护与出手相助，她是位女英雄。

"英雄是胸中有担当的人。" 当长大后的郭靖知道了是谁杀了他的父亲的时候，他就下定决心要习武，一定要报杀父之仇！但是在年幼的时候去找仇人报仇未免太不现实了，常言道："君子报仇，十年不晚。"郭靖就开始闯荡江湖，锻炼自己。后来，郭靖终于找到仇人段天德，也找到了幕后黑手完颜洪烈，把他们全部都杀了。我觉得郭靖多年坚持寻找仇人为父报仇，这说明他是一个有担当的人，是个英雄。

　　当我读完这部小说之后，我知道了做英雄并不容易。无论条件多么艰难，都要坚持，都要勇于直面困难，为国家、为社会、为家庭无怨无悔地付出。

包天宇/文，五年级

171

读《少年维特之烦恼》有感

当我第一次看《少年维特之烦恼》时，这书名就吸引了我：一个少年，他的烦恼是什么呢？

维特是一个德国的少年，他热爱自然，又多才多艺，善琴能舞，懂诗画，按照现在的标准，算是一个小男神吧。他在等级社会里深感压抑，到乡村寻求解脱，结识了少女绿蒂并热烈地爱上了她。

维特对爱情的追求也是真挚的。书中有一段："亲爱的维特！这是破天荒第一次她叫我亲爱的，叫得我周身筋骨都酥软了。我把这句话重复了无数次，等到夜里要上床睡觉时，还自言自语叨咕了半天，最后竟冒出一句：晚安，亲爱的维特！"看到这里，我也希望维特和绿蒂的爱情能够顺利。但结局出乎我的意料，绿蒂和阿尔伯特订婚了，而阿尔伯特和维特两个才华横溢的人也成了好朋友。每次他们两个谈论绿蒂，维特心里就很难受，他既无奈又自责，最后因爱情破灭而自杀。

看完这本书后，我也能深深体会到"维特之烦恼"了：社会压抑，加上爱情的不如意，对于维特这样一个天生敏感的人来说，足以使他感到绝望和崩溃。他的自杀，让人觉得十分惋惜。维特是可怜的，可怜是因为他热爱这个世界，却与这个社会格格不入。他爱绿蒂，却也失去了这最后一根稻草。他们的爱情也是整个社会的缩影，社会越沉闷，爱情也越复杂。

维特又是勇敢的。绿蒂不只是他对爱情的追求，而是他在面对这个污浊社会时的一个寄托。仔细想想，他的自杀并不是懦弱，而是勇敢，他敢于借助自杀来表达自己对爱情和社会的无声反抗。

我认为许多人在读这本书时，都会有同感。我每天都有很多烦恼，我想让爸爸带我出去玩，我想画出自己的小世界，我想看喜欢的书，我想陪弟弟玩耍，可事实上，我有一堆作业要做和好多兴趣班要上。爸爸妈妈就像"催命鬼"，"英语背了吗?""作业写了吗?"两句话就让我的愿望破灭了。

几米说，"大人都忘了，他们也曾是小孩，他们的口袋里，经常也藏有各种怪兽。""小孩宁愿被仙人掌刺伤，也不愿听见大人对他们的冷嘲热讽。"

我知道，大人也有压力，领导一个电话，他们就得立刻进入紧张的状态。其实，大人不必唠叨，我内心也很热爱学习，想做一个好的班长，想在各方面得到老师的表扬。

当然，除了烦恼，我还有很多快乐。学校有作业，也有很多美食和可爱的同学；期末复习时每道错题都在折磨我，但最后的分数和奖状也很令人兴奋。难道不是吗? 在人生中自然会有坎坷，但只要乐观面对，勇敢地去排解，往好的方面想，总能战胜挫折，得到幸福。

葛凌双/文，三年级　指导老师：李彬彬

一本好书带给我的快乐

一本好书可以使人开朗，一本好书可以使人自信，一本好书的力量是无穷的。读一本好书犹如畅游在知识的海洋里。一本好书《想赢的男孩》就给了我许多知识与快乐。

《想赢的男孩》这本书中的主人公辛可夫，他很喜欢上学，但总搞出一些"麻烦"。比如，他在一场球赛中，经常抢不到球，偶尔拿到一次，也经常不小心把球踢进自己的球门中。在对方球队胜利时，辛可夫却在为对方欢呼，为对方的胜利而高兴。面对队友们满满的抱怨与不解，他依旧保持乐观，坚持着做自己的每一件事情，而且尽心尽力去做。即使一次又一次失败，受到一次又一次讽刺，依旧坚持不懈。就这样，总是输的辛可夫从不回避外界给予的冷眼嘲笑，一直在向前努力。接纳自己才是成长的本质，这也是我最佩服辛可夫的地方。

在日常生活中，身边的亲人、朋友都会犯错，我们不能像《想赢的男孩》中讽刺辛可夫的人那样去批评犯错之人，而是要站在犯错方的角度去安慰鼓励他。比如，我的一个好朋友在运动会的接力赛中因掉了接力棒而浪费了宝贵的时间，导致我们队输了，这时我并不是一味地去责怪，而是多包容，让他重新找回信心。这本书，辛可夫还教会了我要乐观面对生活，即使烦恼，也要开心起来。可以与家人一起读书，聊聊天，下下象棋，让自己找回快乐。

一本好书，能把我从黑暗小屋带到光明的大世界中。相信我，读一本好书，快乐的日子马上会到来的。

郗宏宇/文，六年级

174

阅读·快乐

　　书，是我的好朋友，伴随着我走过了美好的童年时光；书，是我的好老师，为我解达生活中一个又一个问题；书，就像一把金钥匙，帮助我打开知识的大门，欣赏世界上的每一处风光……

　　与书结缘，是从我开始认字起，从几页的漫画书到几百页的小说，我都喜欢读。尽管那时读书还似懂非懂，但也尝到了读书的乐趣。读书之时，心如止水，潜心书海，享受着无拘无束的阅读快感。仿佛自己统领着"知识宝国"，就这样日复一日，渐渐养成了一个永远不变的爱好——阅读。

　　阅读之乐，得于目而富于心。阅读不但要思考、体会和想象，还要把作者的精髓融入自己的脑海中，在写文章时能够随时应用。阅读并不是轻描淡写地看看书中的文字，而是要深刻地体会这本书中每个字所代表的意义，让自我融入故事情节中，透过文字，犹如身临其境。与书为伍，仿佛与圣贤相对而坐，聆听教诲，感到心灵充实丰盈，思想豁然开朗。

　　阅读之益，增知获趣亦结良师益友。打开一部史书，纵横万里，上下千年，读之益人心智，发人深省。翻开一部经典文学，如同走进了一片风景胜地，犹如置身诗情画意中。书是良师，读旧书如见故人，看新书如遇新知。以书为师，似与一位高尚的人谈话，仿佛浓雾散去方见山的柳暗花明。

　　阅读之得，贵有新味。每读一本书，我都会认真地想，这本书的哪一章、哪一节、哪一个人物、哪一个情节或是哪一句话，对我启发最深、教育最大，给我留下的印象最深，能够引起我许多联想，那么我就要一遍一遍毫不厌倦地读这本书，每读一遍常常有出乎意料的收获，好书能够让人常读常新。

人生本身就是一本书，只要有心读书，读书便能成为生活的一部分。学会了读书，就学会了阅读人生。读一本好书，从而净化我们的心灵，让灵魂得到升华；读一本好书，从而可以参天悟地，明了人生；读一本好书，从而少了一分庸俗多了一份优雅，何乐而不为呢？

章艺格/文，五年级　指导老师：李铁林

燕子去哪儿了

它们竟然对我的吵吵嚷嚷毫不在乎了，
旁若无人地在自己的小巢里悠闲地生活。
在以后的时日里，
燕子似乎就成了我们家庭的一员，
它们无所顾忌地在屋子里飞来飞去。

燕子去哪儿了

人们经常问，"时间去哪儿了""爸爸去哪儿了"。我想问一下："我的燕子去哪儿了？"

记得我们家的房子在乡下刚盖好的时候，正是烟花三月。由于诸多原因，我家的窗子一直没装玻璃。几天后，我突然惊奇地发现两只燕子从窗口飞进飞出，仔细一看，原来它们正一点点地往家里衔泥呢。没几日的工夫，屋子上方的梁上竟然有了碗口那么大的巢穴。后来爸爸为了方便燕子进出，特地在装窗户玻璃的时候嘱咐工人，要他们在窗子的右上角留一块空着。于是每天，我都能看见燕子飞进飞出的身影。

我常常看见燕子从小小的巢里伸出头来，有时东张西望，有时静静看着我们，有时会用身子蹭蹭对方，样子亲昵极了！吃饭的时候，我常不安分地端着碗，站在燕子巢下，调皮地举着筷子，嚷着要它们跟我一块儿吃饭。起初，它们常被我的叫嚷吓得不敢回"家"。原来，燕子也是怕生的哩！而慢慢地，它们竟然对我的吵吵嚷嚷毫不在乎了，旁若无人地在自己的小巢里悠闲地生活。在以后的时日里，燕子似乎就成了我们家庭的一员，它们无所顾忌地在屋子里飞来飞去。

父母外出的时候，通常都是我一个人在家，那时，燕子已经成了我最好的朋友。我常对着它们倾诉我心里的愿望，或者告诉它们关于我的某个小小的秘密：我希望自己有一天长大了，像燕子那样自由自在地飞翔，在我小小的梦境里面，那是何等地自由！而有时我告诉它们的，是在我家背后的某棵樱桃树下，我怀着何种心情，悄悄埋下我换下的第一颗乳牙。嘿，那两只可爱的小精灵，它们还极有耐心呢，总是静静地听着我说，偶尔歪一歪那小小的脑袋，也许它们是听懂了我说的话了吧？

秋天的某个早晨，我忽然发现我的燕子不见了。那天早上没人知道我是如何惊慌失措，在我幼小的心里面，我以为我的燕子不要我了，它们不要再听我说话，不把它们乌黑的小眼珠对着我转了……

整个冬天，我一直对着那燕窝发呆，在心里默默盼望着冬天快快过去，期盼着在一个春暖花开的早晨，我的燕子还会回来看我。

一个阳光明媚的早晨，我正在做作业，突然听到了熟悉的呢喃声。燕子！我的燕子！我飞奔下楼，果然看到两只熟悉的鸟儿，它们在屋子里盘旋着，欢快地鸣叫，似乎有一种久别重逢的兴奋。

在那个早晨以前，我一直没感觉到春天已经来了，是我的燕子，它们给我带来了春天的信息。它们是经历了怎样的一段路，经历了多少个黑夜和寒冷，才重新回到家里？我的眼泪哗哗地流了下来，我的燕子终于回来了！

我再不用担心它们会在某个寒冷的夜里睡去，我再不用担心它们会找不到回家的路，我再不用担心它们会忘记自己的家……我的燕子真的回来啦！

四五月份的时候，田里的秧苗早变绿了，我的燕子也再次将小巢修葺完毕。那时候，我经常听见会有一些细细的、柔柔的声音从巢里传出，还不时有几只小脑袋偷偷探出头来，然后迅速缩回去。原来，燕子们已经有了自己的小宝宝。

于是我就不停地猜测着，猜那小小的巢里到底有几只燕宝宝呢？而在叽叽喳喳的叫声里，燕子一天天长大，直到飞走了，我终究还是没有得到答案。

去年冬天，燕子再次飞走。我家窗子的玻璃一直空着一块，它就那么敞开着，而在我望眼欲穿的期盼里，那些燕子终究没有出现。只是那跟燕子同住的岁月，却一直定格在我的脑海里，久久挥之不去。燕子你们去哪儿了，为什么不回来啦?

严万慧/文，四年级

春，如歌

流水再次潺潺，鸟儿再次鸣叫，他们在宣告冬的退去，迎接春的到来。

早春之雨，温和亲切，唤醒了万物，也唤醒了一次美妙的音乐。

凉风习习，竹枝摇曳，"沙……沙……"，树叶附和。此起彼伏，前奏默默拉开帷幕。晶莹剔透的雨从天而降，"哗哗，哗哗……"，雷声紧跟。第一批观众闻声而来，他们从死寂的大地上冒出，换上了绿衣，顺便洗了洗脸。不约而同，成群结队的草突然探出，发出一串串破土而出的声音。一大片无名野花醒来，不经意间装点了棕色的观众席。

喜鹊缓缓飞来，落在树枝上，它拍拍翅膀，高歌起来。它一唱，各种各样的鸟用自己独特的声音演奏，那样激烈，仿佛一支交响乐队在演奏春之歌。松鼠耳朵一颤，眼睛慢慢睁开，毛茸茸的尾巴包裹了他的身体。就算这样，它也清晰地听见了洞外的表演，爱热闹的松鼠踢开一旁的松果，站起来几步跨出门外，看看不远处的演唱会场，听听耳边的音乐旋律，十分满足。

惊蛰之雷，震天动地。蛰虫慢慢苏醒，一只只、一群群破土而出，与小草一起在地上独奏。惊蛰之雷，提醒着农民伯伯们，让他们准备好自己的那一段独奏。农民开始了春耕，很劳累，但常常有音乐环绕在耳旁，一点也不寂寞："啪、啪!"锄头翻地的声音在乡野回荡，老牛们的劳作让这整个田地变得更加活泼。有时候，人们的汗水滴在田地里，声音很轻，但很神奇，提醒着种子们赶快苏醒，生根发芽，也歌颂着劳动的美。

春天里的歌声无处不在，但有些音乐总是别样引人注意。

迎春花一朵朵绽放，漫天卷地，似黄色的音符，飘荡在半空。梨花一朵朵舒展，洁白无瑕，似白色的宝石，镶嵌在枝头。映山红开放，满山遍野，似红色的阳光，洒落在山间。蜜蜂飞舞，环绕于他们身边，"嗡嗡，嗡嗡……"，在花的身旁，总能听到勤劳的音乐。

河岸边很绿，数不尽的三叶草不知什么时候钻出来的，好像在一夜之间就给河岸铺上了长长的地毯；有些地方，坐着一两个看水的石头。石头上长满了青苔，如同一件件衣服，披在它们身上，顿时让石头变得绿油油的，看起来就像一个个小精灵停留在美丽的河边。

河水上涟漪阵阵，哗哗声响起，几只水鸭漂浮在水面上，拍打着翅膀，敲击着水，很乱，但很有艺术感。树叶降落在水上，荡漾着，微小的啪啪声传到了鱼耳朵里，他们抖抖尾巴，游到树叶下仰望，很傻，但很有趣。

……

春的歌声是那样生机盎然，飘荡着生命的味道。

李铭哲/文，四年级　指导老师：杨丽芳

我家的小院

　　走出家门，干净而整洁的小院再次映入我的眼帘，尽管已经对它很熟悉了，但我还是觉得这里很美。

　　房子前的花坛里种着一大片五颜六色的花儿，有茶花、长寿花、杜鹃花……春天来了，百花盛开，万紫千红。一推开大门，就能闻到一股馥郁的香味。

　　院子一侧有一棵挺拔的橘子树。到了秋天，树上结满了一个个金灿灿的小灯笼，那是我吃过的最甜的橘子。树上有一个鸟巢，里面住着几只小鸟和鸟妈妈。瞧！鸟妈妈在给小鸟们吃虫子呢！小鸟们叽叽喳喳地叫着，好像吃饱了在唱歌呢！

　　院子中间有几个石凳子，还有一张石桌子。我每天放学回家在这里写作业。做完作业后，还可以和小伙伴们在这里嬉戏打闹，好不快活呢！

　　院子外种有葡萄，这是我和爸爸前几年栽种的。一到秋天，树上结满了一串串又酸又甜的葡萄。我们把葡萄分给左邻右舍，邻居们纷纷赞美我们的葡萄树种得好，对我们表示谢意后，他们开心地拿着葡萄回家和家人一起分享。

　　我爱我家的小院，因为这里到处生机勃勃，令人陶醉。

王科灵/文，二年级

我的杭州

杭州，千古风流
西子姑娘是你的别称
诗词里写满了离愁

白堤烟柳是你的秀发
春风会为你梳头

一湖碧水，是你水汪汪的双眸
六和塔前看奔涌的潮头

紫荆天目张开双臂
西溪湿地欢快的龙舟

凤凰山向龙井怯怯地问茶
夏雨正浇灌着那一湖清澈的莲藕

喜欢，躺在你的怀里
看无数星光
不眠不休

蒋可宜/文，三年级

春来了

冬天离开了，春天匍匐着悄然而至，万物复苏，春来了，春来了！

春雷轰隆隆，好像把雨也给唤醒了，春雨淅淅沥沥一直下个不停，仿佛给世界挂上了一幕雨帘。我们学校里的一棵老树，眼看着叶子都快掉光了，可经雨这么一洗礼，又抽出自己嫩绿嫩绿的叶子，为春天奉献自己的一抹生机。

油菜花也不甘落后，变得更加美丽，连颜色都变得更加金黄了。风一吹，油菜花便随风摆动，好像世界上有一片用金子打造出来的海洋。这片花海里还有许多蜜蜂，你追我赶的，好像在玩追逐游戏，很是开心！有很多游客都来这边拍照玩耍，小孩子纷纷跳进油菜花田里，学着蜜蜂的样子，同样玩起了追逐的游戏。很多人都在拍照，有一个穿黄色衣服的游客特别幸运，竟然来了个"人与蜜蜂的合影"，但他却差点被蜜蜂当成油菜花给蜇了呢！真滑稽。看着大家努力地摆着各种姿势和表情，真是可爱极了！

春天真是一个充满生机的季节啊！呼吸着春的气息，闭上眼睛，我仿佛与春天融为一体……

傅泓铭/文，三年级

186

夜 景

  傍晚，当最后一只鸟儿飞向远方，当太阳渐渐沉入大地时，月亮姐姐划着小船在紫黑色的夜幕上钉钉子了。

  一大群亮闪闪的星星在天上玩耍，像一粒粒璀璨夺目的宝石，又如一个个调皮的孩子忽闪着大眼睛，又恰似一颗颗晶莹剔透的珍珠。再看看那优美、宁静的月亮，它被白云妹妹遮去了一角，却越发显得神秘美丽。我看着那皎洁的月亮，心想着嫦娥奔月的故事，刹那间，我仿佛真的看到了，那美丽的嫦娥在清冷的月宫中翩翩起舞，调皮可爱的玉兔正在捣药，那香气四溢的桂花树正在向我招手。

  似乎是被我盯久了，月亮姐姐竟然害羞了，整个都躲到了白云后面，好像是在和我玩捉迷藏。一阵微风拂过，小草和花儿们翩翩起舞，萤火虫也跟着跳了起来，蛐蛐拉起了小提琴，夜莺那婉转悦耳的歌声也从远方传来。它们开起了音乐会，构成了这一幅独特的夜景图。

  听着这美妙无比的音乐，月亮睡着了，星星睡着了，白云也睡着了，唯有我还舍不得入睡。

沈乐慧/文，六年级 指导老师：孙永祥

雨，让我怎么说你好呢？

　　"天街小雨润如酥，草色遥看近却无""随风潜入夜，润物细无声""春雨贵如油""春天三场雨，秋后不缺米"……古往今来，人们对春雨的喜爱之情犹如滔滔江水，连绵不绝。

　　对于我来说，雨的到来能让我欣喜若狂。它有很多好处：在学校里如果突然下雨，同学们总会爆发出一阵欢呼声，一起欢呼雀跃，蹦跳着，喊叫着，因为大家可以在体育课尽情地疯玩；休息日如果下雨，在淅淅沥沥的雨声里，我可以惬意地窝在书房畅游书海；下雨时，雾霾都被赶到了九霄云外，空气变得格外清新；大雨过后，街道都被冲刷得一尘不染，爸爸妈妈会带我出去透透气、散散步。总之，雨带给我的欢乐是无穷的。

　　朱自清曾经写道："雨是最寻常的，一下就是三两天。可别恼。"以前的确不恼，因为雨最多也就是下三四天。可现在真要恼了，因为雨从2018年12月开始，已经不停地下了两三个月了，天天都是一个样：早上雾蒙蒙，中午雨蒙蒙，晚上灰蒙蒙，整个天空都是灰色的，我都已经记不清白云和太阳长什么样子了。刚刚打着雨伞走出楼梯，"啪嗒"一声，"给脚泡了个澡"；没走出几步，"滋溜"一声，一个"狗啃泥"；下一个坡，"叽叽"一声，"坐了一次免费高速列车"；上个楼梯，"叽嗒"一声，"与大地重重拥抱了一下"；下公交车，"噼啪"一声，一个"倒栽葱"。因为这连续不断的雨，衣服晾不干。久而久之，家里的衣服都堆成了小山，小山一座接一座，成了"喜马拉雅衣脉"。我怀疑，是不是天宫上装水的巨型水缸漏了个大窟窿，这窟窿正对着我们绍兴市。我天天查询天气预报，盼望着太阳，盼望着天晴。可现实呢？北京晴了，绍兴没变！昆明晴了，绍兴下雨！长沙晴了，绍兴依旧！每次抱着希望去，带着失望回，似乎整个世界把绍兴给遗忘了。雨天会堵车，导致上兴趣班迟到；路面会打滑，导致很多车祸；下雨天，我更不能自由自在地去公园玩耍。雨是吃了兴奋剂了吗？雨是打了鸡血了吗？雨是发狂了吗？雨是失眠了吗？

雨啊雨，你令人又爱又恨；雨啊雨，请你停下来吧；雨啊雨，休息一会儿吧；雨啊雨，你让我怎么说你好呢？

庞哲轩/文，四年级　指导老师：张雅芬

夏

每当早晨，第一缕金灿灿的阳光洒向大地时，霎时，万物都从梦中醒来，享受阳光的美好。一只只，一群群，小鸟们站在树上一展歌喉，犹如一位位歌唱家，正歌唱夏季阳光的美好。

小鸟的歌声引来了不少听众。小松鼠听见了，从洞里探出头来，向四处张望，发现是鸟儿们在歌唱，于是跳出树洞，蹿上大树的枝条，把自己的身子靠在那松松的大尾巴上。它一边享受夏的阳光，一边静心聆听小鸟的歌唱，别提多舒服了！

小鸟的歌声还引来了几位伴奏师——风和树叶"沙沙，沙沙"，河水发出清脆的"叮咚叮咚"声，青蛙也发出"呱呱，呱呱呱"的声音，使夏天的早晨既安静又热闹。

午后，几丝微风吹过，使地上多了几片叶子。此时太阳好像生气了，发出猛烈的光，灼烤着一切：柳树叶打起了卷儿；柏油马路热得仿佛就要融化似的。街上几乎没有人，只是偶尔飞过的几只小鸟和在湖畔盘旋的蜻蜓，才使夏季的下午不那么沉静。几棵树等啊，盼啊，终于把风盼来了，可谁知那风也是热的。蝉在树上也不满地叫："热死啦！热死啦！"可太阳听不见。

傍晚，天上的云层红红的，成了火烧云。那云形状变化多端。看！这会儿像一只觅食的考拉，你一眨眼，它已变成了一只大熊，正在天空中走动。云层之下，陆陆续续飞过归巢的鸟儿们。这时，一切又热闹起来了，不时传来鸟儿们叽叽喳喳的声音，直到夕阳沉落，一切才又恢复了平静。

太阳落了，月亮升了。月亮明晃晃地挂在空中，点亮夜空。天上，有星星和云朵与月亮捉迷藏，地上，有蟋蟀在歌唱……

夜，深了。一切都是那么安静，万物都已进入梦乡，养足精神准备迎接明天早上那金灿灿的阳光……

冯泓嘉/文，四年级　指导老师：杨丽芳

四季的风

  一年四季都有风，人们常常把春天的风叫和风，夏天的风叫熏风，秋天的风叫金风，冬天的风叫寒风。虽然都是风，但它们的脾气和性格截然不同。

  春天，农民伯伯脱下厚重的棉衣，播下希望的种子，一阵阵春风吹过，唤醒了万物，种子悄悄地探出头来看看这精彩的世界。春风吹呀吹，吹绿了草儿，吹开了花朵，到处一片生机勃勃。春风还给人们带来了一阵阵欢声笑语，这就是所谓的"和风"。

  夏天，由于闷热的天气，人们都汗流浃背，多么需要凉风的照顾呀！可这时的风却与我们玩起了捉迷藏的游戏，不见一点儿踪迹。即使有风，也好似热浪一般。它吹不散夏季的炎热，怪不得叫它"熏风"。

  秋天，一阵凉风拂来，黄叶争先恐后地飘落下来，像是要去各地旅行。秋风吹红了高粱、吹熟了瓜果……给人们带来了丰收，带来了喜悦，真是名副其实的"金风"。

  冬天，凛冽的寒风怒号，卷起的沙土刮得人们睁不开眼睛。早晨，路上的行人稀少，都缩着脖子拼命赶路，几个调皮的孩子干脆倒退着行走来躲避捣蛋的风儿。

  春天和风细雨，夏天熏风似热浪，秋天金风送爽，冬天寒风刺骨，这就是大自然的规律，真是神奇！

龚晋程/文，五年级 指导老师：冯倩芸

江　湖

　　"江湖"通常在武侠小说里被提起，然而在我们的生态园，就有一个风生水起的"江湖"。

　　午后的阳光是一天中最强的，茄子那"神秘的面纱"自然而然地被掀开了。随着阳光的照射，茄子呈紫色，但比普通的紫透明了点。它像年轻人一样狂妄自大、野心勃勃，与这里的景色显得格格不入。渐渐地，它狂妄的气质切实收敛了不少，它变得成熟了。当阳光变弱了，茄子也落下了它那"神秘的面纱"。

　　阳光照射到天鹅瓜上，把天鹅瓜的花纹照得一清二楚，那花纹像古琴的琴弦演奏着春的赞歌；那花纹又像湖面的涟漪，慢慢地扩散……

　　生态园的阳光时而亮，时而暗，时而强，时而弱，导致植物们的颜色也变化多端。受其影响最大的当属葫芦了，葫芦的黄色中泛着点青色，让人们感到它是新生的，它就如婴儿般无知。

　　青菜相对而言就比较害羞了。它撑着把绿伞，矗立于泥土中，不想被别人窥探到它那闭月羞花的容颜。

　　这里的风真柔啊，柔得像妈妈的手抚摸着我；这里的植物真奇啊，奇得千姿百态，各各不同；这里的空气真新鲜啊，新鲜得可以让人产生一切美好的遐想……

　　这里是植物的天地，也是植物的"江湖"。

王浩宇/文，四年级　指导老师：杨鹏

窗外，那抹绿色

推开心灵的窗户，轻挥心中的画笔，点点颜料现脑海，道道绿痕展眼前。我要用心中的画笔，描绘窗外的那抹绿色……

青山巍巍，碧水悠悠。嗯，我的画中，青山绿水怎可缺少？山之绿，该是淡绿，唯此才有"齐鲁青未了"的连绵；水之绿，亦是淡绿，唯此才有"白毛浮绿水"的谐趣。遥望，青山巍巍，山雾朦胧，缠绕山间；近观，碧水悠悠，蓝天白云，倒映其中。雾锁山头山锁雾，天连水尾水连天。山水相交，青碧相融。好一幅青山碧水的自然之画，好一派如诗如画的风光！

冬去春来，时光荏苒，万物复苏。脚下，小草从松软的泥土里偷偷摸摸地探出了脑袋，它们快乐地沐浴着春那灿烂的阳光，尽情地畅饮着春那绵绵的细雨。"野火烧不尽，春风吹又生"，啊，只有这抹翠绿，才配得上这生机盎然的小草。思索间，笔动间，一丛丛生机勃勃的绿草已映满眼帘。啊，好一幅绿草如茵的生命之画，好一派生机盎然的美景！

有山，有水，有草，还缺些什么？对，是人家。这次用浓绿，随意几笔，绿房、绿窗、绿门，当然还有浓绿色的人。或许是"悠然见南山"的陶渊明，或许是"把酒话桑麻"的孟浩然，抑或是"空山鸟语，弹琴长啸"的王维……归隐山林，返璞归真，一块田地，一把锄头，一方小苗，陶冶于田园，寄情于山水，没有世俗的喧闹，没有官场的污染，也没有功名利禄的引诱。心中唯有这青山绿水，唯有这恬淡的画面，唯有一颗宁静悠然的心。啊，好一幅乡村人家的悠然之画，好一派惬意的生活！

桌前，我如痴如醉地联想着，静静地望着窗外，心中的画笔不停地挥动着。望着这片绿色的海洋，我心中不由得一阵欣喜：青山碧水，那是自然之绿；翠草丛生，那是生命之绿；人影悠然，那是生活之绿。淡绿、翠绿、浓绿，颜色越深，心情越愉悦……

霏霏细雨，丝丝缕缕。独自坐在窗前，风儿拂面而来，夹杂着调皮的雨点，吹散我愁乱的思绪。我靠在桌旁，呼吸着大自然的气息，如痴如醉地望着窗外，那抹绿色……

张悦/文，八年级

我的美丽家乡

　　我的家乡是个人才辈出、风景秀美的好地方，那就是浙江嵊州！家乡当代著名的典型人物有三马：人口学家马寅初、围棋国手马晓春、互联网大咖马云。另外还有大画家刘文西，我们第五套人民币上的毛主席头像就是他创作的。家乡的风景也非常美丽，在家乡众多美景里，我最喜欢的有三处：黄泽的桂花园、明山茶场的玉兰园、声名鹊起的越剧小镇！

　　黄泽的桂花园里种着许多大桂花树，一到秋天，还未走近，怡人的香味就扑鼻而来。入园近观，缀满枝头的金黄色桂花在阳光的照耀下，如同钻石般璀璨。一阵凉爽的风儿拂过，一朵朵桂花像一个个小伞兵悄然降落，给原先不显眼的地面铺上了一层金黄色的地毯！

　　明山茶场的玉兰园是千亩玉兰花基地，当花季到来的时候，满山遍野都是玉兰花。远远望去，那大朵大朵的白玉兰犹如雪白的棉桃缀满枝头，似雪花满枝头，那样晶莹洁白；又似白云逗留在此，如此玲珑多姿。玉兰花开得那么热烈，那么茂盛，一簇簇，一树树，宛如一个雪域世界，到处弥漫着一股玉兰花特有的清香，真是清香四溢、芬芳醉人！

　　我的家乡还是全国第二大剧种越剧的发源地。现在的家乡有一张自豪的城市名片，那就是——越剧小镇！这是一个世界级的戏剧小镇，越剧小镇沿着美丽的剡溪之畔、神奇的唐诗之路而建，是全省重点三个文化小镇之一。美丽的越剧小镇青山苍翠，溪流清澈；暮色中的老人，玩耍的孩童；戏楼、剧院、学校分布其中，小镇的生活纯净、悠然，焕发着无限的生机！

诗仙李白也曾作诗："此行不为鲈鱼鲙，自爱名山入剡中！"这印证了我的家乡山美水美，文化底蕴深厚。欢迎远方的客人来我美丽的家乡做客！

钱柯怡/文，五年级　指导老师：陈杰

冬日候鸟

　　我如同一个经验老道的侦察兵，蹑手蹑脚地趴在枯草丛里，用自己的高倍望远镜寻找在这里过冬的小伙伴。时值冬日，一大清早，我和妈妈裹得严严实实的，来到这临江湿地，观察这里的候鸟。身后的江面未被冰封，河水潺潺地流动着，演唱着一曲冬之歌。

　　在这南方冬日的清晨里，虽然我穿得严严实实，一阵风吹过，我还是能感到一丝寒冷。我略微活动了一下僵硬的身子，放下手中的望远镜，有点失望，因为我还是一无所获。到现在还不曾发现那些可爱的身影，我用目光疑惑地看向妈妈，这里真的有鸟吗？妈妈看起来还有几许期待，只是做了一个"嘘"的动作，指指远方。我只好又拿起望远镜，开始仔细观察。

　　在我的耐心即将耗尽时，终于，湛蓝的天空中出现了一个个小黑点，它们很快地降落下来。"终于来了！"我悄声说道，按捺不住内心的狂喜，举起我的高倍望远镜观察：它们头上还戴着一顶帽子，四个羽冠就像小辫子一样，甩来甩去的。上体白，至尾上腹羽是苍灰的，尾羽是暗灰的，飞羽呈黑灰色，头、颈、腿都很长，它们飞的时候翅膀一扇一扇地，把不同颜色的羽毛变成了一个从灰到黑的彩虹，美极了。突然，妈妈好像发现了些什么，悄悄地对我说："你看，这是一只灰鹭！"我高兴得直拍手，再仔细一看，我发现它属于一种大型水边鸟类。终于，它降落在了不远的水面上，静静地站着，像是在等待什么。它有时低头，像一个君王在俯视自己的臣民；有时，它又高昂着头，旁若无人地拍打着翅膀，击起一串串水花，我看得入迷。

　　这时，旁边的草丛响起了窸窸窣窣的声音，原来是一群野鸭在江边嬉戏。它们有的在妈妈的呵护下，在江边悠然自得地游着，有的在江边的浅滩上追逐着、打闹着……

　　在寒风的驱赶下，我和妈妈恋恋不舍地离开了，可鸟群还在嬉戏。我的家乡杭州，不仅科技在高速发展，在市政府和人民的大力支持下，生态也得到了很好的保护。这里的山、这里的水，吸引了许许多多的小伙伴来这里过冬，我们还要继续保护这里的每一寸土地、每一片天空，让我们与小伙伴们、与大自然和谐共处。

胡航景/文，三年级

春风里

我的家在富春江上，
清碧的江水透明清澈，
似一面铜镜光滑明亮。
小船轻轻地在波面上滑行，
留下一道优美的弧线。

远处的山影渐次走近，
显现无比动人的色彩，
一江春水倒映出屏风似的群峰倩影，
犹如一幅会动的山水画。

碧绿的柳树轻抚着堤岸，
青青的草地上点缀着五颜六色的小花，
顽童在春风里追逐着蓝天里的风筝。

城市里，
一座座高楼拔地而起，
宽敞的马路，
优美的街道，
林立的绿植，

在微风里，

似跳动的精灵，

沙沙地清唱着悦耳的歌曲。

我，你，他，

共同生活在如诗如画的山水城市，

给美丽的富春江添上文明的浓情色彩。

闻梓媛/文，六年级

当西湖遇见夕阳

　　"欲把西湖比西子，淡妆浓抹总相宜。"我的家乡就在这美丽的西湖，西湖的美在于柔、静、奇。今天，我就要去这里欣赏一番。

　　在去西湖的路上，我看到了几棵美丽的柳树。柳树一点儿都没有动，静得仿佛时间也因它而停止一般。过了一会儿，一阵腼腆的微风吹了过来，柳树便成了一个个起舞的舞者。柳树将枝条伸进水里，好像要把水泼给小鱼，泼给远方，泼给蓝天……"太阳快要落山了。"爸爸说。我和妈妈一齐将目光投向正在下落的金灿灿的太阳。时光悄悄地溜走，暑气随着阵阵晚风徐徐地远离。太阳像是一个爱美的姑娘，穿上自己美丽的五彩衣。到了山顶上，仿佛要把她的美丽容颜展示给所有人。不过，过了一小会儿，太阳的小脸就变得红扑扑的了。又过了一会儿，只见它颤动了两下，最后又像跳水运动员那样，以一个轻快、敏捷地弹跳，再以一个悄然无声、水波不惊的优美姿势入了水，向人们道了声"再见"。

　　太阳羞得把头低下了山，可是余光还照耀着湖面，哇，银光闪闪的湖面真漂亮啊！几处发着光的湖面是多么引人注目，犹如在黑暗的天空中出现的星星一样好看。几叶轻舟在云雾中若隐若现，仿佛神仙乘船来到人间。在水中映出的人、树、山和动物，都好像在一幅画里一样！桥上来来回回走着的人，似乎也成了西湖和夕阳的一部分。每个人脸上都变成了金色，老人的胡子变成了金色，小孩的玩具变成了金色，我的头发也变成了金色！草地上的每一棵小草都湿漉漉的，那翠绿的颜色，让人不忍去破坏。站在旁边，我闻到了一种青草特有的芬芳迷人的香味。

马上要离开了，我有一点留恋。那娇羞的夕阳，柔美的西湖和周围一切的一切……不就是一个平凡而又壮美的景观吗?

齐兆一/文，四年级　指导老师：章文华

阳朔的雨

阳朔的雨不同于浙江一带的雨，
它是多么明亮，多么丰满，多么动情。
那儿除了冬季，其余都为雨季，
更何况七八月份?
阳朔的雨总是突如其来，
不会给人一点征兆，一点防备。

阳朔的雨

　　"桂林山水甲天下，阳朔山水甲桂林。"邻居家的小男孩儿最近总在家门前念叨这句话。他跑到我跟前用幼稚的语调说："姐姐，咱们老师可说了，阳朔的山水是天底下最美的！你去过不？"

　　"去过，那儿的雨也挺美的。可惜时光已经逃得无影无踪，只留下回忆在心底了。"小男孩挠了挠头，问道："雨美吗？"

　　阳朔的雨不同于浙江一带的雨，它是多么明亮，多么丰满，多么动情。那儿除了冬季，其余都为雨季，更何况七八月份？阳朔的雨总是突如其来，不会给人一点征兆，一点防备。不过没有人会忍心责怪雨的怪脾性吧，毕竟在骄阳似火的暑假里，谁不希望能有一场热情激昂的雨浸湿全身？

　　阳朔的水和雨一样极凉，不愧为孪生姐妹。当地居民都喜欢赤着脚丫子，在烈日下去山间的小溪里踩上几脚，别提有多爽快了。可别忘了还有更爽的竹筏漂流呢。我脱去鞋子，撩起裤脚，把小脚丫伸入清凉的河水中，有时小鱼细虾会从脚边缓缓游过。当一缕温暖而不毒辣的阳光照耀在脸颊上，我当真体会到了"巍巍青山两岸走，小小竹排江中游"的人间仙境了。

　　阳朔的山格外油绿，如漆如墨，形状也格外怪异。记得登"骆驼山"时正值细雨朦胧之际，可谓诗情画意。绵柔的雨滴沿着脸庞流下，我好似跟它们相识，熟悉而又安心。滴滴答答的雨声落在石缝之间，颇像一曲欢歌。"哦，原来这儿的山之所以如此有生气，全凭雨啊！"

如若没有雨的百年冲刷侵蚀，又怎会有如今被称为天下一绝的奇山呢？全靠雨的鬼斧神工。

阳朔的人可爱又可亲。当地女子个个能歌善舞：在雨中如百灵鸟轻声和曲，配上燕子般轻盈的舞步与蝴蝶般婀娜的身姿，简直让人一见倾心。小伙子们人人身强体健：敲打着民鼓，吹奏着笙箫，浑身上下散发着力量。当地人都是喝着阳朔的水和雨长大的，所以性子里天生带着一种柔，却也夹着一丝你所不知道的刚。

"天下没有不散的筵席。"尽管万般不舍，但总还是要离别。车子刚开过阳朔景区的收费站，天便不禁潸然泪下，怎么也止不住了。雨滴就像断了线的珍珠往地上掉落，谱成一曲美妙绝伦的乐章，却略带悲伤。我望向车窗，已是一片白茫，父亲无奈地把车子停靠在路旁。弟弟伴着雨声哼起了曲儿："阳朔的山美水美，雨也美！"几分钟后，雨势渐小，我们继续踏上归途。

阳朔的雨是明亮的、丰满的，使人动情的！

尽管时光匆匆，但是我永远不会将这雨忘却。

李迪/文，八年级

雄伟的蒲壮所城

我的家乡在温州苍南县的蒲城，那里最好的建筑是蒲壮所城，简称蒲城。

蒲壮所城全部用石头建成，周围都是石头房子。石头缝隙里长满了野花，有红的、黄的、蓝的、白的、紫的……还有许多多肉植物。

早晨，满天的雾气围绕着蒲壮所城，一层层如同白气球的雾越升越高，仿佛给蒲壮所城围了一层玻璃。走在城墙上面，周围没有围栏，走到边缘，往下看会有种要掉下去的感觉。我吓得只敢往中间走，不过有些地方有围栏（只有一边）上面还有几个洞。爸爸说："是明朝建成的，到现在已有六百多年。抗倭寇的时候挖成的几个洞，用来放枪的，那时，他们吃的是这里的特产——继光饼（为纪念抗倭名将戚继光取名），这里还有英雄叫公道。"

中午，太阳当空照，蒲壮所城显得金光闪闪，仿佛戴上了金色的帽子。走上去神清气爽，好像会变魔术呢！

晚上，满天的星星映到了蒲壮所城上方，仿佛贴满了星星贴纸。洁白的月光加上点点细雨，隐隐约约地看见点点月光洒下来，像银河一样。

我爱家乡，我爱这里的风景，爱这里的特产，更爱蒲壮所城这座城！

陈苏杭/文，三年级　　指导老师：王晓萍

甜甜的塘栖

"粽子香，菱藕甜，江南水乡水更甜。"甜甜江南，古色古香，人人向往。趁着放假，我走进了这个美丽的江南小镇——塘栖。

古老的青瓦房，尖尖的顶，白白的墙。陈旧的石拱桥，桥下的小河清澈见底，犹如一面银镜。青瓦房上挂着招牌、酒旗和红灯笼，是那样的古朴。

早晨的塘栖是恬静的。一阵微风吹来，河面上泛起一层层波浪。岸边的小船摇摆起来，空气里飘着香甜的糖桂花的味道。河岸上一座座枇杷园里，人们正忙碌地采摘着枇杷，一篮又一篮的枇杷散发着甜甜的果香，沁人心脾，果子上闪着亮晶晶的露珠。

中午的塘栖是热闹的。大街小巷，车水马龙。卖粽子的吆喝声，赶路的车铃声，游人的说笑声，仿佛是首快乐的乐曲。

傍晚的塘栖是美丽的。天边的晚霞五彩缤纷，与红红的太阳一起倒映在河水中，波光粼粼，美丽极了！走在石砖铺成的小路上，听着屋里传来的锅碗瓢盆的交响曲，走累了就在沿河边的小石凳上坐一会，让店老板来一碗凉凉的糖水枇杷。看着日落和晚霞，吃着甜甜的糖水，美得让我开启了无限遐想。

甜甜的江南小镇——塘栖，这里真美啊！

陈俊希/文，三年级　指导老师：胡坚

京杭大运河

　　"杭州历史悠久，钱塘自古繁华。""欲把西湖比西子，淡妆浓抹总相宜。"杭州之繁华，世上无人不知晓，游人如织、风景如画的西湖之美丽，天下谁不赞叹？而今日，我们则荡漾在京杭大运河之上，从一个全新的视角来欣赏，近距离接触这个美丽的杭州。

　　脚下的京杭大运河全长约2400千米，途经四省两市，是一条人工运河，于2014年被列入世界文化遗产名录，它和长城、坎儿井并称为中国古代的三项伟大工程，一样是中华民族的骄傲与自豪！它见证了日本的侵略，见证了杭州的发展，见证了临安府的繁华……

　　踏上宛如平地的游船，伴随着一声低沉的笛鸣，船头拨开水流，缓缓前行，水流推开落叶，轻轻拍岸。岸边长满垂柳，青青的柳枝在风中飘然落下，轻拂着波澜起伏的河面。古朴的凉亭和房子挺立于柳树的空隙中，在飘荡的柳条中若隐若现，房前栽着各式的花儿，十分鲜艳。我的眼前仿佛浮现出南宋繁华的景象：街旁的小摊到处是吆喝声。商人们挑着担子想乘个"顺风船"，形形色色的货船在运河上来来往往。"岳飞"率领着他那精干的"岳家军"整齐地走着……一个小男孩正从一艘渔船上望着年轻的运河，那目光仿佛能越过千年，与我的目光相遇。

　　我回过神来，突然发现一只白色的鸟儿在空中飞翔。呀，那是一只白鹭！它将双爪伸直到身后，双翅张开，每一片羽毛在风的梳理下显得格外匀称。那儿还有一对不知名的白色水鸟，它们在天空中嬉戏，时而滑翔，时而俯冲，时而不停拍着翅膀直上青天，它们一身洁白的衣裳在金色的阳光下熠熠生辉。瞧，在柳荫下一个凸出水面的石头上，一只很难被发现、叫不上名来的灰色小鸟立在那儿，它弓着背，单脚而立，目不转睛地望着水面，好像下一秒就会向水里的小鱼发起进攻一样。这时，船上导游的声音传入我耳中："现在的京杭大运河因为五水共治，水质变好了，环境也更加美丽，吸引了众多小鸟在此安家。"这时，船驶入了一个桥洞里，我向桥洞里望去，哇！洞壁上都是浮雕和汉字！遗憾的是，这些繁体字我只看懂一个"运"字。浮雕则千奇百怪：有的刻的是乾隆皇帝，有的刻的是神话故事，有的刻的是片片云朵……桥旁还有古代将军和夜叉的雕像，个个威风凛凛，栩栩如生。

"滴……"这才发现，这次京杭大运河之旅已经结束了。再见大运河。

漆王恩/文，五年级

凤凰古城的夜

夜幕降临，凤凰古城四周山峦的轮廓渐渐退隐，沱江沿岸吊脚楼上的灯笼慢慢点亮。凤凰，迎来了属于它自己的夜晚。

漫步在江边，各种色彩绚丽的灯光成了这个夜的主角，古城仿佛变成了"夜凤凰"。沱江两边商铺云立，酒吧、珠宝店、小吃店……充满商业气息，吸引着人们的目光。这一幢幢青瓦木楼的商铺紧紧依偎，好像在向你述说近百年来小小古城的富庶繁华，向人们展示着拙朴小城的无限韵味。

我走在留有岁月痕迹的青石板路上，看着清澈的沱江水穿梭于一座座石板桥下，在五光十色的灯海里跳跃，潺潺地谱写成一曲和谐乐章。江面上的小小敞篷船来来往往，悠悠徐徐地在浮动着。船上红色的灯火和桥面灯光的倒影层层叠叠，点缀着江面。还有江边两岸吊脚楼的倒影，屋檐上五颜六色霓虹灯的倒影，远处北岸通体透亮的万名塔，轮廓毕现的虹桥风雨楼遥相辉映，古城的夜啊，宛若美丽妙曼的梦境，令人融入其中，诗情画意……

远处若隐若现的古城墙，有东、北两座城楼，夜幕下，更显威严。它久经沧桑，却依然壮观。正是它近百年的守护，凤凰这座古城才会那么神秘而风情万种。

古城犹如一幅美丽的风情画卷，带着款款深情，将永驻在我的记忆中。夜已深，不要怪我太贪这夜色，只怨凤凰的夜实在太迷人！

陶钦杰/文，五年级　指导老师：徐敏英

龙宫洞

  大暑之时，天气炎热，阳光炙烤着大地。即使是这样，也丝毫阻挡不住我们去游玩风景名胜的热情。这次，家乡著名的景点"龙宫洞"成了我们最佳的选择。

  江西省彭泽县西南部天红乡的乌龙山，主峰高238.6米，美丽的"龙宫洞"就在主峰之内。顾名思义，这里就像龙宫一样保存着完好的原生态样貌，洞内深远幽静，泉水叮咚，瀑布如帘。当然，耳听为虚，眼见为实，让我们进去游览一番吧！

  我和姐姐刚步入山洞，立刻就被眼前的风景惊呆了。头顶上一根根尖尖的柱子倒挂直下，据说是由水一滴一滴形成的，却像熔岩一般。霓虹透亮的灯光映射在柱子和石壁之上，一切变得流光溢彩，宛若仙境。洞内异常地安静，连滴滴答答的水声听上去都特别清晰，真是名副其实的"龙宫洞"呀！

  里面还有很多有趣的项目，最有趣的应数"洞内划船"了。我穿上救生衣，小心翼翼地走上船头，握起船桨，开始吃力地划了起来。姐姐控制着船身最重要的部分——船舵。开始，她还不会控制，被迎面而来的另一艘船碰撞在了一起。功夫不负有心人，到了后面她很快就熟练了。下了船，我们姐妹俩边说边笑，这一段幸福的旅程在我们的欢声笑语之中结束了。

  我爱这处风景，它让我融入了大自然鬼斧神工打造的壮丽景色之中，久久不能忘怀！

裴若霖/文，四年级　　指导老师：朱秀丽

石桅岩

　　"欲留楠溪江畔处，愁煞九宫天外仙。"这句诗不光描绘了楠溪江青山环抱、绿水蜿蜒、云雾缭绕、烟雨烟云的原生态绝美风光，更是重新塑造了楠溪江"天下休闲第一山水"的国际旅游品牌新形象！楠溪江有七大景区，其中石桅岩是我最爱的，它位于永嘉县鹤盛乡下岙村的峡谷中，有"浙南天柱"之誉，堪称华夏之冠。

　　今天，我们一家人去美丽的石桅岩游玩。到了景区门口，那里人山人海。远远地就能看到连绵不断的山丘，我们就像走进了一幅秀丽的山水画。一进门，有一条清澈见底的河，里面有许多被溪水冲刷得十分光滑的鹅卵石，有大的，小的，方的，圆的，扁的，什么形状的都有。河边有很多树，像一位位守护着石桅岩的"守护神"。再走一段路就到了景点小三峡，现被评为国家AAAAA级旅游景区，被人誉为"中华奇观，天下绝景"。不一会儿，我们坐上了船，我往四处张望，不禁发出感慨，这里像个天然氧吧，水绿得像一块翡翠。水里还不时有小鱼在玩耍，感觉自己和这小三峡融为一体了。

　　一路前行，我们看了麒麟峰，欣赏了公鸡岩等，太多美景尽收眼底。石桅岩的山也是名不虚传。有的像一把长剑，直入云霄；有的像船桅，高高扬起，还有的像公鸡，展喉高啼。一路上，林荫密布，峰回路转。

　　楠溪江的石桅岩真美啊，美得叫人流连忘返。我爱你——石桅岩！

刘嘉琪/文，五年级　指导老师：潘璐瑶

东京迪士尼一日游

在做了很久准备、很多攻略、很多设想、很多计划后，2018 年 7 月我终于踏上了去日本的行程，来到我向往已久的东京迪士尼，还正好遇见了东京迪士尼 35 周年庆典。为此，妈妈特意买了 35 周年纪念版的门票，据说是可以收藏的，我觉得那就是属于我的回忆。

坐上迪士尼的粉红色专车，一下车，就被热情如火的游客和炎热的气温吓得倒退三步。还好准备充分，我们从专门的 VIP 通道进入园区，热情似火的工作人员见到每个游客都打招呼，有中文，有日语，也有英语，妈妈用英语和工作人员沟通，拿到了一份中文地图。妈妈说："出发，先去拿 FP。"我傻眼了，FP 是什么？妈妈边奔跑边说："FP 就是 FAST PASS，翻译过来就是快速通行证。"

好吧，跟着妈妈总没错的。妈妈让我选择自己喜欢的项目，据说明日世界里星球大战最好玩，还有鼎鼎大名的巴斯光年，我做了很久攻略的小小世界、米妮屋还有过山车，还有爸爸竟然想玩旋转木马。

于是，按照这个计划，在闷热的夏天，我们开始了东京迪士尼的冒险之旅。非常幸运，我想玩的项目都能排到队伍，而且工作人员非常耐心细致，在每个排队的地方都有喷雾和风扇降温，对小朋友尤为关照，秩序非常好。很快，我们进入了第一个游戏场馆——星际旅行。

按照指示，我们排队进入，两边都是各式各样的机器人，仿佛进入了一个外太空站，然后进入船舱，戴上 3D 眼镜。虽然我们听不懂日语说什么，但是大家都非常兴奋。工作人员退出船舱，灯光关闭，荧幕出现了星球大战的各个角色，我们仿佛就置身在星球大战的那个世界里。坐在太空飞船里，一边要躲避敌人的攻击，一边要躲避各种奇形怪状的物体。船舱里尖叫声此起彼伏，我死死抓住扶手，非常紧张刺激。当游戏结束时，灯光打开，妈妈说，"欢迎回到地球"，我松了一口气。

当我们走出来时，游行演出开始了。我拉着爸爸的手跑到第一排的位置，和演员互动招手，演员洋溢着笑容。

"城堡，城堡！"我突然兴奋地喊着。游行结束后，在游行队伍消失的地方出现了一个我梦中的粉红色城堡。爸爸妈妈拉着我走进城堡，里面有什么呢？城堡里原来是灰姑娘的家，我尝试了灰姑娘的水晶鞋，还体验了一把坐上王位的瘾。

从城堡下来，爸爸说要一起玩旋转木马和小飞象。然后我们进入魔法剧场看演出，是6D的演出，在座位旁有很多配合剧情发展的小机关，一会喷出香水的味道，一会有风吹过来，一会还有水珠溅过来。总之，在魔法剧场里欢笑声不断。

从魔法剧场出来后，正好对面就是米妮屋，里面都是过家家的小玩具，我真想住在这里。接下来就是重新开放的游乐项目——小小世界。出乎意料的是，这个项目非常热门，非常多的日本人来玩，我们伴着美妙歌声缓缓进入缤纷梦幻的小小世界，开始世界上最幸福的水上之旅。五颜六色的卡通外观非常吸引人。

在迪士尼玩得不知疲惫，妈妈说我的童年很幸福。我却觉得能够让爸爸妈妈重新过一次幸福的童年，其实也很棒。

丁艺萌/文，三年级　指导老师：梁雪利

游川菜博物馆

十月一日这天早上，天气非常晴朗，天空中白云朵朵，树上的小鸟叽叽喳喳叫个不停，我们的川菜博物馆之行就要开始了。

七点十五分，我们大家来到学校大门口集合，等待旅行社的大巴车。盼星星，盼月亮，七点三十分，旅行社大巴车终于出现在我们的视野中。大巴车刚一停稳，只见同学们争先恐后、迫不及待地冲上了车，同学们都找到自己认为最舒服的位置坐下。导游小哥在半路上宣布今天的参观行程和注意事项，大约经过了一个小时的行程，我们终于来到了目的地——川菜博物馆。我们都兴奋不已，只待车停的那一刻，快速下车集合。

我们首先参观了古老而神圣的藏品馆，知道了大诗人李白最爱喝酒、川菜的历史、盐分哪几类等。接着我们来到户外，参加了拜灶神活动，有幸观看大刀蒙眼切银丝面的绝技。再后来，我们参观了郫县豆瓣的晾晒场，了解了豆瓣的制作方法和过程。

不知不觉时间就到中午了，导游小哥一声吆喝，吃饭啦。哈哈，这才是我们最爱听的号令，大家飞奔到餐饮区，那里有各种各样的四川特色小吃：担担面、钟水饺、叶儿粑、龙抄手……我先吃了一碗担担面，又跑去吃了一碗麻辣鸭血，再吃了一碗龙抄手。啊！我吃得太饱了，几乎要把肚皮撑爆了。再看看同学们，每个人的面前都堆着一堆盘子，"于大妈"最厉害了，第一个上桌子吃、最后一个离开。

酒足饭饱之后，我们开始了下午的DIY活动，我们做了闻名四川的洗澡泡菜、极具个性的熊猫叶儿粑、人人都爱的冰皮月饼。

　　我们的川菜博物馆之行在大家的依依不舍中结束了，因为时间已经是下午五点钟，每个人的脸上都写满了留恋。

　　这次川菜博物馆之行开阔了我的视野，增长了我的见识，我第一次真正意义上了解了川菜文化，这真是一次有意义的活动。

陶梦洁/文，四年级

风雨九峰山

"远眺参差九点峰，青山削出翠芙蓉。"古时就有赞美九峰山的诗句，想必九峰之美必然出名。古人云："晴湖不如雨湖，雨湖不如雪湖。"九峰亦是如此，我跟雪景无缘，只能偶尔去观雨中景。

为了不犯苏轼"不识庐山真面目，只缘身在此山中"的错误，我先站在离景区门口还有一段路的地方，远远望去：只见绵绵细雨落在不同地方，山顶云雾缭绕，好像披上了一件洁白、美丽的薄纱，一些树木若隐若现，如同人间仙境！

进入景区后，走过了一段用鹅卵石铺成的蜿蜒曲折的小路，前面的路若隐若现，只能勉强看清。路旁的花草树木却清晰可见，那些花草的叶子盛着用所剩无几的晨露调和而成的水珠，早已不堪重负，两排如同士兵般挺立着的松树又进入了我的余光。突然，一阵隐隐约约的响声进入我的耳朵，我循着声音往前走了一段路，发现了一条小溪。小溪的水面时宽时窄，叮叮咚咚地流向后面的那几个小潭。我想找到小溪的源头，沿着山路，听着响声，向前走去。

终于找到了那股源头——龙潭飞瀑。远看瀑布，就如同一条从九峰之巅飞流而下的一条蛟龙，漫天卷地地直插潭底。再走近些看，就仿佛一根巨大的、屹立着的水柱在两峰之间直泻下来。让我想起古人李白的那一句千古绝唱："飞流直下三千尺，疑是银河落九天。"

九峰之美，还是因为九峰的地理位置。站在九峰之巅极目四望：南托太白山，北濒东海，东邻象山群岛，西乃宁波城区。有山海之经可念，九峰今后必将成为宁波的后花园。

顾明皓/文，四年级　指导老师：陈月

第九辑

拔牙记

可能很多人觉得换牙是件很痛苦的事情，
但是我却有不同的感受，
心里有些害怕，又有些期待。
仿佛期待着种子发芽，
期待微笑能够像花儿一样灿烂，
希望自己能够换成一副完美的恒牙。

自信的来信

亲爱的悦：

　　你好！

　　夜色连天，此刻几点星稀也在不知疲倦地跳动着，跋涉囚禁几许夜的妩媚。

　　秋月无边，蓦然间，驻足回首，才发现你我已渐行渐远。我站在远处，默默守望你……

　　在那个惆怅的季节，萧瑟的秋风袭来，卷起了一树枯叶，飘落了一地愁丝。夜微凉，月如霜，只见你拖着沉重的步子，踢着一地落叶，孤寂与落寞在心头肆意弥漫。面对未知的恐惧，想着令人心碎的分数，你心中的阳光消失得无影无踪，只剩阴霾密布，渐渐氤氲了你的双眸……

　　我竭力地擦拭，妄图在黑暗中寻觅你的身影。终于……我挤进了你的朦胧视角。

　　你眼中，他们手攥考卷，或欢呼雀跃，或扬扬自得，一举一动中都蓄满了笑意。而投向你的，是令你望而生畏的冷笑与无视，是在那骄阳下闪着的红叉……但，你可曾留意过，你那铺满金色的窗外，一簇簇桂花伫立枝头，就如易安所说"何须浅碧深红色，自是花中第一流"，没有国色牡丹的恣意，没有碧玉莲花的淡雅，却可以用自身的袅袅桂香，独开清秋第一树，惹得梅花争妒，菊花含羞，活出潇洒，活出真我。花犹如此，人当胜之。

你眼中，他们在知识的汪洋里奋勇追逐，绯红面颊中流露着抹不尽的自信。须臾间，你被淹没在人海，苦苦挣扎，却又苦苦惆怅，苦苦迷茫……但，你的眼神可曾在桌角的那块橡皮上逗留过？就如于谦所言，"粉骨碎身浑不怕，要留清白在人间"，它曾有高大魁梧的身躯，如今却瘦骨嶙峋，粉身碎骨，而只为捍卫真理；微不足道，而心系沧海；志渺渺，而怀无际。它刚毅坚忍，活出真切，为平凡中不平凡者也。

　　你眼中，他们一起追逐，一起嬉笑，一起谈笑风生，形影不离。而这串串欢声笑语间，你却孑然一身，踽踽独行，拥有的，只是那一腔孤勇……但，你可曾偶然驻足片刻，静赏这沿路美景？你会发现，你拥有的，竟可如此之多，你并不孤独。偶然驻足，即是美景，这何尝不是一种于世间行走的潇洒姿态？

　　须臾间，东风里，那缱绻的春天来了。踏着季节的华尔兹，踯躅在每一朵花下，凝神每一个小精灵的搔首弄姿，只为守那一份美好，品那生命的真谛，你我相约在春天里，于阳光明媚之间，于春风拂面之时，于细雨纷扬一刻。

　　待到山花烂漫时，我在丛中笑……

张悦/文，八年级

224

幸运星

我坐在书桌前，一遍又一遍地"攻克"着一道奥数题。这时，一颗五角星从我的书页中滑落，使我的思绪回到那一年，那三颗意义非凡的幸运星……

那是三年级刚开学的时候，我的成绩一直平平，可能是因为从低阶段进入中阶段还不太适应的缘故，我的分数一直在八十分上下徘徊，直到那一天……

"丁零零"，下课铃骤然响起，放学了，我习惯性地提起书包。这时，一颗幸运星掉在了我的椅子上，我并不在意，现在是折纸星星的潮流时代，看见一颗幸运星再寻常不过了。我熟视无睹，把幸运星随意丢在笔袋里，回家去了。回到家，我写完了作业，正百般无聊地摆弄着我的修正带。突然，那颗幸运星一下子窜入了我的思绪中，我迅速拉开笔袋，看见那颗紫红色的幸运星躺在中间，上面隐隐约约写着一行极细的字："新的学期，新的开始，现在努力，为时不晚。"底下没有署名。我一遍又一遍地看着这几个字，心中带着无限的好奇与惊叹。"是谁写的呢？是想暗示我好好学习吗？"我百思不得其解。窗外的风敲击着窗户，仿佛在和窗户一同探讨是谁给我的纸星星，讨论了一会儿，还是毫无头绪，便请叶子一起过来思考……在这之后的每一天里，我一想到这句话，做起事来就格外认真和仔细。

一天又一天过去了，家里的日历也一页页地撕去。不久，我们又迎来了一场数学考试。这一次考试我竟考了96分！和上一次的82分相比，我是有一个多么大的飞跃啊！这天，我开开心心地回到了家里。然而，笔袋里的一颗淡蓝色的幸运星把藏在我心里最深处的疑问又挖了出来，这一次上面写的是："骄兵必败！"这短短四个字竟使我的内心再一次震撼了！从那以后，每一次做习题的时候，这四个刚劲有力的字就会闪现在我的眼前，让我不要骄傲，一如既往地努力着。

一天晚上，我感到小腹胀痛，便起来上厕所。这时，我注意到书房里竟然还亮着灯！我轻轻地走到书房门口，只见妈妈在台灯下，专心致志地折着一颗纸星星，她的每一下折得那么仔细、认真，好像在用生命折着……

我默默地走回了房间。原来妈妈一直在默默地关心着我，支持着我。她对我的关爱如流水般涌入我的心田，她的每一个动作都带着她对我的那一份浓浓的母爱与关怀。

第二天我醒来的时候，桌子上又放着一颗幸运星，是淡黄色的，上面用同样的字体写着，"从平淡中感悟，从纯粹中体会人生，祝你永远开心！——妈妈"。

我看着，心潮澎湃：母亲，母爱，幸运星……

胡景源/文，七年级

盛夏骑行

暑假，爸爸准备带我骑车去洞头。洞头是温州海边的一个区，距离我们大约有75千米。由我来规划路线：从家骑车到码头，坐当天第一班渡轮到温州市，横穿温州市区后，跨过温州市区与灵昆岛之间的灵昆特大桥，再穿过灵昆岛。骑过长长的14千米海堤，到达霓屿岛，再跨过几座跨海大桥，就到了目的地——洞头区政府所在地的一家宾馆，预计骑行时间1—2小时。

出发前，我们准备得还是比较充分的。因为可能面临着炎炎的夏日，逆着海风，我们需要穿长袖风衣；在两个水源的补给地之间，水有可能被喝完，多带几瓶水在身边；为了防止中暑，准备藿香正气丸。骑行装备：越野自行车，一副半指骑行手套，骑行头盔，我的头盔还带有护目镜。水源补给地暂时定了温州市区、灵昆岛、霓屿岛、洞头本岛。

在八月份的一个星期天，太阳尚未升起，天气很凉爽，我们早早起了床。我们决定争取在早上8点前，趁着气温比较舒适，到达灵昆特大桥，这个距离将近20千米。

8点半左右，我们到达了灵昆特大桥。上桥的时候，出了个小小的意外，爸爸用来捆行李的绳子在骑行过程中绞到车子的变速器里。爸爸在桥上不得不停车，满头大汗地修车。经过调整和维修，我们可以继续前进，一鼓作气骑过大桥，到达水源补给地——灵昆岛上的超市。

10点左右，漫长的14千米海堤展现在面前，这是我们最艰难的骑行过程。头顶烈日，骑行带来热热的风都快把我们烤干了。每一次短暂休息积蓄的力量，不到半千米就消失殆尽。我们望着这被我们称为"绝望之路"的海堤路，真心希望早点能够结束。海堤路上没有设休息站，没有遮挡物，我们只好找大大的路牌来遮阳。当时我想起一句话：路漫漫其修远兮，吾将上下而求索！在我们的补给水差不多喝完的时候，终于骑出了海堤。到了霓屿岛，我们停下车，长长地舒了一口气，这段骑行真的太难忘了！

由于到目的地还有相当长的距离，11点半左右，我们决定在通往霓屿路上的一个隧道里暂时休息，来到宽敞的人行道，简直是步入仙境，太凉快了，舒服极了，真的不舍得离开。为了避开最热的时段，我们一直休息到下午2点左右，然后重新上路。

最后一座跨海特大桥，我们的体力所剩不多了，骑起来非常费力，并且老天好像在考验我们，这里竟然有了逆风。上桥时，骑几十米我们就得停下来休息一会。好不容易到了桥顶上，想享受一下下坡带来的快感，好好爽一把，结果事与愿违，逆风太强了，我们只能慢悠悠地下了桥。

下午3点半左右，到了目的地，我们终于可以好好休息一晚上了。

第二天，早上4点多我们就起床了，老天似乎对昨天的考验结果比较满意，今天一直都有云在头顶上，又是顺风。用了不到8小时，我们成功回到家中。

经过这两天的辛苦骑行，我心里久久不能平静。天行健，君子以自强不息！这次骑行，极大地锻炼了我的意志力。骑行最大的特点，是无论如何，都需要自己一个人完成骑行，别人无法代替。当我遇到困难的时候，不放弃，不退缩是我唯一可以依靠的。最终，我战胜了这个骑行，也战胜了我自己。

包天宇/文，五年级

在春天的早晨

在春天的早晨
鸟在枝头歌唱
它歌唱早晨
它歌唱希望
那优美的歌声
随风飘荡

糕点店里的长面包，很长很长
有牛奶味，还夹杂着香肠
三个女学生一人一份
一边说着学校里的事情
一边品尝天下最好吃的美味
三人一起吃，会变得更加甜美、清香

一本日记本，封面有一只闭着嘴巴的小狗
写的时候，会把悲伤和快乐通通装进里面
还藏着弟弟妹妹小时候的故事
有些故事好像发生在昨晚，记忆深刻
而有些事情好像在很久以前，模模糊糊
这是一笔财富，馈赠所有的家人

一幅沙画，流动着

一会儿变成小鹿，一会儿变成大象

稍微一按，又变成了另一幅画

在学校社团课里

他们也要和绘画者一争高下，谁都想画得最好

挂在学校墙上，让所有人欣赏

每天早晨

鸟都会按时来到

不知疲倦地唱着那首歌

所有的鸟都想让自己的歌

传遍整个世界

让世界充满温暖、清香

黄雨晨/文，五年级　指导老师：周珺

"怪"老师

卢老师是我们班的语文老师。她呀，是我们公认的"怪"老师。

你听说过老师给学生同样的试卷考两次的吗？"怪"老师就是我们班放"高利贷"的人，如果大部分的同学都在90分以下的话，那就会连累全班人重新考一次试。不过好处还是有的，一旦考完第二次，班里的学霸毋庸置疑个个都满分，就是学渣也能考个及格。

还有，每月综合评比中只要连续满十次五星，就能免一周的作业。棒吧？我们班的同学乐得差点没把她抛上天。

更有意思的是，"怪"老师竟把小丑贴鼻子的游戏搬上了我们的课堂。那节课上，"怪"老师一上来就来了个"开门红"。她首先在黑板上画了五六张脸，眼睛亮亮的，嘴巴长长的，可就缺了一个鼻子。大家都转而挠腮。一分钟过去了，还是没有人猜对。"怪"老师急得这边做一下手势，那边比划一下。哦，明白了，同学们异口同声地说："是小丑贴鼻子吧！"接着，"怪"老师让我们五个一组来贴鼻子。可一个个都把小丑的鼻子贴得牛头不对马尾，惹得班上的同学都笑得前仰后合。活动结束后，同学们纷纷写了作文。有了这样真实的感觉，作文怎么可能不精彩纷呈呢？

对于"怪"老师的这种"怪"教学方法，我们还是举双手赞成的。卢老师，您"怪"得好，我们希望您继续"怪"下去。

刘芝妤/文，四年级　指导老师：卢卫红

微笑的力量

　　落日的余晖褪去了晚霞的一抹酡红，夜，宛如半透明的油墨纸，侵蚀着初秋的黄昏。那一个凉爽的初秋夜，时钟已疲惫地指向七点。我再一次怀着忐忑不安的心情，骑上了自行车。我坐上车座，一只脚踩在地上，另一只脚笨拙地踩上脚蹬，深吸一口气，用力往前一蹬，自行车带着惴惴不安的我，歪歪扭扭地像蛇形一样前行着……那地上的小石子似乎也在嘲笑着我的笨拙。为什么总骑不好？我埋怨着，痛苦着，无奈着……

　　妈妈似乎看出了我的心思，在前方将地上的石子一一踢开，没有责怪，反而风趣地说："傻孩子，骑车可不是轻易就可以练成的哦！想当年你妈我也是摔倒了N次才会骑呢！"

　　"那我怎么办？"

　　"要不你再试试，多摔几次？水滴石穿，总有一天可以成功的。"说着，她对着我扬起了嘴角，眼睛一眯，冲着我微微一笑。

　　我看着妈妈的微笑，终于也笑了，心中渐渐充满了自信，不再迷茫，不再绝望，不再无奈，不再抱怨……而是鼓足信心，迈出了脚。虽然不断跌倒，但又不断地爬起来！

　　我越骑越稳，渐渐不再摔倒，终于我忍不住欢呼，扭头看见妈妈笑眯眯地望着我，刚才的一切烦躁都烟消云散了。妈妈总是用她特有的方式鼓励我，那淡淡的微笑就像炎炎夏日的林间那汪最清凉的山泉，在我心间静静流淌……

金桥/文，五年级　指导老师：余秀文

多彩的我

大自然是万紫千红的，嫩绿的春草、蓝色的大海、黄黄的雏鸟、如血的晚霞。我也是五颜六色的，有时像金黄透亮的琥珀，有时像鲜红的苹果，有时又像灰色的鼠——当我玩疯的时候，就是这样。下面，我选择几种颜色，来说说自己吧。

红色

红色代表的是热情、激情和力量。

在课余时间里，我非常活泼和开朗。打篮球、打羽毛球、练长跑、画画、唱歌、拉大提琴、下围棋等等，都是我的爱好。有些爱好成了我的特长，比如长跑，无论在区运动会上还是校运动会上，我都是真正的"飞毛腿"。

我是一个热情的人，平时非常乐于助人，是同学眼中的"阳光男孩"。春游时，我总是竭力调动大家的积极性，又唱又跳，还想出各种游戏，让大家都来参与，把每个人的情绪都调动起来。我还是一个孜孜不倦的"故事大王"，身边总围着一群想听我讲故事的人，因为我读书多，故事总是信手拈来。

红字的读音像"宏"，也像"鸿"。我想我会是一只飞鸿，飞向蓝天；我想我会坐在《一千零一夜》故事中的红色飞毯上，飞向遥远的地方。我有宏大的理想：成为昆虫学家、贝类学家、历史学家、作家或翻译家……

蓝色

蓝色是有些凝重的，是大海的颜色，它是那么深邃。在知识的大海上，我还是一条小鱼，但我愿意在其间遨游、成长。说起学习，我的毛病不少，有点毛糙，抄写句子总要涂涂改改，有时忘记加标点符号，但我不断地在进步，卷面越来越整洁。

在知识的大海里，我会越长越大，我会在成长中改进自己。我想象，我是一条大马林鱼，大到可以睥睨渔夫；我想象，我是一条蓝鲸，成为大海里巨大的存在；我想象，我是一只信天翁，在暴风雨中自由飞翔……

金色

金色代表什么？金色代表我所度过的童年时光。

我热爱一切昆虫，我喜欢捉各种鸣虫，如蟋蟀、油葫芦、石蛉、草蛉、金蛉子、竹蛉、金钟等。我在石头、草丛和树枝间搜寻，哪管蚊子多如牛毛，我抓虫子总是兴致不减。其中，威风凛凛的油葫芦、飞檐走壁的金钟、巧舌如簧的金铃子，它们的形象常常萦绕在我的心间。

金色也代表了我的各种收藏，比如钱币，比如邮票，比如贝壳，我的贝壳收藏达到了三千多种。金色的宝贝非常多：梦幻般的玛丽亚宝螺、灿烂的黄金宝螺、繁星般的金星宝螺、雄伟的雄鸡凤凰螺、柔美的大弹头螺、叶片漂亮的兰花骨螺、满身音乐的金乐谱涡螺……这些来自大海的骄子永远让我思潮起伏。

绿色

我也是一个非常热心于环保的人。前段时间，我看了《像山那样思考》一文，它是美国作家、"近代环保之父"奥尔多·利奥波德创作的一则随笔，揭示了在人类愚蠢的种种行为背后，隐藏着巨大的自然破坏和生存危机，比如狼被大量屠杀，导致了鹿群暴增，草原生态受到了破坏。利奥波德召唤我们"像山一样思考"，这给了我很大的启发。

我对各种昆虫有着自己的研究。我去西溪湿地观察鸟类，去植物园看花看植物，我希望这个世界的生物多样性能够尽量保持下去。

我最近在看《大灭绝时代》和《消失的动物：灭绝动物的最后影像》，希望我以后能够成为一个真正的环保卫士。

可有时，我也是灰色的，灰溜溜的，就像米老鼠，但我喜欢米老鼠的顽强，它被大车碾成一张皮，可是，它向上一跳，又活蹦乱跳了。

我是多彩的，我是乐观的。我如阳光的七色，七色的阳光……

当然，我是多彩的。就像我收藏的多彩榧螺一样，有黄的，有金的，有粉的，有红的，有橙的，有灰的，有褐的，有紫的……还有好多各种颜色混杂在一起，有的像水晶，有的像电波，有的像风景画，有的像山川……

刘息壤/文，六年级

想念以前的我

蒙尘的童车，
静静地躺在屋角。
我好想再骑在它的身上，
骑着它到处飞跑。

可它却说：
你不是以前的你了，
你的腿已变粗变长，
体重也像一头大象。
我疑惑地望着自己的腿，
哦，原来我已成了大人的模样。

毛茸茸的布偶熊，
再次被我抱着。
我好想重新和它交朋友，
抱着它进入甜甜的梦乡。

可它却说：
不要，不要，
你不是以前的你了，

看你那粗大的手掌，

我吓得心里慌张。

我疑惑地看着自己的手，

哦，原来我已成了大人的模样。

花花斑斑的小裙子，

再次被我撞上。

我好想重新穿上它，

穿上它在大床上蹦跳。

可它却说：

不要不要，

你不是以前的你了，

即使你把我勉强穿上，

我的裙摆也不会随风飘扬。

我疑惑地看着自己的身体，

哦，原来我已长成大人的模样。

我想念童年的时光，

我更憧憬大人的模样。

孙丽丹/文，五年级　指导老师：潘海鸯

奋不顾身的母鸡

"绿树村边合，青山郭外斜。"说起乡下，脑海里首先蹦出唐代诗人孟浩然的这句诗。我的家乡正是这样的地方，那里绿树成荫，峰峦起伏，更有花香鸟语，牛羊结队，鸡鸭成群。

一天，我去乡下堂弟家玩，见门前的笼子里有三只母鸡，只只又大又美，尖尖的嘴巴，小而明亮的眼睛，光鲜的羽毛。我问堂弟，它们吃什么？"它们？"老弟一字一顿地说，"吃、树、叶"。我飞快地摘下几片树叶，走到笼子旁，把笼门打开。这不开不要紧，一开倒是把它们吓得四处逃跑，还边跑边"咯咯咯"地叫着，似乎在对同伴说：快跑啊，不然就要被重新抓回笼子里了！"嘿，快给我回来！"我气得大叫，它们却飞也似的跑得不见踪影。

我只好拿着树叶转向另一个竹篓里的母鸡。它似乎在睡觉，又似乎在沉思，见人来了，也不跑。我便走过去说："哈，就你乖了。"说着，便把手伸进鸡窝里，那母鸡见了，脖子上的毛立马直了起来，用它那尖嘴啄了一下我的手。"妈呀！痛死了。"我的手闪电般地缩回来，一点鲜血从手上渗出来。

堂弟说："只有人在犯小鸡时，母鸡才会这么厉害的。"难道母鸡有鸡宝宝了？我左瞧右瞧，上看下看，终于在母鸡的翅膀下看到一点黄粉粉的颜色，呀！果真有小鸡宝宝！真可爱呀，红红的嘴像春天里桃树上初长出的嫩芽儿，小小的身子毛茸茸的，像一个棉球儿，它们正依偎在鸡妈妈的身体下呢。

我趁母鸡不注意，快速地抓走一只鸡宝宝，哈，毛好软，摸起来软绵绵的，我爱不释手。但很快，鸡妈妈发现了，便起身，脖子上的毛又直起来，发出一声声可怕的咯咯声，仿佛在说："放下我的孩子，否则后果你是知道的。""切！别那么小气，不就抱一下嘛？何必那么凶？"被我这么一说，母鸡发飙了，身上的毛一根根直起来，展开翅膀，似乎要跟我来一场决斗。我心想，妈呀！好女不吃眼前亏，溜！

　　我和母鸡上演了一场猫捉老鼠的游戏。我在前面跑，母鸡在后面追，不知怎的，我一个运动场上的赛跑健儿，却怎么也跑不过发飙的母鸡。眼看着没有退路了，我灵机一动：把小鸡放了，它应该不会追我了吧？就这样，我小心翼翼地把小鸡放到地上。小鸡见自己自由了，便抖抖身上的毛，小跑到妈妈身边。母鸡见小鸡平安回来了，便看着我，咯咯几下，仿佛在说：以后不准你再欺负我的孩子了！

　　我呆望着母鸡带着小鸡回巢的身影，为它们母子的团聚感到幸福，也为自己的鲁莽感到惭愧。世间的动物都有母爱，就像这奋不顾身的母鸡，母爱的力量是伟大的，也是令人肃然起敬的。

孙丽丹/文，四年级

关爱，犹如那盏明灯

寂静闷热的夜晚，只有令人厌烦的知了停在枝头凄厉地哀叫着，持续不断。莫名的烦闷缠绕在我心头，使我极不舒服。

在放学回家的路上，我努力让自己愉悦起来，却怎样使招也不行。我便叉着手，沉默着，脸上毫无表情地往家走。风刮着，呼呼声使人感到脊背莫名发凉。没办法，夏夜走夜路就这样。

我拿出钥匙，绕在手指头上玩弄着，那圆圆的钥匙扣总是让我感到轻松亲切。我把钥匙扣套在手指上，转来转去。拐进一条小巷，黑乎乎的，我的心一下子揪紧，总感觉可能有不好的事情会发生。我就这样忐忑忐忑地又走了一大段路。

正当我想着会发生什么，手指转得有些发抖，钥匙扣抖着飞离手指。我赶忙用手拼命去抓，结果却是把它打得更远。"叮"钥匙扣落在地上，发出清脆的声响。我愣了一会，便反应过来，趴在地上摸索着，寻找着那串钥匙的下落。可惜我左摸摸、右抓抓，只捡到几块小石子。

情急之下，我只好大喊："有谁能来帮帮我吗？我的钥匙不见了！"可是，任凭我怎么喊叫，路上没有一个人走过来，更没有一盏明灯跟在后面，眼前只是一片寂静。

我再次寻找着，依旧毫无结果。正当我接近绝望之时，前方突然一片光亮。我向后望去，一位素不相识的陌生人正拿着开了手电筒功能的手机，在我身后默默地站着，如松般挺立着。在那片光亮的照耀下，我急忙弯下身去捡那串钥匙。等我站起身来，还没有来得及说声谢谢，那位好心人已独自往不远处走了，望着他那渐行渐远的背影，我心中一股暖流涌上心头……

关爱，犹如那盏明灯，明亮又美好！

余星源/文，六年级　指导老师：吴玉芳

忆　友

曾在黑夜里哭泣，
只因那次分别。
望着你离去的背影，
多想幼时玩伴能够重聚。

回首往昔，
忆那些旧时童年时光：
在夕阳下的奔跑、
在游乐场的赛车、
在车库的枪战、
在竹林中的捉迷藏，
昔日好友，何忍于别?!

我离开了你们，
仿佛鱼离开了水，
鸟儿没了翅膀。
奈何心中万般不舍，
你依然是我内心
走了很远的牵挂。
朋友啊，你去了何方?

只因我们都年少不谙世事，

未曾留下对方电话号码。

如果长大，

多希望某年某月某日

在某个地方，

与你不期而遇。

只想让你知道，

这些年，你一直是我不曾忘却的童年记忆……

魏明阳/文，五年级　指导老师：路蓉

拔牙记

俗话说，眼睛是心灵的窗户，那么我觉得牙齿就是微笑的门面。可能很多人觉得换牙是件很痛苦的事情，但是我却有不同的感受，心里有些害怕，又有些期待。仿佛期待着种子发芽，期待微笑能够像花儿一样灿烂，希望自己能够换成一副完美的恒牙。有时候躺在床上夜深人静的时候，真的能感受到牙床里的恒牙正在慢慢成长，这种感受妙极了。

乳牙有门牙、尖牙和磨牙三种，更换的过程各不相同，大家肯定会觉得拔门牙最轻松，而磨牙最痛吧？其实并非如此，让我细细说来。

先说拔门牙，我的门牙都是在幼儿园大班的时候换的。那时候还小，牙齿欲掉未掉的时候，我让妈妈赶紧带我去看牙医，谁知道医生根本不当回事情，轻描淡写地说道："门牙没有牙根的，自己回去多摇摇就会掉，不用来诊所拔的。"结果呢，我只好自己拼命动手摇，居然真的摇下来了，但同时感受到了一阵疼痛穿过我幼小的心灵，"金豆"也就不争气地从我眼中滑落下来。不过现在回忆起来，之所以对那时的印象深刻，估计一半是痛的，一半是吓的！

换门牙过程是咧开嘴缺口，讲起话漏风，可以用"丑"字来概括。那么换尖牙，就可以用"惨"字来形容了。

拔尖牙是最痛苦的，因为尖牙有牙根，长得深，同时又没达到打麻药的标准，而且牙齿太尖自己很难拔，非得去牙科诊所不可。当医生拿出那把让我心惊胆战的拔牙钳时，我赶紧闭上眼睛拼命跟自己说：

"一点也不痛，很快就好了！"但事实证明我错了，医生一点都不会手软，拔牙那叫一个快准狠啊，特制的钳子稳稳地夹住牙齿，就那么一转一提之间，我感受到了心碎的咔嚓声和钻心的酸痛。不仅如此，拔了尖牙的那一边就没办法咬我最爱的牛肉了，别提有多惨了！

尖牙换完没多久，就迎来第一颗磨牙的更换了，有了前几次的经历，我想这次拔牙无异于要经历百倍的痛苦了吧！

到了诊所，医生显得非常谨慎，先让我去拍片，判断牙齿的大小和牙根的位置，然后让我躺在手术椅上。我丝毫没有心情去感受身下椅子的高科技，只觉得度秒如年。我张大嘴就如同待宰的羔羊，模糊间，只听医生说道："拔好了，可以起来了。"什么？医生是在跟我开玩笑吗？我没敢从椅子上起身，先用舌头舔了一下牙齿的位置，果然空空如也，牙齿居然自己掉了吗？后来才知道，原来是刚才拍完片时，医生往我的牙齿上喷了麻醉剂，这是拔磨牙的特殊待遇，所以我才一点都没有觉得痛。啥也没感觉到呢，牙齿已经被拔掉了，我的心情立马从地狱升入了天堂，真是虚惊一场啊。

后来，我的乳牙慢慢都替换成了恒牙，牙齿刚萌出的时候就如同盖着白被子的小婴儿，但很快就长成了一排整齐的士兵。不经历痛苦，就不懂得收获的珍贵，我每天都仔细刷牙呵护备至。现在，每当我绽放笑容的时候，都喜欢露出新换好的恒牙，也最爱听别人夸我的牙齿既整齐又漂亮！

黄予聪/文，五年级　指导老师：黄利文

245

比风景更宝贵的是艰辛

曾经有人问我什么是世界上最美的，我说是风景。她接着问我还有比风景更美的吗？我说有，风景背后的艰辛。

我五岁的时候，不会吃苦，碰到一点困难立马灰心丧气，简直就是小公主的翻版。父亲沉思许久，决定带我去爬揽胜门。

刚开始，我非常开心，小孩子嘛，就喜欢去外面走走。可惜，我属于那种三分钟热度的人，没过多久我就开始抱怨了。

"这什么破地方啊？台阶后接着还是台阶！"我怒吼道。

"继续爬吧，才不到两百个台阶而已，我还跟你一起爬呢！"爸爸异常冷静地说。

"不要，我偏不！凭什么要我爬。"我气得直跺脚，一屁股坐了下来。

"起来，继续！坚持就是胜利！爸爸要生气了，你呀，就是娇气，就得好好训练训练。"

"不要，我不要，哼！你要爬就自己爬，我走不动了。"我发起脾气来，"我在这里等你。"

"不经历风雨，怎么见彩虹！你不知道吗？"爸爸厉声训斥道，"我没事干吗叫你爬？你还不起来？"

我自知说不过他，只好慢吞吞地起来接着往上走，尽管心里一万个不愿意，但我还是埋着头数着："1，2，3……"虽然越往上走，腿就像灌了铅一般，脚仿佛粘在台阶上了，但是我转念一想：爸爸为什么会无缘无故让我爬这么高的阶梯？这葫芦里究竟卖的是什么药呢？

这条阶梯真陡，让我举步维艰，唯恐摔倒。"186，187……198。"当我数到198时，终于，我和爸爸一起到达终点。我如泥般地摊在地上，擦了一把汗，瞄了一眼下面，啊！太美了！五彩缤纷的灯光在各式各样的建筑中不停闪烁着，如同梦幻般的仙境。

"美么？"耳边响起父亲的声音。

"美！真的很美！"我答应着，眼睛还盯着入神。

"对啊！宝剑锋从磨砺出，梅花香自苦寒来。如果你想看到这些美丽的风景，就必须得流下汗水。待到登顶处，当贵额鬓汗，你现在是不是非常感谢自己流过的汗水？生活不曾亏欠每一个人，你付出多少就会回报多少。如果你连一点小小的困难都要放弃，那你将来能干大事吗？记住，比风景更宝贵的是艰辛！"

比风景更宝贵的是艰辛——这句话时时刻刻鼓励着我。或许，这一小小的困难，会帮你开拓出一个美好的境界。

张馨媛/文，五年级　指导老师：鲍杏琴

一幅画的领悟

    我的爸爸妈妈都有着不错的绘画功底，受家庭影响，我也从小喜欢画画。记得三年级那会儿，我非常认真地用心花了整整一下午时间，画了一幅自认为很好看的画，我相信一定会得到爸爸妈妈的肯定和赞扬。

    上色完工后，我先给妈妈看了我的作品，她从一看到那幅画起，眼里就闪出了异样的光彩，惊喜地对我说："小柯，没想到你画得这么棒，真是有点出乎我意料啊，比以前提高了不止一个档次啊，画得非常漂亮！"我听了露出了得意的笑容，完全在我意料之中。随即，我心想，既然绘画功底不错的妈妈都给了我肯定，那受过专业绘画培训的爸爸估计也会对我的作品赞不绝口。能得到专业级别的赞美，想想都让人兴奋！

    我不时盯着墙上的挂钟，看着时间一分一秒地过去，爸爸怎么还不回来呢？我等得有点不耐烦了，真想现在就马上让他飞回来，对我好好夸奖一番！

    "咚咚咚"敲门声响起，肯定是爸爸回来了，我一阵风似的跑过去开门，"啊！"在开门的一瞬间，我失望地叫了出来，原来是快递小哥来送快递的。我一边叫出妈妈来签收，一边失落地坐回沙发，愣愣地看着自己的画作，思考着是否哪里可以再精修一下，使作品更加完美。不一会儿，我就修改和添加了几个部位，上色后自我感觉更好了，有种锦上添花的感觉。

终于，让我久等的爸爸回家了，还没等他进门换好鞋，我就把画作展示到他面前，并大声说道："老爸，这是我的佳作，请你过目点评！"爸爸接过画作，聚精会神地查看起来，我偷偷观察着爸爸的神态，只见他眯着眼，推近拉远地看着，脸上始终是一副让我琢磨不透、似笑非笑的表情，这让我心里没底了，只好在心里默念"快表扬我吧"。谁知爸爸看完后，眉头一皱对我说道："这幅画从整体构思布局到局部特写描绘，你觉得好在哪里？我怎么觉得还没你原先画得好呢？看来你得继续努力啊！"我一听，整个人顿时犹如掉进了冰窖，刚刚还高涨的热情一下子从头凉到脚，委屈的眼泪瞬间夺眶而出……

直到后来，妈妈才告诉我，那天爸爸其实从一看到那幅画起就觉得我进步很大，特地反复看了又看。在夸奖的话要说出的一瞬间，考虑到我那一副自满的神态，就想给我点挫折感，所以才出口成了批评，其实爸爸是怕我骄傲自满，自以为是，水平停滞不前，影响我的上升空间。

听了妈妈的一番话，让我明白了不论画得美也好，画得丑也罢。在父母眼里，不单单是绘画，其实任何事情，我只要怀着一颗谦虚之心，并努力用心去做，就是最棒的！对于我来说，不管父母真心表扬也好，故意批评也罢，其实都是他们对我真挚的爱！

在父母不同表达方式的鼓舞下，我在成长的道路上，在逆境中，能正确正视自我，做更好的自己，并不断努力向前……

钱柯怡/文，五年级　指导老师：陈杰

大暑·凉亭

放暑假了，我回到外婆家。今天是农历二十四节气中的大暑，阳光炙烤着大地，走到哪儿都热得像个蒸笼。燥热正蚕食着我心中的宁静，我漫无目的地在这片田野上走动，看到远处的一座凉亭。

我步入凉亭，踩着略烫的石板，注视着那一根根木条搭成的屋檐。这凉亭，是广阔田野中的唯一风景。凉亭里有六七个大人和几个小孩在乘凉、玩耍。这时候有一位老人正推着一辆小车进来，卖仙草做的凉粉。他的脸上布满岁月的阡陌，慈祥地笑着，皮肤黝黑，一双手长满老茧，脖子上挂着一串被磨得光滑的佛珠。他并不像街头的小贩那样吆喝，而是坐下，用那双看似笨拙此刻却十分灵敏的手拨动着佛珠，念着佛经，双眼微闭。他的佛经声立马安抚了我的心，使我平静下来。

曾听外婆说过："六月大暑吃仙草，活如神仙不会老。"对于口中干渴难耐的我，一碗仙草凉粉就是"及时雨"啊。老人见我靠近，对我说："我这凉粉可是拿干仙草做的，是上好的凉粉，才五元一碗，城里要卖十元哩！"我赶忙说："老人家，来一碗吧。"老人微笑着，不紧不慢地用一个勺子将仙草凉粉装入碗中，又舀入一小勺白糖。我接过冰凉的仙草凉粉，吃了起来。香甜的仙草味弥漫在我的口齿间，冲散了浑身的燥热，使我顿觉神清气爽。我慢慢地品完这碗仙草凉粉，好似品尝人世间最好的美味佳肴。而那位老人，则笑着看着我，然后就念他的佛经去了。

过了一会儿，也许老人念经口干了，便放下了佛珠，拿出自带的水壶，喝起水来。我不解地问："您为什么不吃自己做的仙草凉粉呢?"他又笑了，对我说："这仙草凉粉，我是拿来卖钱的，我自己只喝水!"我又问："您不觉得辛苦吗?""不，要记住，一切都是最好的安排。"说罢，他又念起了佛经……

在这之后，每当我遇到学习和生活中的困难、挫折时，我都会想起这位老人说的话，"一切都是最好的安排"。这位老人是我心中的一座凉亭，给我疲惫的心灵以安顿的地方。

金奇/文，五年级

叹往昔，忆今朝

一别故地近三年，物是人非无处栖。
恩师那日留言语，今朝翻来仅叹息。
故友已步步高升，唯余仍深深自欺。
即便哪日再重逢，心已疏远情已稀。

张彬艳/文，九年级

生　命

　　我经常想，生命是什么？

　　还记得有一次，我在公园里边观察油菜花。我轻轻地碰了一下果荚，果荚立刻炸裂，把油菜种子弹了出来，有一颗种子却弹到了砖瓦下的泥土里，它能在砖瓦下生存吗？仅仅过了几天，种子竟然冒出了新芽，它的生命力多么顽强！虽然砖瓦挡住了它，可它不屈向上，茁壮成长！为自己开辟了一块新天地。小小的种子有这样的好品质，让我不禁赞叹！

　　曾经，我在千岛湖观鱼的时候，看见有一条鱼竟蹦到了长长的木板上，怎么办啊？我很焦急，如果小鱼得不到水，它就会这样死去！只见那时，小鱼挣扎着，把鱼尾奋力地甩了起来，那生命的力量是多么强大、多么强烈！它又极力跃动身体，继续快速甩动鱼尾，一扭一扭地，嘴巴一张一张，将自己滑回水中。危机解除，小鱼用一颗无比热爱生命的心救了自己的生命。

　　一颗小小的油菜种子，包含着无比顽强的生命力；一条小小的鱼儿，拥有一颗热爱生命的心。我们也要热爱生命，好好读书，天天向上，充实地度过每一天，好好过我们的生活。

余周颖/文，四年级

一瓶牛奶

记得在我刚进小学读书的时候，我总是喜欢一边做作业一边吃东西，时不时地就会把果汁、饼干屑、巧克力末这些零食弄得作业本、桌子上到处都是。妈妈说过我好多次，我都没有在意。

结果有一次，我把整整一瓶牛奶打翻在了桌子上。牛奶倒满了一桌，作业本、书全都浸在了牛奶里，牛奶还顺着桌子，一滴一滴地滴到了地上。我慌了，脑子里一片空白，不知该怎么办，我大声喊着："妈妈，快来呀，我把牛奶打翻了……"

妈妈听到后，连忙拿着几块抹布冲进我的房间。只见妈妈立刻扶起打翻的牛奶瓶，捞起浸湿的作业本和书，将一块抹布铺在地上，一块抹布压在满是牛奶的桌子上。然后妈妈又用纸巾迅速地吸干书本上的牛奶，清理完书本后，再用抹布清理干净桌子和地上的牛奶。

我哆哆嗦嗦地站在一边，屏住呼吸。心里仿佛有只小兔子在跑，都快跑到我的嗓子眼了，眼泪在眼眶里直打转，心想：这次大祸临头了！早该听妈妈的话，不要一边做作业一边吃东西的……

"囡囡，你走过来！"妈妈说，"到妈妈这来！"

我慢慢地挪到妈妈身边，她一把搂住我说："囡囡，是不是吓到了？不用怕！妈妈早就跟你说过，做事不能一心二用，小错不改酿大祸。今天，你看到了吧！"

我羞愧地低下了头："对不起，妈妈，我知道错了。以后我一定会改。"

从那以后，我知道无论做什么事，都要专心致志。我再也不会边做作业边吃零食，也不会边吃饭边看电视，更不会边学习边想玩耍……生活中的每一个细节，都在促进我成长；生活中的每一次经历，都会让我懂得人生中的大道理。

余周颖/文，四年级

照片里的故事

轻轻拂去照片上的尘埃，打开一段记忆……

那年，我七岁，他十岁。阳光灿烂，我和他一起在草地上嬉戏打闹，好不快乐。我俩在草地上打两个滚，拔几根草，抓几只蝈蝈，赛几趟跑，没有注意到天上已笼罩了一片乌云。玩着玩着，我一摸脸颊，有几滴水，本以为是汗，可后来朝天上一看，下雨了！天上好像裂了道口子，雨全部落了下来，大雨倾盆。我俩马上就被淋湿了。

我手足无措，"怎么办？怎么办啊？"几乎都要哭了出来。他也同样十分慌张。大雨打在头上，让人冷得一激灵。漫天都是雨，地上的泥土变得泥泞不堪。他眉头紧锁，想了一会儿，便立马脱下了外套，罩在我俩头上："走，先找个躲雨的地方。"我跟着他跑。只见两个小孩在雨中狂奔，四只小手共同举一件外套。那件外套，怎么看都好像几乎全部盖在小一点的孩子身上……

"呼。"我坐在一个亭子里。"啊，"他说，"雨真够大的"。向外看去，一片片灰蒙蒙的世界，树叶仿佛随时都会因经不住雨水的敲打而下坠，开得那么美的花都黯然失色，哪还有什么动物？我见他有些微微发抖，白色的T恤被雨打得几近透明。头上的水一滴滴滴下来，仿佛永远也滴不完了。忽然，他猛地咳嗽几声。那时，我还不忘嘲笑他一句，"哈哈哈，这就感冒了"。"才，才不是呢！"在我俩的拌嘴中，雨也慢慢地小了。

回到家中，妈妈看见我俩，又好气又好笑。两个人，明显是淋了雨了，像落汤鸡一样，可脸上都挂着笑容，丝毫不难过。妈妈就拍下了照片。那张照片中，我和他勾肩搭背，两人都在傻笑，身后的万物都挂着雨珠。我俩心里都像挂着一个小太阳一样，无限阳光，无限灿烂。

施雷/文，八年级

献给开学第一课

家里的书柜上摆放着妈妈给我买的很多有关学习的书，只要在家，可以随手拿一本翻阅。前段时间，一个偶然的机会，我翻阅到了《你不努力谁也给不了你想要的生活》这本书，并认真地读完了。

这是一本励志的书，书中阐释了你想要什么样的生活，只能靠自己的努力所得，真的只能靠自己。首先，你一定要明白，什么才是你想要的生活。被尊重、被爱、财富、快乐？其实，你想要的幸福生活，全来自你的努力。唯有靠自己的努力和勤奋，才能让你过上自己想要的生活。

如果我早一天发现并读到这本书，也许有些不该做的事情就不会做了。我记得有一次下雨天，我穿了新买的小白鞋，不敢让鞋面碰上一点水，但结果还是脏了。心爱的小白鞋这样面目全非了，当时我心里很是难受。直到我读到这本书时，才知道作者也有一样的经历，但过程却完全不一样，她是当作一种享受，脏了就脏了，没关系，还是可以洗干净的，我却和她完全相反。

通过阅读这本书和我原先处理小白鞋的事情，我明白，无论是在学习的过程中，还是在平时的生活里，我们都会遇到这样那样的不如意，我们应该克服过程中的种种困难，努力奋斗，自信地去学习和生活，才能到达自己理想的彼岸。

李阳/文，七年级　指导老师：汤小芬

竹的启示

　　竹子，是我见过的最顽强不屈的植物。杭州最近忽冷忽热，一下烈日炎炎，一下暴雨如注，而竹子却突破重重难关，依然昂首挺立。

　　我仔细观察过竹子：一竿竿直直细细，却苍翠挺拔，竹叶上留着风雨后的痕迹，竹竿上也有一条条清晰的白印，大概是被山坡上滚下的碎石撞击后留下的疤吧。从竹竿的上方往下移动视线，主干越来越粗，而上面的白印也越来越密集，在翠绿的竹竿上显得格外狰狞。竹叶也是饱受风霜，有的叶面发黄，带着点点黑斑；有的叶面破损，露出根根叶脉；有的已经被风吹走了，只剩下叶柄孤零零地矗立在寒风中。尽管它被大自然折磨得狼狈不堪，但它对生命的渴望，战胜了所有的风霜雨露。正如郑板桥所写的《竹石》："咬定青山不放松，立根原在破岩中。千磨万击还坚劲，任尔东西南北风。"

　　竹子这种顽强不屈的精神值得我们敬佩，值得我们学习。我们在人生路上，总会遇到各种各样的困难，所以我们要像竹子一样，昂首挺胸，勇于面对，勇于挑战。为什么有些人会败在困难的脚下？就是因为他们没有战胜困难的勇气和决心，或是失败了一次后，就再也没法面对困难了。不经历风雨，怎能见彩虹？我们要像竹子一样"咬定青山不放松"，终有一天，我们会迎来自己人生中的彩虹。

陈正焯/文，四年级

遇见另一个自己

我正埋头写作业，忽然有人拍了拍我的肩，回头一看，竟是一个面貌和我如此相似的人，衣着也一模一样。我有些吃惊，不知所措。她却笑笑，手指了指前面说："作业写累了，出来逛逛。"我顺着她指的方向望去。哦，天哪！镜子！镜子里竟然没有一个人影！我惊呆了。

"我时间不多，就是来问你一个问题。"她确定我在听后，继续说："为什么要写那么多作业？"她指着桌上的一大摞书，用疑惑又带有埋怨的眼神看着我。

"为了以后有好工作，赚更多钱呗。"我不假思索地说。

"钱？"她的语气有些不屑，"钱多钱少不一样过日子？你为了钱就这样辛苦我吗？"我竟无言以对。

"格子有很多种，画的方式也有很多种"，她叹了口气，"但这是上帝的安排，你想逃都逃不掉。于是人们都希望挤进那最好的格子画上自己的画。因为格子的大小是有限的，这就意味着要花更大的力气。而你也不可能永远待在这个格子里，也不可能将你的画永远保留下来。如果有一天，等你跳出上帝那所钟爱的格子网，站在一个全新的角度眺望，你就能看清了"。

确实，她的话不无道理。"那我要怎么做才能跳出'上帝的格子'呢？"

"当，当，当……"窗外传来午夜的钟声，她的脸霎时变得惨白。这时，似乎有一股无形的引力将她拉向镜子。此时此刻我唯恐失去这心中的灯塔，慌忙站起来，伸手去拉她。我确信够到她了，手里抓到的却只是空气。

"要换一种……"话还没说完，她已经被镜子吞没，房间里又是那么沉寂，但不同于之前的，镜子里依旧还是那个模仿我动作的影子。

她让我遇见了另一个全新的自己，却匆匆地走了，没有留下答案，只在我心中留下了一盏永远的明灯。

潘林玥/文，高一

最后一次来到荒野

她最后一次来到这荒野，静静坐在无人的地上，炽热的风中夹杂着泥土的气味，她茫然地望向漆黑的天空，泪缓缓落下，一抚手中的长琴，声调低沉而哀婉，诉说着一个平凡却又不平凡的故事。

天热得简直不像话，汗水模糊了双眼，衣服紧紧贴在身上。有一个女孩走在这无人的街道上，她似乎不怕热。双唇因太久没有汲取水分而裂开，脸上呈现出惨白的颜色，女孩却浑然不觉，坚定地往前走。

几个小时后，夕阳渐落，暮色来临……她的心也越来越焦急，脸上早已分不清是汗水还是泪水，只知道，她必须这么走下去，也只能这么走下去。一步步濒临深渊，随时都有掉下去的可能。

今早，她满怀欣喜地去看望爷爷，却被告知爷爷在三天前已经下葬了。爷爷并不是他的亲爷爷，而是一个独处的老人。一次偶然的机会，她认识了这个博学多识却又一生坎坷的老人，他有一个不孝的儿子。

一有时间，她就会来这里，找爷爷聊天，天气凉爽时陪爷爷去外面走走。爷爷教她看书、写字、弹琴，把她从一个自卑的盲女变成如今眼中自带光芒的女孩，她甚至想过以后的每一天都要陪爷爷看日出日落。每一次，她都能嗅到阳光的味道。清晨的阳光微弱，傍晚的阳光温馨。

可现在，一切都结束了，她又回到了那个黑暗的世界。她知道，深渊正在凝望着她，可她却无法自拔。她把一切都想到了，却忽略了爷爷的年龄，他记忆中的爷爷应该是健谈的，是爽朗的，是有着健康的体魄的。她想逃避，想永远离开这里，她又没有家了。只有爷爷在的地方才是家，才有温暖。

可她只能被动接受。因为她的眼睛天生就有疾病，什么都看不见，所以，她没有发现爷爷头上的白发早已从花白变成了全白。她没有发现爷爷的背早已不挺拔，她没有发现爷爷的房间里堆满了抑制心脏病的药物。她只能听到最后的结果，这就是她的宿命。

现在，她终于从上学的地方走到了这片荒野，第一次，她在这里遇见爷爷，她有了家。现在，也是最后一次，她来到这里，用爷爷给她的琴弹奏，送爷爷最后一程。

为了练好琴，她的手早已磨破，没日没夜地练习，只为了给爷爷一个惊喜，如今只能用这血与泪将记忆封存。所以今夜，她可以放肆地活一回，可以大声哭出来，她要让爷爷听到，这个世界不如他想的那么好，所以，不必愧疚先行一步。

旭日东升，一切都结束了，她没有步入深渊。她走出来了，她能看见了，看见了阳光，夹杂着泥土味的阳光。

林珑轩/文，九年级

健身场，我们的乐园

在校园的东南角上，有一个健身场。那里有双杠、单杠、吊环、铁网等一大堆健身器材，是小朋友最喜欢的地方。

一到课间休息时间，健身场里就挤满了人，有的玩吊环，有的玩单杠，还有的爬铁网。一次，我看到好几个高年级的人在玩倒挂金钩。他们用双手抓住一根杠，双腿抬到另外一根杠上，用腿弯夹紧，然后放开双手，整个人就倒挂起来了，活像一只大蝙蝠，看起来超酷。我也照样子试了一下，一学就会，不过挂久了会头晕，想吐。

在健身场，最让我印象深刻的莫过于那一根根爬杆。三年级时，只要晚上有时间，我必定会到健身场去爬杆子。慢慢地，我的爬杆技术就变得炉火纯青了。杆子有五米高，别人半小时都不一定爬得上去，我只需轻轻一跳，蹿上杆子，再用双手交替向上爬，只用十几秒就爬到杆顶了。这时，人们就会发出阵阵惊叹。班里三分之一的同学都找我学习爬杆技巧。那个学期的爬杆考试中，在小组里，我第一个爬上了杆顶，同学们就大喊我的外号——"猴子"。这次考试，我们班全部合格，我非常开心，因为这其中也有我的一份功劳。

健身场留下了我们多少快乐回忆。在我们心中，这就是我们的乐园！

汪序/文，四年级

给天堂小乌龟的一封信

亲爱的小乌龟：

你好！

我又开始想你了，自从你去世后，家里少了你小小的身影，我觉得一切都空荡荡的。回想起以前，每当我感到孤单寂寞时，我总会来和你玩，看你一边快乐地品尝美食，一边快活地游泳，我就会被逗得哈哈大笑，心情也变得格外舒畅。

其实，除了想念你，我还想对你说声"对不起"，因为你的去世都是我的疏忽造成的。暑假时，我急着和爸爸妈妈去桂林欣赏美景，不方便带上你，便留下你帮忙看家。我心想，三四天时间，你这个"乌小强"一定可以的。谁知道，武汉的天气太炎热了，你既没有美味的食物吃，也没有新鲜的水喝。等我回来时，你已经得了重病，用无力的眼神望着我，不吃不喝地蹲在鹅卵石上。我想尽了一切办法医治你，却没有任何效果。十几天后，你还是离我而去。我感到非常难过，忍不住流下了眼泪。

你去世后，我将你埋在了楼上的花坛里。我仿佛看见你化为一缕青烟升上了天堂。你在天堂过得好吗？是否还记得我？我曾经看过一部电影——《寻梦环游记》，从电影里我知道了只要人世间有人还记得天堂中的人，那被惦记的人就永远不会消失，并且会在亡灵节回来看望自己的亲人。而我一直都想念着你，我相信你也不会消失，也一定会在清明节回来探望我，和我分享你和新主人之间有趣的故事，对吗？

如果你在天堂收到了我的信，希望你能原谅我的过错，并给我一个回音。

祝

在天堂里健健康康、开开心心！

你的旧主人：优优

江天韵/文，三年级　指导老师：闵晶

亲爱的小眉

你有着春天的活泼，
有你，便春暖花开，杏红柳绿。

你有着夏天的热情，
你在，便舞姿绰约，乐音袅袅。

你有着秋天的深沉，
当你看书的时候，眉头紧锁，是那样专注。

你有着冬天的澄澈，
白皙的皮肤，两根麻花辫又粗又长。

古灵精怪的你，可爱的你。

张樾/文，三年级　指导老师：施青娜

从『颜值』到精神

"红船"得名于颜色，但她更是一种精神。

红船领航，历经沧桑，

一个个鲜活的人物，

加深了我对"红船"的另一种认识。

从他们身上，我深切地感受到了伟大的"红船精神"。

拐角处的修车棚

"呼——"寒冬腊月的一个星期六早上，骑上心爱的自行车，我出发了，今天的目的——寻找身边的红船精神。

来到中河路上，天空竟下起了雨，我急忙加大"马力"，想要找个避雨的地方。速度刚加快一点，却听到"嘭"的一声，"啊，不妙！"一个趔趄，我扑倒在地。还好，只是手上蹭破了一点皮，可自行车却受"重伤"了——链条完全断了！我吓呆了，僵在原地……

就在这时，头顶上突然出现一把蓝色的伞，我扭头一看，原来是位身着中山服的大伯，眼神中充满了关切，让我感到一阵温暖！

"小朋友，车坏了？我正好去修车棚，走，到我那儿去，就在前面拐角处。"

这是一个简陋但温馨的修车棚，大伯递给我一条干毛巾示意我擦干身上的雨水。我有些腼腆地问："请问您是?"他眨眨眼，微笑着说："我是路边的一位修车工呀！"一边说一边从他身后大木箱里，拎出大保温壶和干净的玻璃杯。"来，喝点我煮的姜茶，暖暖身子。"我接过冒着热气的杯子，一股暖流渗入心田。与此同时，我分明看到了一双粗糙且布满裂痕的手！

只见他麻利地拿出螺丝刀、销钉、机油等放在自行车旁边，然后坐定，开始一丝不苟地忙活了。尽管链条上沾满了油污，但他全然不在乎，一分钟，两分钟……八分钟过去了，他突然站起身，把手放在嘴边使劲哈了两口气，欣喜地说："哈哈，大功告成！"

还没等我张嘴，他又补充说："等等，我给链条加点润滑油，这样你蹬起来更省力。"

此刻，雨渐停，可我眼前却一片模糊。我轻声问："大伯，修理费多少？"我把手伸进口袋拿钱。"不，不，不用，免费修理！"他斩钉截铁地摆手道。"可这么冷的天，您手都冻僵了，还为我换了新零件，怎么可以？"我开始哽咽。"没事，几个小零件不值钱的。再说，尽我所能，做一点小奉献，我很快乐呀！"他爽朗地笑了。

我还要坚持给修理费，这时门口来了位大妈："老孔啊，又来麻烦你了，我的'宝马'扎了个钉子。""好嘞——"原来，大伯姓孔。

大妈悄悄告诉我，这位孔大伯是位公交车司机，每天利用下班休息的时间为过路人免费修单车，大年夜也没中断过，算来都快三十个年头了！

我豁然开朗，突然意识到苦苦寻觅的红船精神不就在眼前吗?！奉献着，快乐着！三十年如一日，多么可敬可爱的孔大伯！

虽是寒冬，拐角处的修车棚里却温暖如春。我抬头望天，看到彩霞一片。

熊宇涵/文，五年级　指导老师：傅素珍

舅爷的老相册

"舅爷，我们来啦！"一进郊外的养老院大门，我就直奔舅爷的屋子。

胡子花白的舅爷正坐在窗边看报纸，看到我跑进来，一边开心地招呼我，一边忙着从柜子里摸出点心、果子往我手里塞。

趁大人们说话，我站在书架前翻翻看看。咦？正翻着，就看到一本磨破了边的相册。

看到我费力地搬出相册，爸爸一边赶紧过来帮我接住，一边责怪我："小心点，别摔坏了，这可珍贵着呢！"

舅爷看过来，呵呵笑着说："不碍事。来，咱们一起看。"于是大家围到了饭桌旁。

"舅爷，你年轻的时候真帅！"

"可不是，舅爷读书的时候，不仅帅，学习还好呢！"爸爸插话道，"舅爷读书那会儿，正闹日本鬼子！可舅爷愣是一边躲日本兵，一边学习，等考陕县中学时，五百个考生中他得了第一名！"

"是呀，上了初中也不得安生，战争一来，老师们就带着我们在黄河两岸东躲西藏。就那样，课照上。只是条件太差，有时候就裹着稻草睡在地上，舅爷就是那时候得了风湿病的。"舅爷说着伸了伸手，手指都是弯的！

"后来呢？"我急切地问。

舅爷把相册向后翻了一页，指着一张黑白合影说："后来，河南沦陷了，取消了历史课和地理课，改教日语。舅爷和这几个要好的同学发誓：要打跑日本鬼子，还我新中国。于是，我们一起逃出沦陷区，到陕西投奔共产党!"

"再后来，新中国成立的时候，你舅爷又以三千人中的第一名考入了河南大学中文系。"爸爸用敬佩的语气接着说。

舅爷用粗糙的手抚摸着旧旧的相册，微笑着对我说："那是舅爷最开心的时候。"

张启悦/文，三年级　指导老师：童心

红船领航 奋发向前

　　1921年，一艘游船劈开了南湖的波浪，一群怀揣红色理想的热血青年运筹着改变中国未来命运的远大航程。历经九十七载峥嵘岁月，红船静静地停泊在南湖的湖面，向人们颂扬着"开天辟地、敢为人先的首创精神，坚定理想、百折不挠的奋斗精神，立党为公、忠诚为民的奉献精神"，也激励着我们全家人。

　　家中有一张我儿时的照片：一位九十三岁高龄的老人，手持五星红旗在跟我讲述革命往事。这位老人就是我的太爷爷。太爷爷出生在1921年。那年7月，"中共一大"在嘉兴南湖上秘密召开了。1940年，十九岁的太爷爷参加了中共地下党。1941年皖南事变，新四军遭受重创。在一次特务机关搜查中，太爷爷得到消息并及时传递了出去。为了躲避特务的追捕，他连夜踏上了一艘轮船，几经周折才脱了险。与地下组织失联期间，南湖红船点燃的革命火种，一直在太爷爷心中燃烧。这样艰苦卓绝的斗争一直持续到了1949年上海解放。

　　在那个白色恐怖的年代，太爷爷他们是如何坚持战斗的，是如何坚守自己的信念的，我不得而知。但我在太爷爷留下的不多的遗物中，看过一枚闪闪发亮的抗战胜利七十周年勋章。还有，以他们的地下工作经历为原型拍摄的电影《永不消逝的电波》，一直感染和激励了我家几代人。

　　为了寻访那条红色足迹，我们全家利用今年暑假参观了嘉兴南湖纪念馆，并在国庆期间以当年新四军在皖南的根据地为路线进行了自驾游。在父母的讲解中，我认识到了在那异常恶劣的生活条件和血雨腥风的历史环境中，红色信念和奉献精神是革命者们在艰苦岁月里舍身忘死的动力。

记得参观完南湖纪念馆，全家人都站在习近平爷爷的题词前留影，我感慨万千。虽然我只是一名三年级的小学生，但和平来之不易，如何做才能让红船精神离我们更近呢？

记得在2018年6月1日，我随妈妈乘坐杭州开往北京的高铁，广播里传来一位乘客突发疾病急需救治的消息。妈妈曾是一名护士，我拉着她的手说："妈妈，我们快去帮忙！"然后我随妈妈一同赶去患病乘客所在车厢。经过妈妈和另一位医生的全力抢救，十五分钟后，那个乘客转危为安，我才松了口气。大家看啊，红船精神并不是什么难以企及的高标准。它是一颗革命的种子，它是一朵爱心的小花，应该绽放在我们每个人的心田！

今天，那艘在暴风骤雨中砥砺前行的小红船早已蜕变成了驰骋四海的大航母。站在新时代的新起点上，它将继续扬帆远航。我们少先队员也要传承红船精神，奋发向前，让革命前辈们开创的伟业代代相传！

李卓欣/文，三年级

乡 情

萧然大地，风光无限。山清水秀，景色旖旎。其文明之光如星月之璀璨，受万人仰止；其民勤勉良善、励志图强、奔竞不息之精神，如马良之神笔，将萧然面貌焕然一新。

萧然东部，有一名山，一说王步山，又曰航坞山。山势险峻，形态蜿蜒逶迤。山脚藏一公园，竹径通幽，林茂花艳，溪涧潺潺。山之巅存有千年古刹白龙禅寺，始建于北宋年间，内有白龙井，活水清冽，常年不涸，堪称一奇。城内百姓富庶，又因近年另辟新路，致往来香客络绎不绝，庙宇香火鼎盛。

萧然西部，有一湖泊人称"湘湖"。此湖因其山秀而疏，水澄而清，邑人谓景之胜若潇湘然，遂得名。清代诗人周起莘称之为"涵虚天镜落灵湖"。晚清举人周易藻先生曾驾一叶扁舟，浏览湘湖，穷幽探隐，日夕始返，历经六个月，终编成《萧山湘湖志》八卷，后又续编一卷。湘湖青山环绕，景色宜人，曾有三十余座古寺、古庵和十余座亭阁镶嵌于山间湖畔，然岁月沧桑，寺庙亭阁惜毁，湖边杂草丛生，致使游客甚少来此游玩。后经有关部门修葺、改造，堪比仙境，若得浮生半日闲，此乃上佳去处也：或泛舟湖上，闻芰荷飘香；或午后漫步，赏芭蕉肥硕；或于回廊处小憩，听松风入弦窗；或邀青山入座，看白云慵起……湖畔之跨湖桥文化遗址，将浙江文明史追溯至八千年前。回首八千年，萧然先祖劈波斩浪之豪情与勇气令人赞叹，其留于后人之跨湖桥文化更显弥足珍贵。城山之巅，存有古城墙，乃越王勾践屯兵抗吴之重要军事堡垒，较之万里长城还早两百余年，素有"周朝胜迹，越代名山"之称。

然萧然胜状不在山水之间，而在乎民也。民者，萧然人也，日出而作、日落而息，周而复始，尤为勤业也。时人又恰遇改革浪潮，则顺势而为，遂有四十年之巨变。君且看高楼平地起，霓虹引人醉，车流如长龙，万家灯火似繁星。又有志气甚高者，如鲁公、徐公之辈，敢为天下先，勇立改革潮头，奔竞不息，书萧然传奇，创人间奇迹！抑或有那心地至纯至善之人，几十年里坚持日行一善，聚沙成塔，砌筑萧然精神之高楼。

"天行健，君子以自强不息；地势坤，君子以厚德载物。"吾当以此为座右铭，发奋学习，为明日萧然之繁荣贡献绵薄之力！

王嘉睿/文，四年级

非遗馆游记

　　己亥年暑假，作业缠身，烦躁不安。忽一日，感慈母恩，得夏令营活动，吾得以休闲片刻，遂感轻松，期望之。

　　至八月十六日晨，长途跋涉约半个时辰，到目的地——温州市非物质文化遗产馆，名曰"非遗馆"。

　　与慈母别，换制服，师详述今日项目。毕，乃携吾等观非遗馆。非遗馆坐拥珍品无数：百鸟灯、竹丝灯、华夏第一鼓、大龙舟……琳琅满目，数不胜数。

　　意犹未尽之时，身已随师去陶艺馆，学制陶器。

　　瓯窑历史悠久，源远流长。窑之形状：有长条龙形窑，有馒头状窑。师又曰："制陶器者，工序有八：洗陶泥，揉泥，拉坯，阴干，上釉，修底足，再上釉，烧制。其过程为一至两月长。"师述其制作过程，吾按其法，使混元之力揉泥，久，始得好泥。揉毕，师述如何拉坯，后让吾等自制。吾等排队以候师之指导，吾耐心无助，乃先制泥，然泥烂无形，无奈之，重揉，欲与师同制，师曰："汝为何不自制?"遂消吾念，自行先做，然忘师嘱，泥成稀泥，无法成形，留遗憾于合影之时。

　　至日中，用过午饭，师又携吾等去体验扎染。扎染有趣，以所扎之布系于绳之上，放于染缸，似垂钓。扎染完毕，精美之作，令吾等赞叹连连。

　　扎染过后，有一消遣项目，寻宝，有趣至极。吾任第一组之长，执示范卡，待得组员清楚规则后，飞奔入馆寻宝。至节目终时，吾组获次名，另有一组获首牌。待得太阳西斜，惜与组员别，与慈母还，甚悦! 特写此文，以此记之。

包天宇/文，五年级

从"颜值"到精神

1921年7月，一条小船起航了，"码头"是上海望志路106号，乘客十三人。它起锚于嘉兴南湖，航行在平静的湖面上，云舒云卷，烟雨蒙蒙，与美丽的烟雨楼相互辉映。小船静静靠岸，十几位或穿长衫或穿中山装或穿西装的志士悄然下船。没有人想到，在这条船上，诞生了伟大的中国共产党；没有人想到，这一刻，成为中国新的历史纪元；没有人想到，这条船，将掀起改变人类二十世纪历史的磅礴巨浪。这条小船，因此得名"红船"。

"红船"得名于颜色，但她更是一种精神。红船领航，历经沧桑，一个个鲜活的人物，加深了我对"红船"的另一种认识。从他们身上，我深切地感受到了伟大的"红船精神"，那就是首创、奋斗和奉献的精神。

一

他，在家乡简陋的柴房里，曾用板凳、铺板支起临时写字台，翻译了《共产党宣言》。母亲包了粽子并附上一碟红糖，叮嘱儿子趁热吃。可他一边全神贯注地翻译，一边吃粽子，竟把墨汁当作红糖蘸着吃了……他就是第一个翻译《共产党宣言》的人——陈望道。

她，曾经历了一百九十次实验失败，曾因做实验时没有通风设施，使自己的身体受到严重损害，但这丝毫没有阻碍她的斗志。她全然不顾，在几千种草药中进行筛选，难度如同大海捞针，屡战屡败，屡败屡战，失败并没有让她退缩。终于，在第一百九十一次实验中，她成功提炼了抗疟疾的有效成分——青蒿素。她就是我国第一个获得诺贝尔医学奖或生理奖的屠呦呦。

一个冲破传统思想的大政方针，改变了整个国家的命运；一项科研成果，推动了一个行业的前进。他们身上有着一种共同的精神品质：开天辟地、敢为人先。这，就是红船的"首创"精神。

二

港珠澳大桥，是连接香港、珠海、澳门的超大型跨海大桥，全长五十五千米，其中主体工程全长五十千米，是世界上最长的跨海大桥。海底隧道技术对中国的工程师们而言，是一片未知的领域。施工前期，本计划依赖荷兰公司合作完成，可最终因对方提出的高额费用而告终，最后是一群中国工程师们顶着极高的施工风险，用自己的坚守和奋斗，完成了这项世界伟大的工程……

20世纪80年代，中国女排创下了世界排球史上第一个"五连冠"的辉煌，后来又在2003年世界杯、2004年奥运会、2015年世界杯、2016年奥运四度获得冠军。伟大的成绩来源于伟大的"女排精神"：无私奉献、团结协作、顽强拼搏、永不言弃。

一群了不起的港珠澳大桥的建设者们，靠自己的坚忍和奋斗，完成了世界最长的跨海大桥；一群坚忍不拔的中国女排姑娘们，靠自己的刻苦和拼搏，获得了一个又一个世界冠军，为祖国争光。他们奋斗的背后潜藏了相同的精神品质：坚定理想，百折不挠。这，就是红船的"奋斗"精神。

三

中国原子弹之父钱三强、"两弹一星"元勋郭永怀和钱学森等百位科学家冲破了重重阻力，放弃了国外优越的研究条件，坚决地回到了祖国的怀抱。科学没有国界，但科学家却有祖国，他们爱国的精神让国人震撼。

"两弹一星"元勋郭永怀在飞机失事时与勤务员紧紧抱在一起，人都烧焦了，却完好地保护了数据。正是因为有了像郭永怀这样的志士和勇士，神州十一号、国产航母、大型飞机等一个个大国重器才能震惊世界。中国精神，凝聚在他们倾尽一生而打造的"大国重器"里；中国精神，镶嵌在他们那一颗颗爱国的赤子之心中。在他们身上，拥有一种高贵的精神品质："立党为公，忠诚为民"。这，就是红船的"奉献"精神。

秀水泱泱，红船依旧。2017年10月31日，习近平爷爷一行先后到上海瞻仰了中共一大会址，到浙江嘉兴瞻仰复建的南湖红船。在南湖革命纪念馆，习近平爷爷发表了重要讲话，重申了"红船精神"的内涵，并强调"要结合时代特点，大力弘扬红船精神"。

这一幕情景，与南湖红船上一大会议的景象，形成了穿越时空的呼应，一同定格在历史的长河中……当今天的人们再次站在湖边静观，这两个历史的镜头，已经融合成了一幅新的南湖烟雨图、时代风云图。

红船，从"颜值"到精神，在成长过程中，如影随形地影响着我们，激励我们培养毅力，不断创新，锤炼自己，奉献祖国……

刘怡琳/文，六年级　指导老师：李芸霞

家乡的母亲河

我的家乡在一个山清水秀、风景如画的地方，她的名字叫安吉。这里有漫山遍野的竹海，有翠绿清香的万亩白茶园，有景居合一的最美乡村，还有一条孕育着四十六万安吉人民的母亲河——西苕溪。

爷爷说，在他小的时候，母亲河十分美丽，河水清澈见底，鱼虾在河里游来游去。河上还时常看到长长的竹排，像一条长龙伏在水面上。夏天还有人在河里游泳，欢快的笑声传出很远很远。河两岸金黄的油菜花、碧绿的麦子，还有金灿灿的稻田，一年四季都那么美丽。

爸爸说，在他小时候，母亲河的水浑浊泛黄，河面上漂满了垃圾，上游的工厂里污水都排到了这里。站在河岸上放眼望去，河里全是一艘艘来来往往的运砂船，也没人游泳了。两岸的田地变成了采砂场，水的中央到处是采砂留下的小孤岛，一眼望去满目疮痍。

我说，现在的母亲河里垃圾不见了踪影，小孤岛也没有了，浑浊泛黄的河水也变得清澈见底。人们把工厂拆了，把砂矿取缔了，把河堤修成了漂亮的景观带，还在河边修建了公园，种上高高低低的树木、花草。吃过晚饭，有好多人在河边公园散步，母亲河在一天一天地变美。

一条河的变迁，见证了安吉发展所经历的曲折历程。痛苦过，我们才懂得珍惜；失去过，我们才明白人与自然和谐相处的重要性。环境，是我们人类赖以生存的基础，习爷爷说："绿水青山就是金山银山。"母亲河的变迁充分说明了当我们善待环境时，环境也向我们敞开绿色的怀抱。愿我的家乡——安吉，也像母亲河一样青山常在，绿水长流。

张芷墨/文，三年级　指导老师：胡雪琴

文明出行，安全出行

　　"红灯停，绿灯行，黄灯亮了等一等"这一简单的口号，每个人都该烂熟于心。可是真正遵守这句口号的，又有多少人？"安全"这个词就如同氧气和水一般重要，只要离开了这两者，任何人都不可能存活。由此也可见安全的重要性，只有文明出行才可以做到安全。

　　每天放学回家，学校门口、大街小巷都能看到各色行人及车辆违反交通规则的现象。闯红灯、电瓶车逆行、非机动车霸占机动车道，每天都上演着各式各样的"惊险场面"。我是一个遵守交通规则的小学生，平时还经常监督妈妈，出行时，必须严格按照交通规则走路和开车；在路上看到不按交通指示灯行走的小朋友或是大哥哥大姐姐，都会和他们讲解。虽然经常被人指责多管闲事，但我还是一直坚持这样做。

　　记得那是一个周五下午，我坐上了公交车回家，在座位上兴致勃勃地用耳机听歌。突然，公交车猛地紧急刹车，我差点从座位上摔下去。我拔下耳机，又愤怒又奇怪：干什么呀！为什么公交车会停下来？挤到前边去看，只见十几米外有一辆红色电动车，下面还压着一个棕黄色头发的年轻人。公交车司机打了双跳灯，麻利地从座位边拿出三角警示标，放在车身后，这时后面的车已排起了长队。公交车司机飞奔过去，将电瓶车扶起，还拉起了小伙子——他腿部流了好多血，估计骨头也断了。小伙子一直大声喊着："好痛！"这时"120"到了，交警叔叔也来了，勘测了现场，把电瓶车和公交车挪移到边上，让其他车辆正常通行。交警问了公交车司机当时情况及综合现场勘测，证实是电瓶车不按交通规则占用机动车道且横穿马路，公交车速度有点快、来不及刹车所致。这就是不遵守交通规则所付出的代价，不光是给自己生命带来危害，也给别人造成了困惑和麻烦。

我们这一代几乎都是独生子，被爸爸妈妈们捧为掌上明珠。无论得到了什么好东西，他们都会先给我们，让我们吃饱穿暖。可我们未曾想过，如果出了安全问题，这个幸福的家庭就会由此崩塌。这是一件多么恐怖的事件！

让我们遵守交通规则，做文明的表率，都安全出行、文明出行吧！

徐睿/文，六年级

这就是我的母亲

我最尊敬的人是我的妈妈，我最爱的人也是我的妈妈，是她给予了我生命，教会了我做人的道理。妈妈把最无私的爱都给了我，让我茁壮成长。

"俏丽若如三春之桃，青素若如九秋之菊"，这句话最适合形容我的妈妈。她有着一头乌亮浓黑的美发，像瀑布一样倾泻而下。弯弯的柳叶眉下是一双会说话的大眼睛，明净如琥珀，时而闪发着慈爱的亮光，时而闪烁着柔美的亮光……妈妈在陪伴我们时，微笑俏丽如阳春三月的桃花，芳菲鲜丽；在教育我们时，严肃清雅如九月的菊花，清秀傲然。

"好看的皮囊千篇一律，公益的灵魂万里挑一"，这句话最适合形容我的妈妈。她是社区妇联主席，亦是一名公益达人，建立了一支支巾帼志愿者队伍和小小志愿者队伍，带领着大小志愿者们参与剿灭劣Ⅴ类水、垃圾分类我先行、关爱聋哑儿童、慰问孤寡老人等活动。让我最为敬重的是，她在社区开设青少年经典国学公益课已经五年多了，不论刮风下雨都一直坚持着，传递给孩子们的是"孝字当头，礼字在后"的道理；为青少年儿童开展各类"传家训、立家规、扬家风"活动，把优秀之风带给身边的每一个孩子。她说："父母的身体力行是孩子最好的榜样。"周末，她经常带着我和妹妹参加各类公益活动，我和妹妹也是十足的公益小达人。

"清白家风不染尘，冰霜气骨玉精神"，这句话最适合形容我的妈妈。她是社区的纪委书记，从自身做起，从家庭做起，坚持勤俭节约的原则，不奢侈浪费，在我们的小家内营造了一种清廉、纯正、和谐的良好家风。

她还通过开展多种活动让廉政文化走进大家心中，带着党员们学党纪廉政规定，带着居民们唱廉政文化歌曲，带着孩子们观赏廉政书画艺术，大力营造以廉为荣、以贪为耻的良好风气。她时常说的一句话就是"忠诚、干净，担当是纪检干部的最低标准，对人民忠诚公正是我们工作的道德底线，干字当头，实字当先"。

这就是我的母亲——一位美而善的好妈妈，她用自己的实际行动践行着公益之风。

朱缪轩/文，四年级　指导老师：翁吉英

走进"永昌堡"感受爱国情

永昌堡是全国重点文物保护单位之一，是浙江温州龙湾的著名抗倭基地。一直以来，我对它的印象只停留在历史资料的介绍和大人讲的故事里。

今天，伴着和煦的阳光，怀着十分激动的心情，我终于如愿以偿，来到了始建于公元1558年的永昌堡。

踏入城门，首先映入眼帘的是永昌堡的介绍。据记载，鼎盛时期的永昌堡南北长780米，东西宽445米，相当于2889个120平方米的房子那么大，可以想象当时这座古堡的辉煌程度。城中还有九百多个城堞，十多座敌台，最多可以容纳上万名士兵。城中还有厨房、指挥室等后勤保障设备，以及瓮城等防御建筑，可以说是一部生动活泼的历史"教科书"，再现了有生命力的抗倭故事篇章。

那这座辉煌的古堡又是怎么来的呢？

是因为当时倭寇猖獗，王氏家族中的一对叔侄王沛与王德为了保卫海防，组织了抗倭队伍，并成功击败了倭寇。

可惜好景不长，倭寇又入侵温州沿海地区，叔侄俩壮烈牺牲。

后来，王德的侄子王叔果和王叔杲两兄弟继承了事业，号召民众克服万难，为了人民的生命财产安全，继续筹建永昌堡一直到鼎盛时期的规模，为了保卫人民的安全鞠躬尽瘁、死而后已。

踏着石阶走上城墙，抚摸着一块块城砖，好像当年抗倭战争时期的激烈战争还在进行着。走上一个城堞，仿佛还能看到倭寇在奋力攻城，明朝士兵们在奋力抵抗……这样的一幕好像还在我眼前闪烁着。

登上残缺不全的南城门，看着烈火灼烧过的墙体，心中不免思绪万千！我只想说，祖国，你是伟大的！面对武器精良的敌人，抗倭队伍悍不畏死，哪怕忍受饥饿，哪怕打得只剩下一兵一卒，也要打跑侵略者，为的就是家人未来的幸福生活！

从南城门踏阶而下，我来到了护城河的游船码头，划着小船，经过水门，看到了英勇的护城河，围绕着古堡、保护着古堡……

回来的路上，我爬上大罗山，鸟瞰永昌堡。伴着清新的空气，我仿佛听到了英雄们自强不息的呼喊声。

台湾诗人余光中先生曾感慨：永昌堡承载了"自强不息、敢为人先"的精神，它为温州龙湾的人文性格注入了开拓之魂、阳刚之美。

历史是映照现实的一面明镜，历史的教训永远不能忘记。在和平年代里，我们应该珍惜这些美好的条件，以史为鉴，面向未来，珍惜和平，为实现中华民族伟大复兴的中国梦而奋斗！

陈辰铭/文，五年级　指导老师：项鑫伟

公益元宵节

今天是一年一度的元宵佳节，社区开展了为老人们亲手做汤圆、烧汤圆、送汤圆的公益活动！碰巧，今天是我寒假的最后一天，这种活动怎能少了我这个"公益小达人"呢？

中饭后，我和作为社区公益带头人之一的奶奶一起来到社区活动地点。一到场地，大伙就热火朝天地各自忙活起来了，有的揉粉，有的拌馅料，有的烧水，有的摆放糖和碗……我也积极参与其中，撸起袖子就上前帮着一道揉糯米粉，完了再把面团搓成长条，再摘成一个个颗粒状。我先把小颗粒初步搓圆，再在中间按出凹陷，它张开嘴巴，仿佛在说："我饿了，快喂我吃东西！"我马上就喂给它一颗大大的馅料，再把它继续封口搓圆，一颗圆鼓鼓的汤圆就完工了，真像个白白嫩嫩的小胖子！人多力量大，不一会儿，一屋子的桌上都摆满了雪白的汤圆。那场面，感觉屋里像个堆满雪球的世界！

接着，开始烧汤圆了，一个个汤圆被倒入早已烧沸的水中。只见一群群雪白的身影在沸水中上下翻滚，互相碰撞又分开，好像在锅中跳起了"元宵之舞"。

终于出锅了，我们把汤圆分成十颗一碗，外面前来领取汤圆的老爷爷老奶奶早已排起了长队。奶奶她们就分发汤圆给现场的老人们，可是社区里还有很多因腿脚不方便的、身体不好的老人无法前来现场领取，这可怎么办呢？放心，这难不倒我们志愿者，我又立即参加了公益汤圆外送组，在社区工作人员的带领下，我们挨家挨户送汤圆，确保只要在家的、无法出门的老人在这天都能吃上一碗热乎乎的汤圆……

等我们外送组完成任务回来，奶奶已经给我们也准备好了热乎乎的汤圆。吃着自己做的汤圆，特别有成就感和幸福感。今年这个元宵节真的很忙、很累！整整一下午都在为社区老人服务，但一想起老人收到一碗碗热乎乎的汤圆时露出的笑脸，我的心中就只剩两个字：值了！

钱柯怡/文，五年级　指导老师：陈杰

二十年后回故里

　　我是Karey，当今大名鼎鼎的华人舞蹈家，荣获了多次全国冠军及世界冠军！我离开故乡一晃已有二十年了。这次回故乡是受邀请回来在自己的故乡创建一所舞蹈学校，希望在我的指导下，能为故乡培养出更多舞蹈家，这也是我多年来的梦想！

　　回到故乡后，我得先好好去逛一逛。凭着儿时的记忆，我来到了小时候的住址，这里已成了一个科技公园。公园里面绿树鲜花，在花坛里精心照料它们的园丁是一群智能机器人，机器人不知疲倦地替人类工作着。公园小道两边时不时竖起一些金属杆子，当人们逛累了，一按金属杆上的按钮，杆中间就开始变形，上半段变成了横向，原来这些都是智能休息凳，真是太便捷了。

　　接着，我又来到了我的母校剡山小学。还没走到正门口，远远就看到了别具一格的庞大建筑群！原来在我离开故乡后的二十年里，母校不断扩建，比我原先在读时整整大了几十倍，太壮观了！来到学校入口处，原先的门卫室和值勤保安都不见了，只有一台机器竖立在自动拉门边。我打听到，这原来是有人脸识别功能的智能门卫，非本校人员不经授权是无法进入校园的，这大大提高了学校的安全性！虽然校内环境已发生了翻天覆地的变化，但一股久违的亲切感仍扑面而来。我走过一间间教室，没有发现一位老师，也没有黑板，看到的只有一排排整齐的电脑，以及头戴有通话功能耳麦的学生，他们各自按自己的接受程度上课。原来这是全班同步课文一对一虚拟老师授课系统，有不懂的可以反复听讲，也可以立马暂停提问，同学之间也不会有任何影响！

出了母校，我来到了最繁华的街道，这又让我眼前一亮！原先天天拥堵的街道，现在秩序井然。现在的交通工具都已升级成人工智能了，全面代替了人工操作，交通事故也大幅度减少，排放也全面环保，再也不会对空气产生污染，有些高端汽车还能变成"小鸟"呢！这就是智能飞行车，为了看清故乡全貌，我也扫码租了一辆飞行车，升空后，我的车在空中缓缓滑行，我在车里一边看着下面的故乡，一边仔细对比着过去的一切，这让我无限感慨……

时代在变迁，科技在飞速进步，故乡的一切都变得耳目一新。这二十年故乡日新月异的变化，几乎把我儿时的很多梦想都化为了现实！

钱柯怡/文，五年级 指导老师：陈杰

一段可以触摸的历史

　　长春是遭受长达十四年残酷殖民统治、筑有历史伤痕和屈辱记忆的一座城市。它在浴血中跋涉，在风雨中兼程，历经百年沧桑，筑就城市之魂。长春伪满皇宫博物院更是中国人树立爱国信念的重要基地。

　　今年暑假，爸爸妈妈带我去长春旅游，其中一天的行程是参观长春伪满皇宫博物院。我满心期待，心想：它是不是也像北京故宫那样金碧辉煌，那样雄伟气派呢？

　　那天早上，我们坐车来到伪满皇宫博物院。远远望去，一幢幢两层楼的普通建筑出现在我眼前，和周围的建筑差不多，没什么特别之处。我有点小失落。妈妈对我说："这个皇宫是清朝最后一位皇帝溥仪住的地方。"

　　我好奇地问妈妈："中国的皇帝不都住在北京的故宫里吗？溥仪为什么会住在这里呢？"

　　爸爸听了，严肃地说："七十多年前，日本侵占了整个中国东北地区，使其沦为日本的殖民地。在日本人的哄骗下，已经下台的末代皇帝溥仪，从天津秘密逃到东北，在长春成立了傀儡政权——伪满洲国。溥仪一生当了三次皇帝，最后一次就是在日本侵略者处心积虑策划之下当上的，从此过上了长达十三年的傀儡皇帝生活。"我似懂非懂，便跟着一行人进了皇宫。

　　也许是因为年纪太小，我对皇宫里的陈设和墙上挂着的图片资料都是一知半解的。于是，爸爸边走边为我讲解图片信息。当我看到日本侵略者活埋中国同胞的时候，满腔的怒火涌上心头；当我看到横尸遍野、血流成河的照片时，我似乎听到自己的内心在哭泣……我恨不得马上把这些日本人抓起来千刀万剐！

伪满皇宫的一草一木，一字一画都透着历史的沧桑与悲凉，没有一段历史比它更生动，更让人刻骨铭心。它就是中国近代的一部充满悲愤的血泪史，它无声地警醒着我们：落后就要挨打！

我们要牢记：走进历史，重温历史，才能自省，才能奋进！

姚睿宁/文，三年级

我的爱国主义行动

爱国主义到底是什么，我觉得不能只是一句口号而已。

小时候我就发现在我们镇海乃至宁波，随处可见海军部队的那抹海蓝色。譬如甬江两岸的大小舰艇，宁波人民路上的东海舰队航空兵司令部，等等，后来随着渐渐长大和爸爸的讲解，才知道宁波还是东海舰队的驻扎地。镇海乃至宁波具有这么重要军事战略地位，除了地理位置的原因，还和她在历史上的重要性密不可分，看似小小而静谧的镇海其实有着浓厚的历史沉淀，深藏着功与名。

暑假伊始，我从后海塘西首到巾子山再到招宝山东麓下的安远炮台，而后从明朝海防总兵府遗址到旗杆格弄、童李衙弄等都好好参观了一番，最后带着这些历史片段，在海防遗迹纪念馆中得到了总结升华。我从这些遗迹、遗址中了解到，镇海自明清以来一直就是抗倭、抗法、抗英侵略战争的前线，那是多么峥嵘的一段岁月啊，如史诗般壮阔。英雄豪杰辈出，既有伟大的抗倭英雄戚继光，也有亲自操纵红衣大炮毙法军主将孤拔于甬江入海口的将领吴杰，更有镇海失守后饮恨投入泮池以死尽国的封疆大吏裕谦，他们的身上都闪烁着远高于生命的爱国主义的光辉！风风雨雨的五千多年文明史，我们为曾经的辉煌而自豪，也为近百年的屈辱而痛心，英勇的抗争使中华文明得以延续。鲜明的爱国英雄人物，是我们学习的榜样，不忘国耻，以史为鉴。

爱国主义是中华民族精神的核心，是永不褪色的旗帜。2019年是新中国成立七十周年，天安门广场举行规模宏大而庄严的阅兵式，向全世界展示中国的发展和强大，每每想到这个画面都感觉血脉贲张，而这份激动正是来自对祖国的深情。

一个月后我们就要开学了，新的学年我要自觉地把爱国热情化作刻苦学习的动力，把个人成长进步融入国家民族复兴的使命感之中。正确认识祖国的历史和现实，增强爱国的情感和振兴祖国的责任感，树立民族自尊心与自信心。面向未来，我要做一个有理想、有道德、有文化、讲文明的新时代学子！

吴雨同/文，五年级

我心中的巍巍中华

你在倾听，我在倾听，你的声音，在历史穿行；你在追寻，我在追寻，你的夙愿，让民族振奋！

无论走到哪里，我都会骄傲地告诉别人，我是中国人！我的家乡就在古老而年轻的新疆。

在这里，巍峨的天山给了我顽强的意志；在这里，辽阔的草原给了我宽广的胸膛；在这里，民族的真情给了我无比的温暖；在这里，祖国的厚爱给了我无限的希望。还记得2010年那个难忘的春天，首都北京召开了新疆工作座谈会，中南海向天山儿女投出信任而期待的目光，党中央做出了重大决策，全国要全力支援新疆！

一座座农舍新居拔地而起，一座座双语小学书声琅琅，一批批新疆学子走出大山。我们不会忘记，春寒中，我们曾艰难地播种一个期待；金秋里，我们正收获一个沉甸甸的希望。昨天，我们聚在一起，兴致勃勃地谈论新疆的发展；今天，我们一起享受新疆的无限风光；明天，我们一起见证大美新疆的辉煌。马路宽了，绿树成荫，人如流水，车如龙，143团的蟠桃火一样的红，下野地的西瓜比蜜还甜，东城的鸡，西城的面，大嘴的抓饭羊肉串，美味佳肴都尝遍。我们再到市里转一转。林木成行，整齐的道路和楼房，城市园林有情趣，到处都是休闲的地方，小桥流水、八角亭、朝霞，被映衬下的世纪广场如仙境。现代城乡涌动着彩色的人潮，人们编织着明天美丽的梦想，只有努力才能改变，只要努力就能改变。这份鼓励，让新疆人充满了激情和力量。看，党的十八大开辟出更加光明的道路，也在指引着华夏儿女奋勇拼搏！

新疆，勇敢地在新的春天里起航，让祖国听听您的心声。伟大的祖国，我爱您！

让我们携起手来，为祖国的繁荣昌盛扬帆起航！

林瑞/文，六年级

一方水土养育一方人

美丽浙江，温柔富贵乡。"沾衣欲湿杏花雨，吹面不寒杨柳风"，诗意的浙江，曼妙的生活。浙江文化底蕴深厚，家风自古有之。浙江家风故事遍地扬。

最近我拜读了《浙江好家风》一书，书中有《学习篇》《修身篇》《治家篇》《处世篇》《爱国篇》共五篇。我觉得最好看的是《修身篇》，体现的是传统好家风和当代好家风。

其中《孔氏兄弟：用奉献书写人生》的故事深深打动了我。孔胜东是一位公交车司机，他专门为乘客设计制作沿线导游图和车辆转乘示意图，他还为乘客准备了晕车药和常用药品，以及扇子、雨披等物品。孔胜东还用心去准备了几万只一次性茶杯和几十斤茶叶，并在自己的车上放置茶水桶。他每天从家中把烧开的热水带到车上，免费供乘客饮用。

这位热心的孔叔叔是多么用心，多么有爱心啊！他是浙江人，他有浙江人所拥有的那种奉献品质。而这种不求回报，默默用爱去感染身边的每一个人的行为，对我的触动真的很大。他是用奉献在书写自己的人生。我也是浙江人，我应该向孔叔叔学习，学习他那种无私的奉献精神。

当下雨天同学没带伞时，我会主动邀请他与我共撑一把伞；当家人生病时，我会更加自觉地完成作业，帮助家人洗菜烧饭，分忧解难；当有人需要我帮助的时候，我要争做一名好少年。

吴子萱/文，四年级

我爱您，我的国

"国家"二字我上幼儿园时就认得了。上了小学，语文老师告诉我们"国家"既是一个词，也可分为"国"与"家"两个字。他还告诉我们，国与家是休戚相关、密不可分的：家是最小国、国是千万家，我们生于家育于国，要孝于家忠于国，奉于家献于国。当时的我似懂非懂。

我爷爷总喜欢在我面前诉说那些往事——

爷爷说，他小时候，生活水平不高，穿衣是"新三年，旧三年，缝缝补补又三年"。几个兄弟过年时只有一套新衣裤，谁出门走亲戚就给谁穿。

爷爷说，他小时候，食物供应匮乏单调，吃的主要是粗粮和咸菜，鸡蛋是逢年过节才舍得吃上一次的奢侈品，至于鸡、鸭、鱼、肉，一年也难得吃上几回。

爷爷说，他小时候，住宿条件比较简陋，一家人"蜗居"在一个小平房里，没有自己的卧室和书房，墙面斑驳破败，空间狭窄逼仄。

爷爷说，那个年代，居民出行不太便利，拥有一辆"永久牌"自行车是很多人的梦想，地位甚至高于现在的私家汽车。当年举全家之力买回的自行车，每次骑完总是擦了又擦。

爷爷总喜欢不厌其烦地给我讲他那衣食住行的往事。有时他讲得眉飞色舞，有时他讲得充满深情，可我总是半信半疑。最近，爷爷让我看了一些落后国家的新闻和纪录片，我看到叙利亚等战乱国家，自同龄孩子生活在水深火热的环境里，爷爷的眼睛湿润了，我也不由自主地落泪了。

我一天天长大，渐渐地明白了爷爷的良苦用心，真切感受到了我的家和我的国之间的交织交融，也终于懂得了"有了强的国，才有富的家"的道理。现在我的衣食住行，已由过去的"一衣多季"变为"一季多衣"，由过去的"食品匮乏"变为"营养均衡"，由过去的"蜗居生活"变为"宽敞舒适"，由过去的"单一出行"变为"多元选择"。普通老百姓生活的巨大改善，折射出腾飞中的祖国翻天覆地的沧桑巨变，让我心潮澎湃。正是无数人、无数家庭的奋斗与奉献，推动我们国家迎来了从站起来、富起来到强起来的伟大飞跃。

习爷爷让我们青少年要"培养爱国之情、砥砺强国之志、实践报国之行"。每当我弹奏《我和我的祖国》《国家》和《少先队之歌》等曲目时，我就激情飞扬，有一股暖流在心里流动，我要大声唱出来：我爱您，我的国！

沈轩伊/文，二年级

甜蜜的味道

开学初，学校下发了《红船领航》读本。一拿到手，我就贪婪地阅读起来，随着阅读的深入，里面的一幕幕画面也逐渐展现在我的面前。特别是陈望道觉得墨汁是甜的场面，一直在我脑海里浮现。

十月一日，阳光明媚，空气中都洋溢着幸福甜蜜的味道。趁着国庆假期，我来到陈望道故居。爸爸说："陈望道就是在我眼前的破旧柴房里闹出了墨汁是甜的笑话。"立在柴房前，我眼前仿佛出现了一幅画面：年轻人在奋笔疾书。他母亲在屋外喊："红糖够不够，要不要我再给你添些？"年轻人应声答道："够甜，够甜的了！"谁知，当母亲进来收拾碗筷时，却发现年轻人的嘴里满是墨汁，红糖却一点儿也没动。原来，年轻人竟然是蘸着墨汁吃掉粽子的！通过参观和爸爸的讲解，我得知陈望道当时正沉浸于翻译《共产党宣言》，心中满是对共产主义信仰之心。正是这种无法言喻的精神之甘、信仰之甜，陈望道才觉得墨汁是甜的，因为信仰也是有味道的，甚至比红糖更甜！这个时候，墨汁是甜的！

回来的路上，途经一片翠绿色的大海，我们停车驻足，原来是甘蔗地。甘蔗一株又一株，肩并肩，背靠背，密密麻麻，挨挨挤挤，一副丰收"甜蜜"的景象。远处，一位农民伯伯正在整理甘蔗地，脸上满是汗水，但却洋溢着挡也挡不住的笑容。爸爸指着眼前的绿海，感叹道："甘蔗从苗长到一人多高再变为红糖，需要农民付出多少劳动啊，要付出很多汗水，我们只知道它的甘甜，哪知它来之不易呀！"风吹着甘蔗叶子，呼呼作响，仿佛在告诉我：甜蜜来自农民伯伯辛勤的劳动，有了奋斗，才有了甜蜜。这个时候，汗水是甜的！

是呀，墨汁是甜的，汗水是甜的！那是因为以陈望道、普通农民等为代表的一代代中华优秀儿女诠释的开天辟地、敢为人先的首创精神是甜的，坚定理想、百折不挠的奋斗精神是甜的，立党为公、忠诚为民的奉献精神是甜的！

作为一名新时代的小学生，感悟首创、奋斗、奉献的甜蜜味道，就要听习爷爷的话：好好学习、专心致志，以社会主义核心价值观锻炼自我，争取练就一身本领，把甜蜜带给更多的人。

吴言/文，四年级

永不坠落的风帆

在我的记忆深处，一直矗立着一座高高的丰碑，它记载了无数革命烈士为了理想付出自己生命的事迹。它也是一面巨大的风帆，为我们逐梦之舟的乘风破浪提供源源不断的动力。它就是耸立在西子湖边、云居山上的浙江革命烈士纪念碑。

那是一个深秋的午后，太阳晒在身上暖洋洋的，很舒服。我和爸爸一起从河坊街上吴山，绕过城隍阁，沿着山上的小路，一直走到云居山。看到两根高耸的柱子，我很好奇，赶紧跑过去看个究竟。那两根柱子好高啊，就那么静静地立在那里，像两个人靠在一起，默默地注视着远方。

我仰起头，想看看这究竟是什么，可是我什么也没看到，只有两根像风帆一样的柱子。在它底部的基座上，有金色的八个大字，那时我还没有上学，只认出其中一个"不"字，还有一个好像是"土"字，可又不像。我马上向还在下面台阶上一步三回头的爸爸求助，"爸爸，快来看一下，这几个是什么字，是什么意思啊?"爸爸快步走过来，指着那八个大字，大声地念给我听:"革命烈士，永垂不朽。"我又问:"那是什么意思啊，和这两根柱子有什么关系?"爸爸走到台阶边，坐了下来，又指指边上，让我也坐下来。爸爸开始用我能听得懂的话，向我解释起"革命"的意思。其实我到现在也还是没有理解什么是革命，为什么要革命，但是我终于知道了，在几十年前，有很多人在很年轻的时候就死了，永远地离开了他们的爸爸妈妈和兄弟姐妹。他们是为了让我们的国家更加强大，不被别人欺负，为了让我们的生活过得更好，让全国的每一个小朋友能有书读，能快快乐乐地成长，从而献出了自己年轻的生命。今天，为了让所有的人记住他们的事迹，让我们的后代不会忘记他们，人们树立起了这两根柱子，它就是"革命烈士纪念碑"。

我们沿着台阶一步一步往下走，又去纪念馆里了解了革命烈士的英勇事迹。在下山的过程中，我总是忍不住回头望着那两根高耸的柱子。一直到山下，走出好远，我们回过头，爸爸指着眼前的山，还有那山上的纪念碑，问我："你看这座山和那座纪念碑像什么？"我努力地想了想，还是艰难地摇了摇头。爸爸又说："你看这像不像一艘船？那纪念碑就是船上的风帆，那纪念馆就是船上的驾驶舱。"我不是很懂，也不是很理解这是什么意思，但是，我还是点了点头，我把这一切都记在了心里，以后我会明白的。

如今想来，当时的那一幕幕还是很清晰。在我的心目中，这云居山就像一艘巨大无比、追寻中国梦的航船，而高高的、雄伟的"革命烈士纪念碑"就像这艘船的风帆，永不坠落，一直矗立在那，也矗立在我的心里和记忆深处。

赖和均/文，四年级　指导老师：方惠红

"臭河滩"的前世与今生

我记得，以前外公经常带我去松阴溪边玩。每次我还没走到溪边时，远远地就能闻到一股臭味。走近一闻，那可真是臭气熏天啊！放眼望去，溪滩上到处是废弃的塑料袋、塑料瓶、破布条等垃圾。有一次我甚至还看到一头死猪躺在那里，一群苍蝇围着它，"嗡嗡"作响，实在是太恶心啦！

今年春节过年我又回到了松阳外公家，再一次来到了松阴溪边。我发现这里和原来大不一样了，面貌焕然一新。溪水变清了，河滩上的垃圾不见了，以前的臭气没有了，到处弥漫着芳草的清香。原来的"垃圾场"变成了一个美丽的公园，公园还有个诗意的名字叫"桃花源"。这里已经成了一个旅游景区，可漂亮了！在外公家度假的日子里，我常去"桃花源"转转。

不仅如此，我的家乡开发的4A级旅游景区和村寨民宿，吸引了许多中外游客前来观光旅行，感受"古韵茶香，田园松阳"的独特魅力。松阳的老百姓也因此富裕起来了，家家都买了小汽车。这可真是像习爷爷说的那样，"绿水青山就是金山银山"啊！我为家乡有如此大的变化感到骄傲和自豪。

我爱我的家乡——美丽的田园松阳！

邱天/文，三年级

革命精神

　　中国共产党的诞生，使中国革命从此有了坚定的理想信念和强大的精神支柱。但在新中国成立前，中国人民曾经历过多少风风雨雨啊！

　　我对祖国满怀感激，是国家给了我们一个温暖的家。新中国的成立有那些爱国英雄们的献身付出，有他们的无私奉献，才有我们现在的幸福生活。他们攻战时牺牲了好多人，他们是为了什么才如此勇敢？是为了国家不被侵略者们欺负，是为了子孙后代而英勇奋战。孔子曾说："人固有一死，或重于泰山，或轻于鸿毛。"这句话说得很有道理，英雄战士们是如此伟大！他们的死重于泰山。

　　妈妈说："以前的人为了抗战，要吃点咸味的东西，力气才能大一点，但那时的中国在战乱中，哪里来的盐啊！于是，那些老兵就把身上浸满汗水的衣服脱下来，放在锅里煮，等水烧干些了就带点盐酸味了，他们把这个汤都喝了下去。"我听完这个小故事之后就哭了，我知道了那时的人们是那么艰苦。

　　小学五年级时的一节班队课，我们邀请到了一位抗战老兵。他告诉我们：以前抗战在战场上的时候，那炮弹如雨水一般打来。那时的中国什么也没有，武器也十分落后，没有大炮，也没有枪，只有土枪、土炮和大刀。为了中国在世界上能有一席之地，那些抗战老兵做出了伟大的贡献！

　　祖国的今天离不开先辈们的浴血奋战，感恩我们生于这个太平盛世。少年智则国智，少年强则国强！祖国的繁荣昌盛离不开青年人的努力！

叶宸佐/文，七年级

2022杭州欢迎您

我迫不及待地坐上时光车，按下启动键，赶去观看第十九届亚运会开幕式。一眨眼，时光车就到了2022年。不远处，志愿者服务站标志醒目。

"你好，请问我去观看亚运会怎么走？"我激动地询问。

志愿者微笑着说："小朋友，如果你是一个人来观看亚运会开幕式，可以加入我们的儿童团，由志愿者带你们统一前往。"

"我要加入儿童团！"

"好的！请佩戴好安全智能手环，以便我们确定你所在的方位。如果遇到紧急情况，还可以按下手环上的红色按钮，发出求救信号！"

跟随着志愿者，我来到亚运会专线乘坐区，与其他小朋友会合。不一会，一辆绿白相间的车子稳稳停在我们面前。志愿者介绍说："这是光能环保车，不用油，不用电，只要储存足够的光能就可以开了。动力不足时，更换光能板就可以了，而光能板充能量也超级简单，有阳光的日子放在太阳底下晒一晒就可以了，就跟晒衣服一样方便！"

顺利坐上光能车，疾驰在路上，看着一路的景色，我既赞叹又自豪！蓝天白云，鸟语花香，水源清澈，地面洁净，一切都井然有序。咦？我突然发现原本拥堵的马路宽敞了不少，原本排着长龙的私家车都去哪里了呢？志愿者笑着说："这几年杭州大力发展公共交通，现在大家一出家门就有公交车和地铁可以乘坐，比自己开车方便，还更环保，所以道路也越来越通畅啦！"

还没看够杭城的美景，亚运主场馆——杭州奥体博览城就到了，远远看去，它就像绿地中盛开的莲花。在场馆入口处排队时，志愿者让我们用智能手环扫描入口处的二维码，然后按下手环上的绿色按钮。哇！一张亚运主场馆的激光地图闪现了出来。手指轻点上面的图标，还有详细介绍和行进路线，简直像变魔术一样！

　　坐在看台上，我心潮澎湃。这时亚运火炬手缓缓跑进了主会场，全场报以热烈的掌声！咦？这个火炬手怎么那么眼熟？再定睛一看，那不是放大版的我吗？我微笑着，高举火炬向点火台跑去……

　　"哈哈哈，哈哈哈……"

　　"小铭醒醒，起床上学啦！"

　　我揉揉眼睛，坐了起来，原来是场梦啊。但真是一个美梦呢！希望2022年的杭州比我梦见的更美好！

傅泓铭/文，三年级

帮助别人，快乐自我

在一个炎热的早晨，太阳如同发了疯一般，发射出千万道炽热的光芒。

这天，学校组织春游，马路边上不时地传来清脆的声音："立正，向前看齐！"此时，中队长天豹带领着整齐的队伍来到了大马路边，可正好赶上了一份礼物——红灯。红灯停，绿灯行。天豹一队遇到了红灯，于是挥手拦住同学们。

大马路上，人来人往，车辆疾驰而过，川流不息。终于等到绿灯了，天豹让同学们先挨个过马路，自己却转身走到队伍最后，以防同学走失。可队伍刚走到一半，天豹不经意回头看见了一位身体瘦弱、白发苍苍的老爷爷，他的满脸布满了皱纹。只见老爷爷左手拎着一大袋水果，手臂上暴露着青筋，右手拎着一大袋菜。他头上汗如雨下，走走停停，好像很困难的样子。天豹想，如果不去帮助这位老爷爷，他可能会赶不上在绿灯前过完马路，还可能会被车子撞伤呢。

想到这，天豹飞快地跑了过去，热心地跟老爷爷说了声："我来帮您拎着吧。""好，谢谢你，小朋友。"老爷爷一边喘着气一边说道，还不停地用手抹着头上豆大的汗珠。天豹微微一笑，连忙说："不用谢。"说完便接过爷爷手里的东西拎到了自己的肩膀上。帮完忙后，天豹赶紧奔回来，把队伍及时带上了公交车……

傅泓铭/文，三年级

红船领航

"妈妈，什么是红船？为什么要红船领航？"我好奇地问。

"孩子，我带你去一个地方，去感受一下什么是红船领航，看过了你也许会明白。"妈妈意味深长地对我说。

妈妈带着我，乘着高铁来到了历史文化古都南京。我们去了侵华日军南京大屠杀遇难同胞纪念馆、雨花台烈士陵园。在这里，我明白了中国共产党1921年7月23日创立时的艰辛与决心，嘉兴南湖上的一条游船在那时不仅仅是一种交通工具，更象征着烈士们勇往直前、奋斗不息的精神与坚定永恒的信念。我的内心激动万分。

南京雨花台纪念碑中记录了无数英烈。中国共产党的重要领导人恽代英、邓演达，牺牲时仅三十六岁，邓中夏牺牲时仅三十九岁，施滉牺牲时仅三十四岁，杨峻德、陈原道牺牲时仅三十一岁……这些人中既有担任要职的中共领导干部，也有普通共产党员，有红色夫妻，也有革命志士。他们无论环境多么险恶，敌人多么凶残，条件多么艰苦，都对革命始终抱着必胜的坚定信念。这些革命烈士牺牲时和我们爸爸妈妈的年龄一般大，他们应该也有自己的孩子，可是他们为了共产主义的事业，为了新中国的建立不顾自己的小家，拯救大家，即使牺牲也不怕。想想现在能和爸爸妈妈，和可爱的朋友们在一起，开心快乐地学习、生活，是多么幸福！这些幸福都是建立在革命先烈的鲜血之上，有了他们的付出，我们才得到了和平、安逸的生活。

我驻立在革命烈士纪念碑前，缓缓地举起右手，给烈士们深深地行了一个少先队队礼。胸前鲜红的红领巾在阳光的照耀下显得格外耀眼，那是革命先烈用鲜血染红的。我们要牢牢记住这段悲壮的历史，时刻怀念革命先烈，认真履行少先队员的职责，在美好的环境里好好学习，长大后用我们的知识为祖国效力。

现在我明白了，红船精神不仅闪耀在那个动荡的战争年代，他更激励着现在的我们前行。

徐卉萱/文，三年级　指导老师：丁涵祺

我们的中国红

明天就是八一建军节了，想着猎猎军旗，我捧着手中的《红岩》，顿时觉得格外沉甸甸。这是用坚强信念书写的悲壮篇章，这就是鲜血染就的中国红！细读《红岩》，怎不让我感动，怎不让我热血沸腾！

《红岩》讲述的是解放战争时期，在黎明即将到来的时刻，共产党员在狱中与敌人艰苦斗争的事迹。敌人在肉体上百般摧残他们，但是，永远无法摧毁的是共产党员的信仰。

在书中，我最敬佩的人就是"疯老头"华子良。他是资深的共产党员，在对敌斗争中，长期忍辱负重，却始终忠诚不屈。他穿着破烂的衣服，吃霉变的食物，蓬头垢面，装痴装呆，最终迷惑了敌人，成为狱中战友通往外面世界的精神桥梁，为革命的胜利做出了巨大的贡献。

郭沫若在《凤凰涅槃》中写道："在这个阴秽的世界当中……便是把金刚石的宝刀也会生锈！"十四年的监狱生活，让华子良受尽了折磨。他身处不见天日的黑暗监狱，还有凶恶特务和看守的包围，日复一日吃着难以下咽的牢饭，他所处的环境真是无比恶劣！然而，他却克服了那些难以想象的困难。尤其是在几乎看不到希望的极端艰难的环境里，长期承受各种误解！他都挺过来了。

我不由想起陈毅元帅的诗："大雪压青松，青松挺且直。要知松高洁，待到雪化时！"从这里，我仿佛看到了共产党人挺立的脊梁，看到了他们终生坚持的高贵信仰，那就是坚信中国革命终会胜利！正是这种永远鲜红的信仰，犹如明灯，指引着华子良与战友们前进的方向！

建立新中国需要信仰，建设新时代更需要从小树立信仰。"为实现中国梦而努力"，这就是我们的信仰！一旦树立，至死不悔！如果没有这样的坚持，任何美好的信仰都是镜中花、水中月！

很惭愧，我也有着美好的理想，但"坚持"一直是我的软肋。就在昨天，我还在和妈妈"斗智斗勇"呢！这个暑假为期十二天的游泳训练，本来就是为了锻炼我的意志。但每天1小时近3000米的训练，让我觉得很累，进而让我心生畏惧。于是，我居然为了逃避最后三天的训练而跟妈妈吵闹、狡辩。后来妈妈转发给我一篇《寒门女孩707分考入北大》的文章，我看了之后，内心有所触动。这个女孩家境贫寒，但是她自强不息、热爱生活。让我感动的是她说的一句话："感谢贫穷，你让我坚信教育与知识的力量。物质的匮乏带来的不外乎是两种结果，一种是精神的极度贫瘠，另一种是精神的极度充盈。而我，选择后者。"

我由此想到，正确的选择加上坚持，才能够让人漠视生活的贫困，最终实现自己的人生理想。

我抬头，远望着天边的红日；低头，看到了胸前依然鲜艳的红领巾……这抹中国红让我振奋！

卢融融/文，七年级

一个少先队员对红船的向往

　　我出生在美丽的浙江，大概是江南的基因，让我从小就喜欢色彩和图画。老师常常很苦恼，因为我在课本的空白处都画满了我的涂鸦。但是这些歪歪斜斜的画上从来没有画过军人叔叔和战争的场景。后来因为妈妈，我开始画起了这些场景。

　　妈妈酷爱历史，所以从小我就听妈妈讲了很多浙江的历史故事。妈妈说因为近代史太惨痛，列强们厚颜无耻，烧杀抢夺，侵略中国，所以她很少讲给我听。直到我慢慢长大，戴上了红领巾时，妈妈才告诉我红色、红军、红旗、红领巾的故事。妈妈说国旗、国歌、英雄、军人相关的一切，都是严肃的、伟大的，不可以随便说、也不能用来开玩笑的。我从妈妈凝重的语气里，《唱支山歌给党听》的歌声里，感受到妈妈对祖国对党的敬爱。

　　最近读了《红船领航》，想写些东西，妈妈很开心。用习近平爷爷在党的十九大闭幕之际说的一句话："秀水泱泱，红船依旧；时代变迁，精神永恒。"但我却更想用这句话画一幅画，画上红船领航，乘风破浪，画上有伟大的共产党员，也有我这样的少先队员，我立志一定好好学习，天天向上。我长大以后争取做一名共产党员，和红船一起走进新的时代。

　　　　　　　　　　　　　　　　　　　　　徐子畅/文，五年级

诚实是命，家训如灯

家是小小国，国是千万家，家国两相依。我们中华民族素有"礼仪之邦"的美称，许多家训就像一盏盏明灯，指引着子孙后代的人生之路。

翻开《浙江好家风》一书的目录，我的目光便被"诸葛梁：律己焚假药"所吸引。诸葛梁是谁？是诸葛亮的亲戚吗？……好奇心驱使着我马上翻到书本的第24页。

原来，诸葛梁真是诸葛亮的后代。他从小就把《诫子书》背得滚瓜烂熟，长大后成了一名医生。有一次，他花十块大洋买了一只羚羊角做药引，却发现是假的，就一把火烧了。有人说："你真是太傻了，花大价钱买来的药材，怎么说烧就烧了？"诸葛梁却说："假的药吃下去，哪怕吃不死人，也会耽误病情啊。"

诚实是命。诸葛梁以行动践行着《诫子书》中的"夫君子之行，静以修身，俭以养德"。

"诚实是金。"爸爸说。有一天晚上，妈妈买了我最爱吃的腊肠。我真想吃个够！可是，我才吃了一个，爸爸就催我上床睡觉了。怎么办呢？我悄悄地把一袋腊肠带到床上，准备偷偷地吃。谁知我刚咬了一口，爸爸的大鼻子就闻出了气味，推门进来问我："你在吃什么？"吓得我急忙咽下腊肠，支支吾吾地说："我……我……什么……也没吃。"爸爸盯着我说："你确定？"我心虚地点了点头。转眼间，爸爸就准确无误地从我手里翻出腊肠的包装袋，大声说："拿去，扔掉！"那声音似乎要把房顶掀了。我立刻把才吃了一口的腊肠和包装袋扔进垃圾桶。回到房间，爸爸又说："做人最重要的是诚实；做人不诚实，连石头都不如啊。"此时，爸爸说得很轻，但他说的每一个字却像鼓槌一样敲在我的心上。

是呀，诚实是金。腊肠可以明天再吃，如果谎话像馋虫一样跟着我，谁愿意跟我做朋友，谁会在乎我真实的想法呢?

难怪爸爸妈妈会把"三诚"——诚恳、诚信、诚实，作为我家的家训，让我背诵，让我牢记，他们是希望我能成为一个待人真诚、顶天立地的男子汉啊!

诚实是金，诚实是命，家训如灯，指引着我努力向上，奋发向前!

李旷洋/文，四年级

红色精神

　　"我是一颗小小的石头，浑浑地埋在泥土之中。我愿铺起一条五彩的路，让人们去迎接黎明，迎接欢乐……"随着乐曲《雨花石》的旋律在耳畔响起，我们就会想起那一位位抛头颅、洒热血的革命烈士，就会想起那一个个值得深思的红色故事。

　　"董存瑞舍身炸碉堡，黄继光舍身堵枪眼，刘胡兰自认党员被杀，江姐在狱中仍不放弃斗争，狼牙山五壮士宁死不屈英勇跳崖，杨子荣智取威虎山……"正是因为有了千万个这样的革命烈士，中国巨龙才能飞腾于九霄之上，华夏巨人才能屹立于民族之林；正是因为有这样了不起的红色精神，一个古老民族才会书写全新的乐章，一个泱泱大国才会崛起于世界的东方！

　　令我印象最深刻的是"烈火金刚邱少云"，他在执行潜伏任务时，不幸被敌人的燃烧弹击中，全身被火焰包裹。为了战友，为了革命的胜利，他咬紧牙关，顽强地忍受烈火焚身的痛苦，纹丝不动，直至壮烈牺牲。他用自己宝贵的生命换来了战斗的胜利，这是何等钢铁般的组织纪律，这是何等崇高的红色精神呀！

　　红色精神在革命年代是用英雄的血肉之躯浇筑的，在和平年代红色精神又体现在哪呢？作为小学生，又应该怎样继承与发扬红色精神呢？

　　记得雷锋叔叔的日记中有这么一段话：学习的时间是有的，问题是我们善不善于挤，愿不愿意钻。一块好好的木板，上面一个钉眼也没有，但钉子为什么能钉进去呢？这就是靠压力硬挤进去的。由此看来，钉子有两个长处：一个是挤劲，一个是钻劲。我们在学习上，也要提倡这种"钉子"精神——善于挤和钻。

这种"对时间珍惜、对问题钻研"的"钉子"精神特别值得我们和平年代的小学生学习与传承。有的同学学习马马虎虎，能偷懒的地方就偷懒，把学习当成一种负担，这是非常错误的。我们应该树立历史责任感，"国家兴亡，匹夫有责"，要爱祖国、爱人民、爱集体，学习上高标准严要求，生活上艰苦朴素，与同学和睦相处、相互包容，尊敬师长……做一名合格的新一代少先队员，长大后为国家效力。

了不起的红色精神，值得我们永远传播与发扬！相信我们的祖国将会更加强大，更加繁荣富强。

龚晋程/文，六年级　指导老师：冯倩芸

梦入红船心在国

彼时不是满月，未盈，只消瘦了三分。抬头望时，剩下弯弯眉眼，淡淡的光带了点乳白色，轻轻洒落一地的碎影斑斓。

另一个夜，却不似今夜这般宁静。

窗外的蝉鸣越发聒噪了，昏黄的灯光将房间照得影影绰绰，杯中的咖啡早已干涸，就像枯焦的薄纸黏在杯中。身旁的纸篓早已被数不清的废纸团所吞噬，还有些凌乱地撒落在地。"班里这次话剧节目的剧本就靠你了……""嘿，千万别让我失望。"老师和同学的叮咛回荡耳畔，我心中愈发烦躁，未经大脑思考，笔便从手中脱去甩在门旁，无言，头异常沉。

正当我的心也随着月光一寸寸沉下去时，身后突然传来脚步声，带着轻微嗒嗒声，却让人心安。转回头，爷爷佝偻着背有些费力地捡起笔，随后不紧不慢地朝我走来，眼里尽是我最熟悉不过的一派温柔。刀绞一般，泪水如洪流决堤般喷涌而出，我的眼里净是诉不尽的苦楚。我是人间惆怅客，知君何事泪纵横，断肠声里忆平生。

爷爷仿佛早就知道我所遇到的瓶颈，他用粗糙的手抚摸着我的头，没有直白的劝诫，没有侃侃而谈的大道理，爷爷用沙哑低沉的声音，缓慢地讲述着那些曾经经历的，或他听闻过的，沉淀在岁月里，艰苦却又感人的故事。我趴在他的膝头，任由字字滑落进我的耳膜，抨击我的心灵。不知不觉中，他的语速渐渐加快，声调渐渐上扬，我知道，是盛满爱国情愫的爷爷在用心灵与我对话。

恍惚中，好像做了一场梦：那嘉兴南湖上的船荡漾在芦苇丛中，一切好似这般平静。殊不知，在敌人的重重追杀下，那一叶扁舟荡起的点点涟漪，饱含着革命的热血。船舱内，是一位位共产党人激情澎湃的高昂语调，是视死如归的郑重宣誓，是黎明前的黑暗里升起的曙光。我看到了！在平静的芦苇丛里，正散发着从未有过的，无与伦比的红色光芒，它挽狂澜于既倒，撑大厦于断梁，引领我们前进的方向，那是——红船精神！

声音重叠在一起，我猛地起身，对上爷爷坚定不移的目光。月光下爷爷的眼眶里闪着光，不，那绝不是泪水，那是将祖国融于心中滴下的血，那是将红船精神一辈子刻在心头的痕。

调整心绪，我重新拿起笔，带着"咬定青山不放松"的精神，笔下缓缓而来的是爷爷口中最感人的建党故事。爷爷将它传承给我，而我也将其借用话剧，向所有人宣传：前有古人，星光灿烂；后有来者，人才辈出。红船精神，永昭后世！

我仍记得演出结束时如雷贯耳的掌声，而在舞台聚光灯下，只我一人的浮世清欢，一人的细水长流……

伸出手，皎洁月光在指间蜿蜒流转，逆看寸寸光晕下，一叶小舟飐红旗，在狂风巨浪中朝着旖旎彼岸前行，驶进一片光芒。

黄悦琳/文，九年级　指导老师：朱旭芳

言必信，行必果

　　乌鸦说："我们的家风是反哺。"山羊说："我们的家风是跪乳。"你若想知道我家的家风是什么，我会毫不犹豫地告诉你："我们的家风是负责！"

　　这要从妈妈说起了。那一次，妈妈答应带我去最喜欢的少年宫玩，我每天倒计时，盼星星，盼月亮，很是期待。可到了那天，妈妈单位突然有事。当时的我别提情绪有多低落了，满心的欢喜变成泄气的气球，嘴上能挂个酱油瓶，泪珠也不听使唤，一个劲儿地在眼眶里打转，心想：哎，这下计划肯定要泡汤了。可没想到的是，妈妈竟对我说："宝贝儿，千万别担心，自己承诺过的事，自己要负责。妈妈跟你说好要去，就一定会兑现的！"听到妈妈的这番话，我刚刚的失落一下子飘到了九霄云外，心里也仿佛千年黑洞被照进了一束光，突然敞亮起来！此时的眼泪像调皮的精灵，将说不出的感动带了出来。我心疼地对妈妈说："不去没关系，您去忙工作吧！"妈妈的嘴角只是微微上扬，回我一句："妈妈要做一个讲信用的人啊！"

　　从此，妈妈成了我心里的榜样，我也慢慢养成了这个习惯：要么不承诺，一旦承诺过的事情就要兑现！

　　我们家还有一个负责任的爸爸。我二年级的时候，有一次周五放学，我出了校门等啊等，怎么也不见爸爸来接我，我打电话给爸爸，爸爸迷迷糊糊地说："咦？今天怎么这么早？不是四点吗？"我生气地对他吼道："今天是星期五啊！你还在睡懒觉！"爸爸一路小跑过来，开始我不理他，爸爸非常自责，一路上不停地对我道歉。后来我了解到爸爸是前一天晚上值夜班，第二天太困了所以睡着了。我原谅了爸爸，同时也责怪自己对爸爸太凶了。可爸爸却说："没关系！接你是爸爸的责任，爸爸没有遵守承诺，应该承担后果，爸爸向你保证，以后绝不迟到！"从那时起，爸爸再也没有迟到过，而我也暗暗发誓，一定要向爸爸学习，做一个负责任、守承诺的好孩子！

今年暑假，我参加了夏令营活动。出发前，妈妈叮嘱我："宝贝儿，这次去北京，不能只顾着和小伙伴们玩，还要记得每天画一幅小报哦！"说着，她便把画纸、画笔装进了包里，我也不假思索地说："包在我身上！"

到了北京，虽然和小伙伴们玩得起劲，但我始终不忘拿起画笔，记录每天的见闻。有时白天的活动安排得太满，我就趁着其他小伙伴睡着的时候，在灯光下完成。

直到最后两天，由于去的地方太有吸引力了，和小伙伴们玩得更投入，我就忘记了画小报。从北京回来的那天晚上，妈妈提醒我说："明天小报就要交了，完成得怎么样了？"听到妈妈亲切的声音，想到自己之前的承诺，虽然已经很累了，可我还是拒绝了"瞌睡虫"，马不停蹄地行动起来，一直画到十二点多才完成。

这就是我们家的家风——对自己说过的话负责。妈妈的信用感染着我，爸爸的负责激励着我，我也在一件件小事中学会言出必行，言而有信！

陈小小/文，四年级　指导老师：王微

窗　外

　　立春了，窗外下着蒙蒙细雨。这时，马路上堵得厉害，半分钟走不了一米。

　　离家还有很长一段时间，我闲坐在车上，无所事事地望着窗外。也许有人在这时也像我一样，通过某个窗口望着这个世界。

　　蒙蒙细雨中，仍清晰可见有人随地扔果皮，随地吐痰。我望向车的后方，看见一辆三轮车停在路旁，三轮车上的人身穿橙色马甲。他从车上拿了一个铁夹子，走到刚刚扔果皮的地方，蹲下身子，准备夹起果皮，后面车子的喇叭示意他走开。他站起来，汽车开了过去，压到了果皮。那张满是皱纹的脸，写满了无奈。他只好等下一个半分钟，可谁知道会不会还有车压到果皮呢？

　　我看着他渐渐消失在车流中，他的背影是那么孤独，那么无奈。不知不觉到了家，回忆起刚才的场面，我终于想起那熟悉而又陌生的身影是环卫工人。

　　随着科技的发达，他们慢慢地被人们遗忘了，遗忘在车流之中。虽然他们被人们所遗忘，但是那干净的马路永远记得他们的辛劳。

　　透过窗外，那一幕又浮现在我眼前：一块果皮从车窗里跳了出来，落在了马路中央，一个身穿橙色马甲的人，钻入车流弯下腰……

　　我的心中万分紧张，疾驰的汽车哟，请放慢你的脚步，有一个平凡而又伟大的生命，正在为街道美容。乱丢垃圾的人们啊，请抬头看看环卫工人有多么艰辛，注意自己的行为，让世界多一分美丽！

郑舜/文，五年级

你好，2019！

"咚，咚，咚——"新年的钟声敲响了。那崭新的2019年，已经伴随着悠扬的钟声来到了我们身边。

不同于往年的"爆竹声声辞旧岁，烟花朵朵迎新年"。2018年的除夕夜，家家户户在祭拜先祖时，少了此起彼伏的爆竹声。

大年初一起穿新衣，走家串户拜新年，这是我们双浦人民历年来的习俗！一大早，我随着爸爸一起去大伯家过年。一路上，蓝天白云，四周青山环绕，碧水荡漾，马路两边大红灯笼高高挂，让人不由得心旷神怡，无比愉悦。

"这条路如今走来真是舒畅啊，这绿化做得真好。想着前几年的这里可真是不堪入目啊！就拿这条河来说，那时多么肮脏不堪，污浊的水面上漂满了垃圾，大家都是避着走。"爸爸有感而发。

"是啊，这几年通过五水共治，美丽乡村的改造，真的有了天翻地覆的变化，不输于那些风景旅游地啊！"在边上正拍风景照的陌生叔叔搭腔说道，"而且自从禁放烟花爆竹之后，就连这个天空都蓝了很多呢！"

"是啊，稍微有点遗憾，就是没了烟火炮竹声，总感觉少了点年味，少了点热闹。可是，那些又怎么比得上这千金不换的青山绿水呢？"我心想着，深深吸了一口气，甜润的气息涌入心间。

"我看你好像不是我们村的吧？"爸爸问道。

"对啊，我是从上海过来走亲戚的。往年啊，拜年都是坐在家门口吃吃零食，唠唠嗑，再不济就是打打牌。如今老表告诉我这里大变样了，早点过来玩几天，绝对有不一样的收获。"叔叔答道。

"相信你是不枉此行吧。"爸爸自豪地说道。

"是啊，是啊，原本过来拜年吃个饭，待一天就去其他地方旅游了。现如今风景如此秀丽，远看如同大书法家手下的水墨画，近看楼亭阁宇错落有致，胜过一些风景旅游地，还真舍不得马上离开，定要多待几天，好好地游玩游玩。"

"是啊，是啊，如今我们这里可是旅游拜年两不误了。"爸爸开玩笑道。

美丽乡村改造，各家各户的围墙都拆除改建，远远就看见大伯家大红灯笼高高挂，一股浓浓的过年气氛扑面而来。我赶紧走上前，恭祝大伯新年好！大伯听了很开心，同时也祝福我在新的一年里学习进步，快快长个儿。席间大伯乐滋滋地和爸爸分享了美丽乡村带来的好处，从到处乱扔垃圾到现在的垃圾分类……他们真是越说越有劲，就如同他们酒杯里的酒越喝越醇，幸福得快要溢出来了。

孟菲/文，六年级

家　风

　　家风和一家人所受的教育，以及一家人的言行举止有着密不可分的关系，这些良好的风气是祖先留传给我们的最大财富。

　　我有一个大家庭，外公、外婆、爸爸、妈妈、大姨夫、大姨、姐姐、妹妹和我。在这个大家庭里，有着诚实守信、勇敢善良、懂得感恩的家风。

　　我的外公是一名军人，他豁达、开朗、坚强、有责任心。一直感动我并且影响我的是外公坚忍不拔的精神和乐观的心态。在外公生病住院期间，虽然病房都有人打扫，但他还是会每天帮着打扫病房，扫地拖地，把病房打扫得一尘不染、窗明几净的，他说那样才有生活的样子。只要是力所能及的事情，他都会去做。病情恶化的时候，他没有躺在病床上呻吟，依然坚持每天阅读，增长知识，爬山锻炼，强健体魄，顽强地和病魔战斗。他是一个有着坚强毅力的人，在任何时候都没有放弃……临终前，外公曾对他的孩子们说："人无论什么时候都要有一颗强大的内心，用乐观的态度去面对人生，要常怀一颗感恩的心。"

　　妈妈把外公临终前说的话告诉了我，她也希望我做一个有着坚强毅力、乐观开朗的孩子，常怀着一颗感恩的心……

　　我的外婆也是一位能吃苦耐劳且心地善良的老人，她经常会去帮助一些需要帮助的人们。

　　我的妈妈坚强并且豁达，她不仅长得像外公，就连性格脾气也和外公一模一样。她虽然不是很外向，但是能从她的骨子里体会到一种幽默和善良的气质。每当看到小区里有可怜的流浪猫、流浪狗时，她都会在第一时间上前查看，并会在每天晚饭后去给它们喂食，直到它们离开小区为止；看见有人跌倒了，妈妈都会第一时间上去询问他是否需要帮助。

　　我就是在这样的一个大家庭中生活着、成长着，三岁时妈妈就抱着我去武林广场为汶川大地震灾区的人们捐款、捐衣。2014年开始，我还与贫困山区的大哥哥结成一对，互通书信，每年用自己的压岁钱帮助他支付学费，让他可以和我一样好好学习。我认为助人就是助己，现在，我已经和我们家的家风融为一体了，我会一直这样做下去。

　　家风是祖辈世代传下来的，家风是父母言传身教给我们的，家风是我们要好好学习并且一直秉承下去的。家风里蕴含了我们中华民族最美的品格！

杜启赫/文，三年级

做一名红船好少年

听爸爸妈妈说，我才刚出生四个月，还只是个抱在手中的小娃娃的时候，就跟着他们去过嘉兴南湖看红船，度过了一个美好的红色之旅。和红船合影的照片至今还留在我家的大相册里，每次翻开都觉得特别有意义。后来，爸爸妈妈告诉我，我们伟大的中国共产党就是在这艘船上举行了第一次秘密会议。知道了这艘船的非凡意义，我心中有一个梦想油然而生，那就是——要做一名红船好少年。

最近，老师推荐了我们读一本书《红船领航》，也和嘉兴南湖上的红船有关。《红船领航》中，令我印象最深的是恽代英"留得豪情作楚囚"的故事。恽代英是一个十分热爱学习的孩子。他加入了中国共产党，负责宣传工作。他撰写了大量文章，宣传党的政策，却得罪了反动分子，不幸在联络工作时被捕。在狱中，他经历了常人难以忍受的痛苦，却仍然不透露关于共产党的半个字。监狱的艰苦生活使恽代英的身体十分虚弱，可他还写下了一首气吞山河的《狱中诗》。最终，敌人将恽代英从牢房押往刑场。途中，恽代英没有一丝一毫的惧怕之情，依然昂首阔步，最终英勇地倒在了血泊之中。

看着英雄们的事迹，我想到习爷爷说过："幸福是靠奋斗出来的！"我们现在的美好生活，就是无数个恽代英这样的英雄坚定信念、牺牲自我换来的。所以，作为少先队员，我们要更加珍惜现在的生活，好好学习，为今后创造更好的生活打好基础。

这个学期，我参加了学校小燕子合唱团省赛前的集训。所有的合唱团员都牺牲了大量课余以及放学回家休息的时间，集中在一起，每天一遍又一遍反复练习。早上七点钟，我们就来到学校，围在老师的旁边，听老师的节奏，大家同看一份谱，早操的时间以及早读的时间都用来练习。中午一吃完饭，我们又马上跑去音乐教室，声部长打着节拍，带领着同学们一起练习要演唱的作品，哪怕打拍打到手臂疼、肩膀酸，他还一直扯着嗓子带领大家唱。下午本来可以用来完成作业的时间，我们也都跑到音乐教室进行排练，老师声情并茂地讲述歌词的含义，抓动作，抓表情，抓眼神，抓声音，老师精益求精，而我们也用尽全力达到老师的要求。放学以后，有时候一练就到傍晚五六点钟，双休日一练就是三四个小时。有些同学发烧了，喉咙哑了，感冒了，也依然坚持来训练，不怕苦不怕累。大家虽然也会觉得辛苦，但是每天也会互相打气、互相鼓励，为了同一个目标坚持参加排练。因为我们知道想要有收获，那就得先付出。我们也坚信：幸福是靠奋斗出来的！这也是红船少年该做的。

所以，从现在开始，让我们一起传承红船精神，做一名优秀的红船少年吧！

罗欣悦/文，四年级　指导老师：葛格

读《红船领航》有感

《红船领航》一书记录了很多名人故事，可以让我们明确自己的人生目标。

李大钊、陈独秀为了创建中国共产党，让中华民族有一个美好的未来，历尽艰辛。李大钊甚至还付出了生命的代价，壮烈牺牲。我为他们的勇敢而骄傲；为了翻译《共产党宣言》，陈望道先生废寝忘食，甚至有一次竟将墨汁当作糖蘸粽子吃，勤勤恳恳，我为他的坚持而感动；谢高华为了农民和群众的利益生活，在没有先例的情况下开创了义乌第一个小商品市场，他舍己为人的精神让我热泪盈眶……

在这些感人的事例中，让我感触最深的是屠呦呦的故事。她是一名科学家，也是第一个在中国本土进行科学研究并帮助中国首次拿到了诺贝尔医学奖的人。在那之前，外国的科学家还说中医是一门伪科学，而屠呦呦却用诺贝尔奖把这个谣言给粉碎。在我看来，这就保护了古老中国的尊严：中国华五千年文化岂是他人可以置疑的！屠呦呦还是在一个条件艰苦、设备奇缺的环境下展开实验的，她还患上了中毒性肝炎。但她却没有放弃，经常外出考察，翻阅大量古今书籍，这为她发现提取青蒿素播下了成功的种子。在190次实验失败之后，终于迎来了丰收之日，屠呦呦在第191次实验时终于提炼出了抗疟神器——青蒿素。

读完这本书后，我陷入了沉思——这些人为了理想竟能如此坚持！

坚持并非易事，我们的学习也要细水长流。我心中明白：没有坚持，就没有美好的人生！

周禹圣/文，五年级　指导老师：楼丹丹

那种声音令我陶醉

    清晨，我睁开眼睛，推开窗户，窗外秋意浓浓，秋风瑟瑟。忽然，耳旁传来阵阵"沙——沙——"声。我爬到窗边一看，隔壁穿着橙色上衣的梁阿姨正卖力地打扫小区卫生。我心头一颤，梁阿姨家生活条件不是挺好的吗？可她却在这样寒冷的清晨，默默地为大家打扫卫生，捡拾地上的垃圾。想着想着，突然发现，眼前那件橙色的上衣是那么鲜艳，在灰白的墙根旁显得格外引人注目。

    心中总有他人，默默奉献力量。这使我不由得想起了《红船领航》。他生于富裕家庭，本可以过着安逸的生活。面对艰苦的农民，却毅然决然地将家里的田地分给了乡亲们。即使被家人称为"逆子"，却依旧如故。后来，他参加了中国共产党，由于叛徒的出卖，不幸被捕。但面对敌人的审讯时，他总是严厉地回答："我们共产党是代表工农人民大众的，全国的工农大众，在共产党的领导下，一定要向你们讨回血债！只要我还有一口气，我就要为共产主义事业奋斗到底！"多么铿锵有力的话语呀！这样的正气凛然，着实让人佩服。行刑的时候，他还将衣帽脱下来，记挂着自己的战友，要将衣服送给战友。他为了实现共产主义的伟大理想，为了中国人民的解放事业，献出了年仅三十三岁的宝贵生命。他就是彭湃。

    "天眼之父"——南仁东老爷爷，也是奉献精神的最好证明。当时，他自担任电子望远镜的总工程师。他跋山涉水，几经辗转，终于在大窝凼定了下来。为了筹集资金，他又俨然变成了一名"推销员"，逢人就推销项目，筹集资金。为了电子望远镜，他可真是花费了不少心思。不久，他们便用电子望远镜发现了一颗新脉冲星，震撼了全世界。

奉献，如一颗璀璨的明珠，指引我们勇往直前，永不退缩。

奉献，如一阵温暖的春风，激励我们砥砺前行，无所畏惧。

在生活中，奉献无处不在。在炎炎的烈日下，清洁工人在奉献；在聚光灯下，医生在奉献；在讲台上，老师在奉献。我那亲爱的同学，不管是不是他们值日，都会细心地打扫教室，及时检查值日生的值日情况。如果哪里脏了，他们也会毫不犹豫地牺牲自己的休息时间来打扫，让我们的教室永远干净整洁。事情虽小，意义非凡，这也是无私的奉献啊。

想到这里，我赶紧穿好衣服，叠好棉被，伴随着"沙——沙——"声开始新的一天。以前我最喜欢听钢琴的声音，现在我发现有一种声音比琴声还美，那就是奉献的声音。

毛亦晗/文，四年级

扬我国威 振我中华

一曲曲中华儿女的精神赞歌响彻我的耳际，盘旋在我的心上，从"三人行，必有我师焉"的千古良训，到如今令华夏子孙无比振奋的"我是中国人民的儿子"，这无不使我感到胸襟开阔，意气风发。我的思想像脱缰的野马，情不自禁地驰骋于祖国历史的原野上……

1931年，日寇入侵，屠我同胞，掠我城池，中华大地再不是山川锦绣；放眼中华，哀鸿遍野，满目疮痍，民族存亡，一夕之间。那时的中国人被称为"东亚病夫"，这是中华民族的耻辱。我们伟大的先辈知耻而后勇，抛头颅、洒热血，多年抗战，艰苦卓绝，为中华民族带来了解放，为泱泱人民迎来了新生。

改革开放以后，香港、澳门回归祖国，是一百多年来无数志士仁人为之奋斗又壮志未酬的夙愿，在中国共产党的领导下，百年梦想一步一步变成现实。新中国成立后，毛泽东、周恩来等十分关心香港、澳门问题，远见卓识地提出了一系列重大的战略决策。邓小平以无产阶级革命家的智慧和胆略，创造性地提出"一国两制"的伟大构想，为香港和澳门的顺利回归奠定了坚实的基础。1997年7月1日和1999年12月20日，当五星红旗在军乐声中高高飘起的时候，中华民族洗雪百年耻辱，终于分别迎来了香港和澳门恢复行使主权的大喜日子。

1984年许海峰摘得中国奥运首枚金牌，自此之后，中华体育健儿奋勇争先：2000年悉尼奥运，中国代表团收获二十八枚金牌，取得了金牌榜和奖牌榜均名列第三的佳绩；2004年雅典奥运会，中国军团更是将金牌总数扩增到三十二枚，位列金牌榜第二！而2008年，奥运大幕将在中华大地上拉开，我们成了奥运的主人！

改革开放以后我国的航天事业成就辉煌，在飞往太空的道路上，中国人民在不断探索和追求。在古代，中国人走在世界的前面；在今天，我们也奋起直追。1970年，我国成功发射了第一颗人造卫星，成为世界上第五个独立研制和发射卫星的国家；1999年，我国第一艘试验飞船"神舟"号发射成功；2003年10月15日，我国在酒泉发射中心进行了首次载人航天飞行；10月16日，在太空中围绕地球飞行十四圈后，"神舟"五号载人飞船成功着陆，我国首次载人航天飞行圆满成功，我国由此成为世界上继俄、美之后第三个有能力将航天员送上太空的国家。

我们青少年是祖国的未来：是早晨的阳光，朝气蓬勃；是奔涌的激浪，豪情万丈；是翱翔的雄鹰，勇往直前。我们要以史为鉴，时刻用历史教训鞭策自我奋进。近百年前的民族浩劫带来的伤痛和损失，不应该被掩盖和忘却，历史教训告诉我们，落后就要挨打。我们要想承担起时代重任，就应时刻牢记历史，用自己的强大为祖国的强大构筑坚固的基石。我们要认真学习，肩负起时代交给我们的重任，做有道德、有修养的新世纪的主人。我们要脚踏实地做好每一件事，让东方冉冉升起的旗帜飘扬在每个人的心中！

林月仙/文，八年级　指导老师：陈云云

飞天梦圆

初秋时节，我回到了久别多日的老家。老家就在机场附近，在傍晚日落时分，我站在窗前，啊！一架架飞机贴着低空呼啸而过……我蹦啊跳啊，去绿绿的青草地上追逐飞机，引来蝴蝶翩翩起舞，我痴痴地望着飞机，心想：要是我能制造这架飞机该有多好啊！

当我静下心来，翻开《中国人有了自己的"大飞机"》一文，我心潮澎湃！2017年5月5日，中国自主研制的C919喷气式客机在万众瞩目之下成功飞向了蓝天，实现了伟大的中国飞机"零"的突破，这给经常嘲讽中国飞机技术落后的外国人一记响亮的耳光！

而C919的问世让中国这只雄鹰终于能展翅翱翔于蓝天之上，它填写了中国飞机史上的空白，它凝聚着五代航空人迎难而上、艰苦奋斗的精神，标志着中国的航空技术进入了世界领先水平，创造出史无前例的奇迹，谱写了一曲胜利的凯歌，这是祖国航空事业的骄傲，也是全国人民的骄傲！

晚上，飞机的轰鸣声把我渐渐带入了甜美的梦乡。我做了一个梦，梦见自己成了一名中国飞机制造工程师，头戴工程帽，身穿印有"中国航天"四个大字的工程服。奇迹出现了，我研制的飞机在西湖高空盘旋，我看到了西湖的全景：三面环山，青山环绕绿水，绿水倒映着青山；湖面上金光粼粼，轻舟荡漾，歌声悠扬……三潭印月、湖心亭、阮公墩像三颗绿莹莹的宝石；白堤、苏堤、杨公堤像三条洁白的玉带，系在西湖的腰上！

哦！当我着陆时，中国最大的飞机就乖乖地趴在我身边，这是一架由我们团队自行研发出来的飞机。在飞机发布会现场，我不停地回答中外记者关于"中国制造"超大飞机的提问……

突然，一阵震耳欲聋的轰鸣声传来。我揉了揉惺忪的睡眼，睁开了眼睛，天已大亮，一架架飞机正迎着朝霞腾空而起，开启了新一天的征程……这一个美妙奇特的梦让我对飞机产生了浓厚的兴趣。

这不，趁着十月国庆长假，我组织了一个组装飞机小队。在校园"科技节"上，我们组装了高难度的模型飞机。中午，我们拿着刚装完的飞机，准备试飞，只见"飞机场"上一只只"雄鹰"争先恐后地飞上天空。霎时，整个天空布满了星星点点，阳光、白云、飞机把蓝天点缀得绚丽多彩……大家都为自己的飞机欢呼呐喊，这时，同学吵着要我试飞。我的心绷得紧紧的，害怕飞机在半空中坠落，那我可就出洋相了。可我又转念一想，如果长大要为航空事业做贡献，岂能这样战战兢兢！于是我重新鼓起勇气，打开开关，将飞机螺旋桨飞快地向前一投，飞机脱手而去，腾空而起，一个劲地往天上升，哇！我飞起来了！飞机超过了许多同学，仿佛穿过森林，绕过小河，跨过小桥，无限风光在眼前：蓝蓝的天、青青的山、绿绿的水……

展望22世纪，我相信，中国这艘巨轮在航行过程中，只要人人为前行而努力，我们祖国乘风破浪，腾飞于世界前列就不是梦。

周澄志/文，五年级

勤劳的家庭

星级文明家庭、五好家庭、最美家庭……像这样的奖牌，在我们家还有很多。你知道为什么我们能获得这么多奖吗？没错，就是因为我们很勤劳，勤劳是我家的家风。

爷爷以前每天都修理器具，现在还自己种菜做饭、打理房子；奶奶天天要记账，加减乘除的手工计算算得比我还快；妈妈天天写文章，不是单位里的材料就是我的成长日记；爸爸坚持每天上班，周末也不休息，要把产品的质量检查好；阿姨每天早出晚归给学生们上课，晚上回家还要批改学生作业；我和妹妹——当然是一个上小学，一个上幼儿园啦！

爷爷以前是开修理店的。他虽然小学都没毕业，但自学成才。各种问题的电机，爷爷一听就知道哪里出了问题。这些精湛的技术都是爷爷自己勤奋钻研出来的。很多人来拜爷爷为师，退休后还有不少徒弟每年大年初一来给爷爷拜年呢！

爷爷不仅爱钻研，还对质量要求高。夏天的时候，很多人拿电风扇让爷爷修。爷爷为了尽快修好经常加班加点。有人建议说修好能用就行，但是爷爷坚持要把电机修得完好无缺，包括一颗螺丝钉。

现在退休了，爷爷也不停歇。不仅做好家里的家务，还亲自下地种菜，说是让我们吃得健康。爷爷还每天接我上学放学，真是我家的勤劳榜样啊！

奶奶做会计工作。在没有电脑的时候，每月的账都是手工计算的。

奶奶也经常加班加点，工作很认真。每个月都按时送报表，从没有迟交。奶奶不仅做好单位里的活，还要管全家的吃饭问题。每天奶奶都给我们做美味可口的早饭，还要做好丰盛的晚餐。另外，奶奶还把家里收拾得干干净净，让全家住得更舒服。

妈妈和阿姨是两姐妹。阿姨从师范大学毕业后一直在小学里教书育人，每天第一个出门，晚上最后一个回家，还经常带学生卷子回来批改。暑假里，她也经常去学校加班。我觉得她管妹妹的时间还不如管学生的时间多呢！

妈妈大学毕业后在社区服务中心为居民服务，还要经常加班写材料。就算生病了也把工作带到家里坚持做好，妈妈获得的奖状也有厚厚的一堆。妈妈还坚持写我的成长日记，已经写了好几万字了。

勤劳是我们中华民族的传统美德，是我们家的美好家风。从现在起，我也要做一个勤劳的人，长大以后做一个对社会有用的人。

单童胤/文，四年级　指导老师：任国

钱江少年爱家乡

　　我叫高乐妍，是土生土长的杭州人。杭州这座最具幸福感的城市，不仅山清水秀，景色宜人，还是全国第一个实现公交移动支付的城市。在这里，"无现金支付之城"成了一张金名片，礼让斑马线从道德标准内化为城市品质。杭州是一座温暖的城市，是一个热情、包容、幸福的人间天堂。

　　我还是一个地地道道的笕桥人。你知道吗，笕桥是一座古老的小镇，是一座拥有近现代飞行史的小镇，还是一座正在飞速发展的小镇。新中国成立以来，笕桥发生了巨大的变化，我们的生活也正在发生巨大的变化。

　　奶奶告诉我在他们那个年代，要想买什么东西，光有钱还不行，还必须拥有相对应的票，比如粮票、煤油票、布票。而现在，我们只要一部手机，想买什么就买什么，想买多少就买多少，我们享受着互联网带给我们的便捷生活。

　　随着城市化进程的加快和城中村的拆迁改造，一块块一望无际的农田变成了一幢幢排列有序的高楼，一条条脏兮兮的林间小道变成了一条条宽敞干净的马路。五水共治，垃圾分类……让笕桥的环境变得越来越好。

　　我住在笕桥同心社区，这里有座桥叫马家桥。桥下的河以前是当地"有名的"又黑又臭的污水沟，各种废水污水直接排入河道内，人们过桥时都捂着鼻子，有的只能绕道走，更别说在河边散步游玩了。

如今这条河通过笕桥人的努力，河水变得清澈透亮，小鱼在水中欢快地嬉戏，鸟儿在蓝天中快乐地飞翔，花儿们竞相开放，树木们又高又大，像一位位战士守护着美丽的河道。

笕桥的飞速发展让我惊叹，杭州的蓬勃发展让我的生活充满了幸福感。我为我是中国人而骄傲，为我是杭州人而自豪。"飞翼少年、志存高远"这八字校训将一直激励着我认真学习，将来我要为祖国、为家园的建设贡献一份力量。

高乐妍/文，四年级

第十一辑 好一个外地人

我直到现在，仍不知道他的身上究竟发生了什么事
——以我的性格，是绝对不敢再问第二次的。
他也再没有同我说过。不过糕点我依旧是在买的，
但是寒假结束之后，我便再也没有见到过他。

等待，窗外的身影

窗外，雨一直下个不停！

终于知道什么叫望眼欲穿了。我使劲地趴在青花瓷盆的边缘，伸长脖子，凝视着窗外，希望看见小黑的身影。可是，好久好久了，依然没有一点点惊喜，只有急切弥漫在心头……

我叫小白，是一只小草龟，小黑是我的同伴。八年前，小主人卡卡把我们带回了家，她在窗台上放了一只好看的青花瓷盆，还在里面铺了一些五彩的鹅卵石。从此，这个青花瓷盆就成了我们全部的快乐世界！我们追逐、嬉闹，偶尔还打架。我会骑在小黑的身上，让他成为坐骑，带着我团团转地在这个世界漫游……哈哈，不知天高地厚的我们真是乐此不疲！

卡卡每天给我们喂食，还跟我们说悄悄话，谈她高兴或悲伤的事，描述她在外面世界的见闻。我们似懂非懂，窗口虽然近在咫尺，外面实在过于遥远。

时光悄悄地溜走，一眨眼，卡卡十三岁了，我们也慢慢成长，个子已经有小主人的手掌差不多大了。就在几天前，卡卡给我们讲了她寒假去日本游玩的趣事：东京银座的繁华、京都寺庙的唐代风格，还有环球影城的刺激……卡卡说："外面的世界那才叫广阔，窗外的景色那才算精彩！"

从那一天起，一种向往油然而生。曾经的快乐世界越来越拥挤、越来越郁闷，我和小黑开始推推搡搡，吵吵闹闹。小黑好想去窗外的

345

世界看看，他说："世界这么大，应该出去走走吧，我们怎么能做盆底之龟！"

3月8日，阳光真是灿烂。卡卡上学前对我们说："春天是长个子的季节，所以要给你们晒晒太阳、补补钙。"我高兴地踢醒熟睡的小黑，激动极了。

我们的小窝给挪到了窗台外，我们终于可以清清楚楚看到外面的世界。粉粉白白的樱花开了，绿绿的小草密密的，像地毯。咦？那个会移动的怪物是什么呀，还会发出"嘀嘀嘀"的叫声？马路上有一群群小朋友走过，背着书包，应该是上学去吧！天气这么好，说不定是去春游呢！

脖子伸得老长，我们一会儿就累了！小黑拍拍我，说："小白，我们现在就爬出去，到外面走走吧！"我连连摇头，用爪子指指盆外说："爬出去？我们可是在高高的楼上呀，一爬出盆就会摔下去的！我可不敢，说不定会摔死的！"

小黑居然一脸鄙视，说我是胆小鬼！我懒得理他，伸长脖子继续美滋滋地欣赏窗外的美丽风景。

小黑终于忍无可忍了："小白、小白！你不用害怕，我们是万年龟，不会死的。要不，我先出去转转，到时候再回来带你？"

我不耐烦地回答："好吧，随你！"

我以为小黑只是说说的，他一向是个老实的龟龟，胆子可小了！没想到，他忽然踩在我的身上，一个翻身就爬了出去。我刚想喊小黑回来，咕咚，他竟奋不顾身一跃而下！

"小黑！小黑！"我大声地喊，没有回应。我趴在瓷盆边缘，伸长脖子努力往下看，楼下的草丛密密的，没有他的身影。

小黑会不会摔死了？不会的！他一定会缩头缩脚保护自己。没准，他滚到草地上，正在自由地亲吻崭新的世界呢！

卡卡回来时哭了，她一边埋怨我没有管好小黑，一边把青花瓷盆移到了屋里。我也悄悄流泪了。没想到孤独就这样降临！

晚上，起风了，小黑会冷吗？夜深了，小黑会害怕吗？下雨了，小黑会淋湿吗？他在外面会看到什么，会遇见什么，会不会想念我这个曾经朝夕相处的伙伴？我呆呆地望着窗外，多希望小黑的身影忽然出现。我相信小黑会千辛万苦地回来，一旦重逢来临，小主人卡卡肯定乐意带我们去窗外的世界看看！

是的，我们都会向往窗外的世界！但我们是小小的草龟，是小小的动物，想要亲近既陌生又广阔的世界，究竟应该勇往直前，还是应该静静等待？

我每一天都苦苦盯着窗外，期盼那个熟悉的身影早日出现！

卢融融/文，七年级

我想用镜头看世界

　　每当看到爸爸拿起相机拍照，我总觉得很新奇，不由自主地凑近，想看看他到底拍了些什么。每次，爸爸总是笑着把相机给我，让我也拍一拍。就这样，我慢慢地喜欢上了摄影。

　　我喜欢摄影，因为它能记录动人的瞬间，在未来的某一天看着定格的照片，我便能回忆起按下快门时的情景、心境。摄影是有灵魂、有情感的艺术：每次按下快门，我都会思考为什么要拍下这张照片，我要用它传达什么，如何运用手中仅有的工具去表达心中所想。

　　我想成为一名优秀的摄影师，用镜头去看这个大千世界，用快门记录下它独一无二的美丽，无论是浩渺的宇宙苍穹，还是一滴露珠的悸动。我企盼着定格每一个不同的地方，每一张不同的笑脸，每一次不同的心跳。

　　美的事物人人都喜欢，但美总是转瞬即逝。再美的花，不免凋零；再美的人，终究也会衰老。但相机却能令这些美永远鲜活，无论何时，无论何地，我们总能继续欣赏、回忆。从这个角度看，摄影成了保鲜剂，使美永远熠熠生辉。

　　当然，摄影不仅仅只是拍下照片，其实更是在讲述一个个动人的故事。在我的眼中，海浪有无数种不同的表情，白云也拥有着不同的神态，大自然的一切虽然默默无语，却蕴含着无穷的生命张力。我想通过镜头，讲述我对这个世界的认识，对生活和生命的认识，对一切一切的认识。

摄影定格的是画面，表达的是心境，带给观赏者的是思考和感悟。我始终相信真正的摄影蕴含着无穷的力量，它可以改变一个人的命运，改变一个城市的面貌，改变一个社会的价值观。

我喜爱摄影，喜爱那种欣赏和珍惜的心境。让我们一起去寻找身边的美好，用镜头去看世界！

朱薛安/文，五年级　指导老师：阮征

好一个外地人

在老人口中，人分两种：本地人和外地人。

本地人，便是自家田里自家麦，认着"根"，你我都是熟人。

而外地人，就是那些禁止过界的外来稻种了，凡是能够蔓延过来的，无不是掀起一波惊涛骇浪。

话说冬日的下午，在我老家的山坡上，一群孩子在那里"鬼鬼祟祟"地侦察着。一次偶然的机会，他们说，要带我品尝一下当地的"特色美食"。

忽然，一个孩子尖声叫道："外地人来了！外地人来了！"话音未落，那扩音喇叭所发出的沙哑的吆喝声便闯进了这个小村庄。孩子们倾巢出动，纷纷围到一个骑着电动三轮车的大叔旁。他们个个都有一张馋嘴，眼睛里冒着金光，似乎恨不得把整辆三轮车给吞下去了！至于那位被孩子们围住的大叔——他除了戴着一顶北方特有的大军帽，其他没有任何能让人留下一丝印象的地方。他对待这群小顾客的表情永远是似哭似笑，给人一种莫名的凄凉感。

估计他并没有听到孩子们都极不礼貌地称他为外地人——至少并没有露出丝毫生气的样子，只是默默地锁上车，笨拙地从车上下来，为这些早已"口水直流三千丈"的孩子们掀开车后面的一个个大蒸笼的盖子。瞬间，水雾蒸笼里涌出五颜六色的糕饼，立刻与这破旧的蒸笼形成强烈的反差。孩子们倒是很老道地掏出钱，买了一袋袋紫色的糕点。在其他人的强烈推荐下，我也买了一份。

其他人教我，要用手撕着吃。他们戏称这样子为"BBQ"。我问他们，为什么要这样吃？一个人用手指指了指那个已经收摊离开、仅留下一个微驼的背影的大叔："喏，那个外地人教的。他说，这样吃，更香。"

我不禁用敬佩的眼光向那个背影望去，只是为了这一小袋糕点，单纯地想："外地人"可真是一种神奇的生物！

可是，我也渐渐注意到，大人们似乎并不喜欢吃这些东西。每次那位大叔开着三轮车来卖这些简单的糕点，路过的人便在一旁指指点点。怎么，大人也挑食吗？

我悄悄地问奶奶这个问题。奶奶说："外地人都精得很！糕点里要掺老鼠药的！"

"什么，老鼠药？"我把原话转述给了村里的孩子头，害他难得表现出一阵激动："糕点里掺老鼠药？他是特地来做亏本生意的吗？一袋老鼠药能换多少糕点？外地人精得很！"

"他们就是特地来毒小孩的！"一些老人又反驳了。啰唆了半天，结尾句依旧是那句"外地人精得很"！

"所以说，你的糕点里掺老鼠药吗？"终于，在这位外地人收摊时，我实在是忍不住地问了他。我本以为他能照着小说里的情节：长叹一声，然后语重心长地把他的故事同我讲述一遍，然后再给我几颗大白兔奶糖，然后我受了贿赂，便写篇文章帮他澄清，赚点泪水……

可他并没有这样做。

他不知从哪儿冒出来的一股怒气，猛地把他头上的大军帽狠狠地摔到了地上，大步地走到河边，朝河沟里吼道："怎么全村人都是同一句台词！真以为老鼠药这么便宜……"

我立刻意识到自己犯错了，立刻想要逃跑，可双腿却死死地被钉在了地上似的，动弹不得。我体会不出他的忧伤，抑或是彷徨。

过了好一会儿，他终于恢复了平静，留着泪痕的脸上多了一抹笑容，也多了一抹忧伤。夕阳把他的发梢染得火红，颇像马戏团里的小丑。他带着几分歉意对我说："抱歉，吓着你了。"

他勉强地冲我笑了笑，便屈身拾起地上的大军帽，依旧笨拙地骑上三轮车，默默地离开了。

我直到现在，仍不知道他的身上究竟发生了什么事——以我的性格，是绝对不敢再问第二次的。他也再没有同我说过。不过糕点我依旧是在买的，但是寒假结束之后，我便再也没有见到过他。"他应该是回家了。"孩子头这么对我说。我也认同地点点头："他一定是回家了。"

方飞扬/文，七年级

雨愁·雨思

"哗哗哗……"一大早我就被窗外密集的大雨声吵醒了美梦，我揉了揉惺忪的双眼，起身看着窗外的大雨，一股深深的失落感不由从心头油然而生。因为今天是周末，也是我和同学们约好外出游玩的日子，然而，这场雨，让我们的出行泡了汤。

胡乱吃了点早餐后，我来到了阳台上，多希望这场雨立马就停啊！但是这大雨就像天空这个大水缸被捅了个窟窿，雨水倾盆而下，丝毫没有停止的迹象。我倚靠在栏杆旁，呆呆望着灰蒙蒙的天，大雨像粗绳一般连着从天而降，我的心情也似乎随着这些雨线落到地面碎成一地水花。最后的一丝希望也随着雨水被冲得无影无踪，没戏了。我失望地转身进屋，爸爸看到了我的失落，他笑着让我过去，告诉我雨天适合泡上一壶茶，看看雨，听听自己喜欢的音乐，思考一下平时因没静下来而被遗忘的事情，这其实也是件很有意义的事。

快中午时分，大雨终于停了，太阳也微微探出了脑袋。当我再次站到阳台上时，我看到了空中美丽的彩虹，也发现眺望远方的视角变得格外清晰，我深吸了一口气！

这场雨，虽然使我的出行游玩计划落空，但它却净化了空气、提高了能见度，还让我难得静下心，一边品茶，一边思考一些平时没有深思的问题。我忽然明白了一个道理：事物都是存在两面性的，可能是你脑海中的某些固定思维蒙蔽了事物好的一面。通过这场雨以及爸爸的提示，我相信以后遇到事情一定会比原先多一分思考！

钱柯怡/文，五年级　指导老师：陈杰

花儿的勇气

　　春天来了，天气非常好，空气湿润，很适合花儿生长，但在那与现在有巨大反差的峭壁上，却仍有美丽的花儿绽放。

　　那是一个风雨交加的夜晚，外出游玩的我们住在乌镇的著名民宿——"悬崖"民宿里。雨点"哗啦啦，哗啦啦"地从天上掉落，我好奇地在屋里四处张望，希望能找到什么有趣的东西。突然，我看到了一株在峭壁上生长的小花，雨点不停地滴在它的花瓣上，但它依然用它那脆弱的身体抵挡着暴风雨。

　　在大雨中，花儿是那么脆弱，那么渺小，但它那在雨中奋力抵抗的精神，却从众多花草中脱颖而出。

　　生命只有一次，生命就是一切，那株在峭壁上的花告诉了我生命的意义。在玩耍的时候，你是否会采朵花来装饰，其实在这不经意间，你就破坏了一个生命。

　　请相信，珍惜了，能拥有，付出了，有回报。

施浩然/文，五年级

354

闻春天

闻春天，它就像一只风筝把我带上蓝天白云间与鸟儿嬉戏；闻春天，它就像一位使者把我送进花的海洋与蝴蝶一起舞蹈；闻春天，它就像一条蚯蚓带我钻进泥土里，看看去年播撒的种子是否生根发芽……

冬天没有一次关住过春天，它永远关不住春天。春天最初是在飘忽不定之中，若隐若现，似有似无。它不是一种形态，而是一种气味，一种气息，一种苏醒的大地生命散发出的气息。所以在它出现之前，已经急切地把它的气息像精灵一般散发出来，透露给我们。所以，春天最先是闻到的。

春天有许多事物需要我们去发现，大自然的春天会带给我们意想不到的惊喜。我喜欢在这个季节里，静下心来去期待春天与寻找春天，体验与享受春之初至那一刻特有的诱惑。这种诱惑是大自然生命的诱惑，也是一种难以抵挡的诱惑。

记得那是一个宁静的早晨，我坐在窗前，望着桃树上的小鸟，"叽叽，喳喳……"我心中冒出了一个念头：我要跟小鸟做朋友！我试图伸出双手，做出拥抱的姿势。小鸟看见了我，却没有一丝想飞过来的样子。我又试图用眼神告诉她：我不会伤害你的，你放心过来吧。小鸟似乎看懂了我的眼神，飞到了窗檐上。我终于忍不住，飞一般地跑了过去。可正当我跑到窗檐时，我发现，小鸟不见了。我失望地回到了家里。但我依然没有放弃，于是我带上弟弟又踏上了探索之旅。

我们来到了桃花林，弟弟问我："为啥这个花园里没有花呢？"我答道："冬天才刚刚过去，春风还没有真正踏入这个花园，只有春风吹过的地方，一切才会生机盎然。""什么叫'生机要然'？""是生机盎然，就是一切都苏醒过来的意思。"就在这时，一丝春风吹了过来，一缕阳光洒了下来。弟弟又问："姐姐，是不是现在就能看到小花了？""不是的，"我回答，"还要再过一小段时间，我们就能看到小花了。""好耶！"弟弟拍着小手兴奋地喊着。

我们又来到了家门口的大树前，看到了我们种下的小树已经长成了高大挺拔的大树。记得前年我们还为出门后不能为小树遮阳挡雨而大哭一场呢！如今，看到了这棵大树，就犹如看到了希望。瞬间，我明白了，只要有付出就一定有回报；只要有信念，就一定会成功。

我相信，窗檐的那只小鸟，一定会回来与我做伴；桃园里的那几棵饱经风霜的桃树在春风的吹拂下，一定会开出美艳的花。

原来这就是大自然的惊喜！

这次闻春天之旅，不仅让我闻到了春天的味道，看到了春天的美好，还让我得到了春天的惊喜。这个惊喜是大自然的秘密，也是让我学会用味觉、触觉、听觉去感知大自然的春天。

章艺格/文，五年级　指导老师：李铁林

等　潮

苍茫宇宙，万物轮回，事物的发展大都需要等待。等待是一种憧憬，等待是一种心境，等待更是一种希冀。今年暑假，我就经历了一次这样的等待。

每年暑假，我都会跟随爸爸妈妈到外婆家——洞头度假。在那里我最期待海水的涨潮。我从文字中领略过大海的美丽，从妈妈口中听说过大海的壮观，然而，我目睹的却是大海的喜怒无常。每次到海边，我都会迫不及待地光着脚丫，踩着细软的沙滩，等待着涨潮。妈妈告诉我，涨潮在下午3点左右，于是我只好耐心地等待，不过心里却是着急的。时间一点一滴地流逝，我企盼着，终于，在那水天相接的地方出现了一条白线，妈妈说那叫"海平线"，我激动地大叫起来："开始涨潮喽！开始涨潮喽！"

一开始，海是平静的，像一个静躺的女子。渐渐地，海水慢慢上涨，一垄垄海浪从海平线上缓缓涌来，就像一叶叶白帆轻悠悠地浮动在海面上。过了一会儿，波纹叠着波纹，浪花逐着浪花，就像调皮的小孩一样欢跳着，舞蹈着。突然，一阵风狂啸而来，海浪像一朵朵白莲，一会儿被前面的波浪卷入浪谷，一会儿被后面的波浪推上浪尖。海风吹着尖厉的号角，卷起高高的狂澜，向空中扑去，远处一道白色的波浪齐刷刷地向海岸涌来。它好像一匹匹飞驰的骏马，那气势恰似千军万马向海岸猛烈地攻击着，发出"隆隆"的怒吼声，紧接着"啪"的一声，海浪重重地撞击在巨大的礁石上，顿时"粉身碎骨"了，随后潮水又缓缓地退入大海。一阵忙乱过后，那白浪似乎是累了，刹那间变得十分平静。放眼望去，远处依然是天苍苍、海茫茫，大海与天融合成广阔的穹庐，我早已分不清哪个是天，哪个是水了。正可谓：雾锁山头山锁雾，天连水尾水连天。此时，我情不自禁地发出了一阵惊叹：太壮观了，大海真是变幻莫测啊！

海水就这样永不停息地一涨一落，生活中的等待亦是如此，人在一点点长大的过程中也有类似的感受。美，需要等待；等待，也是一种美。

章艺格/文，五年级　指导老师：李铁林

被罩的启示

在生活中，有许许多多的事不断地刷新着我的记忆。这些事就像树上的一片片叶子，随手摘下一片，都会使人回味无穷，而我也从这些事中收获了不少启示。

不久前的一个晚上，妈妈给我的床换上了新被罩，那是我与弟弟共享的被子，虽然颜色暗淡了些，但我感觉一切都是那么的温暖。"哇——哇——哇"，弟弟一进门就放声大哭，"妈妈！我不要这床被子，它一点也不好看，盖着它我会做噩梦的。臭被子！我不要盖。呜……"确实，我也有这样的感觉，这是一床奶奶那个年代才会用的被罩——花斑被罩，十分俗气，更说不上好看。在弟弟的眼里，这一床被子是完全能决定他的梦境程度的。其实，一床被子不仅仅关系着我们的保暖程度，更能体现着妈妈对孩子的一颗真心、一片热爱。

我的心中不由产生一种作为姐姐应该给弟弟传递正能量的感想。于是，我抱着弟弟对他说："一一，把眼泪擦干，男子汉可不能因为一些小事就哭哭啼啼的。姐姐跟你说话的时候，你一定要忍住你的眼泪！"弟弟点点头，用期待的目光看着我。"来，你摸摸这床被子，厚不厚？"我问。弟弟挠了挠头，回答："厚。"我继续问："你再打开拉链看看是什么？""棉花，姐姐，是好多白白的棉花。"弟弟大声回答。我又问："你再摸摸外面的被罩，薄吗？"弟弟说："有点薄。""那好，你仔细想想，这薄薄的被罩会让你暖和，还是棉花更暖和呢？""当然是棉花暖和了！"弟弟不假思索地回答。这时我耐心地对弟弟说："你总不能光盖棉花睡觉吧。它是需要被罩的包装才会成为一条真正的被子，只有它们团结合作了，我们才能盖上暖和的被子，懂了吗？所以，不管这床被罩有多难看，它都起到了被罩应有的作用。就像我们人一样，不能光看外表，要看他是否真正成为对他人、对社会有用的人！我们姐弟俩应该努力成为这样的人！""哦，姐姐，我懂了。"弟弟似懂非懂地使劲点着头说。妈妈看着我，会心地笑了。

虽然是一次简短的对话，但我相信，这对我和弟弟在今后的人生道路上都会有很大的影响。

生活的本色总能给人带来一些启示，而我也从被罩中得到了一些启示，它使我从生活中的无知小孩变成了有知识会思考的少年，在自己的心中展开了一个智慧的大星空。

章艺格/文，五年级　指导老师：李铁林

消失的"竹林"

在朝廷官员们征战四方、忙于朝政之时，竹林中传来了袅袅琴声与纵酒高歌之声……

在这个追逐名利的社会，早已没了竹林七贤的随性。我们都得背着书包，每天早早来到学校齐声朗读课文，长大了都要找个体面的工作，才好与父母交代。但嵇康不论权臣钟会再三要求，都无动于衷。

现在的城市就像一个瀑布一般，而人们就是水滴，除了从高处坠落的一瞬间，毫无停留片刻的空闲；除了走南闯北的奔波，毫无静观一物的情调；除了随波逐流，毫无"另类的随性"。但是竹林七贤却是饮酒服药，散发裸衣；却是不事权臣，鄙薄圣贤；却是寻仙访幽，吟啸山阿；却是放浪形骸，琴瑟为友……

作为竹林七贤的领袖人物，嵇康更是把任性进行到底。他不愿做官，不想待在这个污浊的世界之中。"就像厨师不肯一个人在厨房割肉，非要拉上祭师来当助手一样，让我也和您一起，手执屠刀，膻腥的气味弥漫一身。"嵇康把官员比作厨师，而且沾了膻腥的气味。嵇康为了不做官，宁愿与好友山涛相伴，不愿娶一个公主为妻。

一个阳光灿烂的日子，古都洛阳东市刑场，一位飘逸如神仙一样的男子，面对着屠刀，淡定地奏起千古绝响《广陵散》。嵇康，面对死亡面不改色的气概，怎能不成为魏晋风度的典范？

可是回过头来想，他们大声喊出："人要为自己活着，而不是圣人。"为了自己另类的叛逆者，为了中国文人的觉醒，代价是什么？是丧生！恐怕纵有千年也出不了像竹林七贤一样的人了，他们与严酷的政治搏斗，惊心动魄，洒脱任性。

王梓恺/文，六年级

初学茶印象

　　中国是"茶的故乡"。早在四千多年前，神农氏就发现了茶，《神农本草》中曾记载："神农尝百草，日遇七十二毒，得茶而解之。"中国也是"茶的国度"，茶文化的发源地。文人士大夫往往把以茶入诗看作高雅之事。陆游写有诗句："矮纸斜行闲作草，晴窗细乳戏分茶。"林逋亦有诗云："世间绝品人难识，闲对茶经忆古人。"

　　这是我第一次上茶道课。当我坐在充满古韵的房间里，闻着那一丝丝飘入我身体里的茶香时，我有一种幸福的感觉，那种经过时光洗礼后的清新是任何事物都替代不了的。我安静地坐着，用心聆听老师的讲解：茶叶按大小可以分成四种，分别是大叶种、中叶种、中小叶种和小叶种，像我们的杭州特产龙井茶就属于中小叶种，而像乌龙茶就属于大叶种了；养育茶叶的茶树也可以分为三种，分别是乔木、半乔木和灌木，我们常见的绿茶就属于灌木；茶的品种有绿茶、白茶、黄茶、青茶、红茶和黑茶，绿茶属于不发酵，白茶和黄茶属于微发酵，青茶属于半发酵，红茶属于全发酵，黑茶则属于后发酵……我惊叹中国的茶文化竟如此博大精深，更赞叹生长在这片土地上的人民的伟大智慧！

　　扑哧扑哧，旁边传来了水开的声音，我们一个个都把脖子伸得老长老长，等待着品茶。只见老师把沸水慢慢地倒进放好茶叶的紫砂壶里，再将壶里的茶汤轻轻地倒进一只稍大的杯中，老师称呼此杯为公道杯，之所以这么叫，是因为从它那里倒出来的茶汤浓淡都一模一样。

接着老师又把公道杯中的茶汤细分到一个个小瓷杯里给我们。我发现那些小瓷杯里的茶汤颜色果然都是一样，不禁暗暗感叹："一个看似简简单单茶，里面居然蕴藏着如此多的文化知识，难怪古代的文人墨客时常要作诗来感慨一番。"

我品尝了好几种不同的茶。不同种类的茶，茶汤的颜色也都各不相同，比如红茶的颜色是红色的，白茶的颜色是微琥珀色的，普洱茶的颜色是琥珀色的，抹茶的颜色是绿色的。茶的香味也十分好闻，尤其是白茶，它的香味闻起来就像牛奶一样，是所有茶里面我觉得最好闻的一种。不过每种茶第一次入口的时候都是清香中夹着一丝苦味，只有细细品味后才能感受到那一丝丝的甘甜。

我觉得生活中很多事情也跟品茶一样，开始的时候可能会觉得有点苦，可事后回忆起来又有很多的美好。就像上次我参加学校的献词活动，刚被选上的时候很开心，可排练的时候真的很苦、很累，但现在回想起来又觉得是一件很幸福的事情。

所谓人生如茶，大概便是如此吧！

王嘉睿/文，四年级

致项羽的一封信

尊敬的西楚霸王：

　　您好！认识您源于司马迁前辈的著作——《史记》。从前辈的著作中，我知道了您颇多的生平事迹。我知您重情重义，也知您骁勇善战。乌江一战，您以一人之力杀敌数百，您之神勇千古无二。可您一代枭雄，最后竟落得个自刎下场，真是悲哉！痛哉！

　　前辈，您可知道，知识是战胜一切的武器。您生于贵族之家，乃楚国名将项燕之后，可您少时学书不成，去学剑，又不成。您的叔叔项梁前辈对此很生气，可您却说："书，只可记姓名而已；剑，一人敌，不足学；学万人敌。"于是项梁前辈只好再教您兵法，您大喜，可您略知其意，竟又不肯学。唉！不知您有没有为此懊悔过。若您少时能日读圣贤，夜习兵法，也许结局会大有不同。我如今虽只是一九岁小儿，但我非常喜欢畅游在书的海洋里，感受知识带给我的乐趣和启迪。我偶读《论语》便如获至宝，尤其当我学习懈怠，想得过且过时，孔圣人的话——"学而不思则罔，思而不学则殆"就会像我的另一双眼睛一样，让我迅速看清自己。去自然博物馆的时候，从书中学到的知识，能帮我快速辨认出远古时期各种不同的生物标本。参观古代宫殿时，脑海里收集的知识能带我重温那一段跌宕起伏的历史。知识是一股无形的力量，它就像一束温暖的阳光，照亮了我的人，照进了我的心。如果时光可以倒流，我相信您一定会选择在年少时饱读圣贤书，潜心研习兵法，这样即便日后您面对重重危机，也照样可以"运筹帷幄之中，决胜千里之外"。

前辈，您可知当领导者须慧眼识人，知人善用。楚怀王曾对众将领说先破秦入咸阳者王之。当年您率兵解巨鹿之围时，沛公已先入关中。当时您的谋士范增对您说："沛公居山东时，贪于财物，好美姬，今入关，财物无所取，妇女无所幸，此其志不在小，吾令人望其气，皆为龙虎，成五彩，此天子气也，急击勿失。"可当您的叔父项伯劝您说："沛公不先破关中，公岂敢入乎？今人有大功而击之，不义也，不如因善遇之。"您就在鸿门宴上不顾谋士范增再三暗示，放走了刘邦，从此江山易于刘邦之手。范增是您的忠诚谋士，可最后您却把他气走了，真是令人扼腕叹息。我觉得在识人用人这点上，您真该向我的老师学习。她让管理能力好的同学当纪律委员，让综合能力强的同学当班长，让才艺突出的同学当文艺委员，通过这些同学的协助，老师不仅把班级管理得井井有条，而且还让我们在各种年级比赛中取得了好名次呢！

前辈，您可知吸取教训，善总结，苦尽甘来终有时。太史公在评价您时，说您"自矜功伐，奋其私智而不师古，身死东城，尚不觉寤，而不自责，过矣"。您在临死之际仍无一丝悔意，还固执地认为是天要亡您，而非您用兵之罪，实在是您之大过呀！您曾面临四面楚歌的境地，我也曾有过如入"万丈深渊"的经历。那是去年期末考试的时候，当我得知我的数学成绩仅仅只有合格时，我感觉天都要塌下来了，我不敢相信自己的耳朵，拼命地想要否定这一切。可现实终究是残酷的，我不得不接受这个事实。当考卷发下来的那一刻，我静下心来认真总结，并暗自下决心，一定要改掉粗心大意的坏习惯。放假的时候，我每天在家做练习题，完成后还逐一检查，渐渐地我发现我做题的正确率有所提高了。我想，凭您的智慧，若您当时能吸取前人的历史经验，及时反省，又何愁不能东山再起？

您一生战功赫赫，为人光明磊落，令晚辈十分钦佩，可您以如此悲壮之举结束一生，这又着实令人万分痛惜。若时光能倒回，我多想您能听听这样的肺腑之言，使得有朝一日您可以率领江东子弟卷土重来，不负您"西楚霸王"的美名。

敬叩金安！

晚辈王嘉睿

己亥年三月于家中

王嘉睿/文，四年级

尺有所长 寸有所短

一个学生成绩从100分到98分，会被父母揍一顿；一个学生成绩从58分到61分，会得一次表扬。

年迈的耄耋老人做错了事，会受到子女责怪；牙牙学语的孩童犯了错，会被原谅。

我的家里有一把木尺子，已经用了三十多年。上面的刻度早已模糊不清，但外婆经常用它量尺寸、做衣服。

尺子可以说是世界上最公平的东西，但人性的光辉、人心的丑恶，是它无法丈量的。有时仅仅是因为懒惰，因为自己的利益受到了损失，就被一叶障目。这种事例听起来好像匪夷所思，却经常发生在我们身边。

最近，我所居住的小区物业就跟业主们发生了一些争执：物业因为小区的停车位不够，要砍掉部分的小杂树；但业主们说不能砍，要是砍了，他们的生活质量就要降低，小区环境会变差，房价也会下降，甚至认为物业重新添加车位后，增加收入却并未真正为业主谋福利。物业在处理杂树时，有业主出来制止，双方僵持不下。

他们不就是被利益蒙蔽了双眼吗？尺子在这时显得苍白无力，早已无法丈量事实的真相。

这两年教育矛盾越演越烈：老师安排一些家长配合的作业，家长们工作繁忙，哪有那么多时间来做这些事情，但又不得不完成，有的家长开始抱怨：我已经付了费用，老师就应该全权负责，凭什么还要家长来完成这么多事情？老师们也有苦衷，一个老师管着那么多孩子，不可能每一个学生都照顾到。妈妈对我的学业事必躬亲，除了成绩，还非常注重与老师的沟通，也很重视我个人的感受。在这样的环境中我深感幸福。

人性，时而温暖，时而薄情。

《盲人摸象》故事中的主人公，各自都只摸到了大象的一部分，所以不清楚大象的真实模样。就像前面两个故事一样，大家都只看到了事情的片面，只从自己的角度出发，没有过多的换位思考。

森林中，山羊和长颈鹿在森林邂逅了，长颈鹿伸长脖子，骄傲地吃到了树顶上的叶子，美滋滋地说："长脖子真好呀。"山羊弯下脖子吃到了地上的嫩草，乐呵呵地说："短脖子真好呀。"所谓仁者见仁、智者见智。我觉得树顶的树叶很容易吸收到充足的阳光，诚然好吃，地上的小草能迅速汲取土壤中的养分，自然也不错。当然，我只是旁观者。

尺有所长，寸有所短。如果我们时常能考虑他人之所需，世界就会多一点美好。

魏明阳/文，五年级　指导老师：路蓉

你没回来

你总是那么快乐。黑珍珠似的眼眸总是活泼机灵，黑绒布似的身体不停地飞进飞出，红玛瑙似的小脚啪嗒啪嗒不安分地动着。就连那嘴喙，也红宝石似的，由阳光衬着，显得可爱，非常可爱。

但是你，这么个可爱至极而又可怜至极的你，却死在了一个美丽至极而又冷酷至极的夜里。

真的，真的，对不起，太对不起。我对你的死茫然，让我只能说出这苍白无力的一句。其他的，除了回忆，还是回忆。

我想，我应当可以回忆，用我最后的忏悔的权利，回忆你。

你在几个月前，还是个幼小而不谙世事的孩子，但不幸，它从那时起便缠上了你。养鸟人拿你充当雌鸟，放进了我拎着的笼子里。你的心一定很痛苦吧，可人是不会管的，他们只想着能听到你宛转的啼鸣。我给你取了名字，玫回，与另一只通体雪白的小鸟——雪归，凑成了一对。我更喜欢你，你比那只白鸟更可爱、更活泼，你两眼中的灵动光芒深深地吸引了我。但之后不久，开学了，我便埋头于世俗的嘈杂中，无暇顾及你纯净的天籁。添添食，喂喂水，看看你，看到你很机警地躲在角落里，我的心泛起了一丝涟漪，但很快，又归于平静。

毕竟，人鸟有别。平等？信任？不太可能。我归于平静的心里，无奈，是镇静剂。

记不清是哪个周末的下午，只记得，那时，窗台上洒满了阳光。你与另一只鸟，就在阳光下，无力地扑扇着翅膀。那时，我知道了，你想逃出去，特别特别想，想真真正正地去接触蓝天，在真正的阳光下歌唱。但那不行啊，你不知道，你会死，你在蓝天和阳光下飞舞盘旋时，你会死，死于藏在蓝天、阳光后面的饥饿和寒冷。而我们，只能用禁锢你心魂的方式，延续你悲哀的生命。你恨我吧，我接受，因为是我们人类，扼杀了你的心灵。

对不起，真的好对不起。

你我都不知道，我们人类无法预测而又无比恐惧的一样东西，死亡，在接近你。你病了的时候，我发现你病了的时候，都太乐观，以为这没一点点关系。不久，你还会歌唱，你还会在栏杆间蹦来跳去。但我们错了，大错特错。因为你死了，在那个夜晚，那个冰冷而无情的夜晚，你的黑珍珠似的眼，黯淡了。

如果，我能多关心你一点，能多照顾你一点，能正视你的萎靡不振，能认真对待你的病情，你，就不会死了吧？

或许，即使我这样做了，死神还是会光临。但我没这样做，所以，我只能懊悔，只能像宗璞笔下的凌京尧那样，怀着深深的绝望问一句："玫回，你恨我吗？"

你，玫回，来，来回答我这个无人解答的问题，来，让我知道，你来……

你没回来。

我只好，在心底，一遍又一遍地问这个问题，一遍一遍地说，一遍，一遍…… 你，能否听得见？

张星媛/文，七年级

天上人间

一

花盏连绵，似浮云般漫上墙头，枝叶扶疏，落在墙上的影子，似墨色般清浅。

那池旁立着的，确确实实是个美人。白衣胜雪，暗色的卷云纹自袖口生出，涌上肩头。含烟的眸，三千青丝垂落腰际，若说那唇上的朱色，怕是连妖冶的曼珠沙华亦要逊色几分。

唯一美中不足的，便是那美人不会笑，此等姿色，一次浅笑，怕是说揉皱一池春水，都不为过。

我依着那池水照了照，倒还是颇为满意的。身后的少年向我望来："一尾，你可是想好了？"我点点头，甚至都觉得没有犹豫的必要。

他唤作泽，掌着天地的姻缘，而我本就是这天上姻缘池之中的一尾锦鲤。

皆言人生在世，南柯一梦，一瞬欢愉。生如浮游，朝生暮死，自然不如与天地齐寿来得逍遥快活。我读不懂他们的喜怒哀乐，亦正如我想不清，为何会有如此多的人，来祈福祈姻缘。祈愿放的灯，唤作风灯，那明灯三千，夜似白昼的景致，却一直留在我的脑海中了。记得泽那时问过我："一尾，你觉得如何？""不懂，有点傻。"但是总觉得这样的回答是再合适不过了，显得我仿佛看得通透。

此番，至人间一游，大抵是觉得想去寻个因果。三千繁华，弹指刹那，百年过后，不过一捧黄沙。我真是不明白，这似水流年间，竟还有如此难解的缘结，人心底处最渴望的愿景，终究是什么？

走之前，我言，我祈欢愉，与享那无尽荣华富贵的殊荣。这大概是个好东西，不然也不会有那么多人祈愿赐福，终求一个它罢了。

案上铺的是一纸白宣，少年微微皱了皱眉，握着笔的手终是落了下去，他低垂着头，辨不清神色，唯留置在一旁的一管狼毫，仍向下淌着墨液，在宣纸上晕开墨花朵朵。

二

公元前779年，周幽王得褒国进献的美人，大喜，封为宠妃，荣宠之盛，无人可比。

我只知自己姿容尚可，却不想在这人间，竟能衬得绿叶红花失色。外头传的，皆是那美人姿容胜雪，眉目如画，齿白唇红。不论容颜还是身姿，皆为上品，回望一眼，便是万年的风波。我寻思良久，这大抵便是他们所求的盛名与富贵。

那男人身着华服，琉璃盏中的酒液在月色中晃荡："想要什么，孤都会给你，孤只想看见你笑。"

我心下想到，倒真是痴人说梦。我本就不是人，也未尝浅尝过笑的滋味，亦不会露于你看。却不想，朱唇轻启，说的却是另一句话。

那烽火台上的狼烟，终是因为我的一句话，而燃起来。我望着那个男人，那个年轻的帝王，烽火台上，身为一国之君，竟对身后的妃子言听计从，百依百顺，何其可笑。狼烟四起，浓烟将碧落染成殷红色，各路军马匆匆赶来，城下旌旗林立，战马嘶鸣，乱作一团。我试着将嘴角微微上扬，这便是所谓欢愉么，这便是有些人祈求的无上尊荣与权贵？从某种意义上说，是了吧，毕竟君王与那些个诸侯，不都是被我耍得团团转。

那段时间，泽来看过我，他说，周幽王荒淫无度，百姓民不聊生，饿殍遍地，祈愿的纸成千上万，求的都是平安。

听后，我觉得有些不舒服，同很久以前还是鱼身时在岸上搁浅的感觉无二，心有些生疼，是刻骨铭心的那种。

公元前771年，申侯联合缯国，西夷犬戎来攻，骊山脚下，我知道，这一切，终是结束了，也正如我预料的那样，我却丝毫也未尝感到，那所谓的欢愉。"赫赫宗周，褒姒灭之。"我终不知是那一笑的过错，抑或是那些昏君奸臣心中，纵横生长的，不知满足的贪欲。

我问泽："人间便是如此?"

他摇摇头，又点点头："是，但不全是，你看到的，只是一小部分。"

我又问："那荣华富贵带来的欢愉呢，是真真切切存在的吗?"

"不是的，一尾，有些欢愉终不是荣华富贵能相抵的，也不是欲望能填盖的。"

大抵，周幽王爱的不是褒姒，也不是江山，他爱的是欲望，恰恰皮囊和权力能满足他罢了。

我央求泽，用我一生的修为换后世能有一位明君与几百年的盛世太平，他允了。

三

待到荼蘼花事了，秋风乍起，总觉得是有些凉意了。

我问泽："何为真正的欢愉?"他眼角含笑："是会有些苦涩掺杂，就能显出它的甜。"

泽说，他想带我，去人间一见。

屋中的铜镜，映照出一张脸。谈不上惊艳，却是颇为清秀的，只是眉目间蒙上了一层淡淡的忧愁。这便是少女的闺房，我修为散尽，化作一尾不能再普通的鱼，栖在一旁的瓷盆中。

泽告诉我，那少女曾向他祈过平安，为了她的心上人，一位在战场上杀敌护国的将军。

一片沉寂后，我并没有再用从前觉得很合适的答案了——"不懂，有点傻"，还没等我意识到，那些语句便从我口中说出："那后来呢，你救他了吗？"

泽眼中含着笑，一字一句道："一尾，你是想着为他人祈平安了。"

"我给过他机会的，他杀敌颇为英勇，奈何终是败了，也执着于以身殉国。"泽缓缓道，"今日本该是他们大喜的日子，你觉得，她会如何？"

却也容不得我思考了，屋内，是烛台倾倒的声音，那烛焰引燃了床幔，火势极快地蔓延着，跳动的火舌顺着大红的床纱蜿蜒着，一如彼岸花的妖冶。少女安然地坐在梳妆台前，对着铜镜，一头大喜的珠钗摇曳。

她竟是在笑的，是那种安详的，满足的笑意。

火光描摹着容颜，我知道，她看见了，她的夫君，那位护国将军，染冰雪披琉璃胄，蘸朱紫登金银台的英姿。

是的，她的夫君，战死前耳畔回响的，亦是她清丽的嗓音："无论成败，我嫁的，终只有你一人，哪怕你以身殉国，那也是我的荣光，我一生的唯一的英雄。"

我央求泽，将我身上的鳞片悉数化为嫁衣，赠予她。

泽有些愕然："你虽是天上的锦鲤，但今不比昔——会死的。"

我轻笑，是那种发自内心的自然的欢愉："日月何寿，天地何寿，可为何还是爱向人间借朝暮悲喜为酬？人生虽蜉蝣一渡，亦可欢愉有梦，而那些悲欢离合与爱，是不会逝去的，那些祈愿，那些念想，并不可笑，它们才是生的证明，是人间的清欢。"

我的意识一点点在溃散，但我知道，那嫁衣一定很美，有曼珠沙华的芬芳，有烈焰与血的灼灼。

因为执着与爱，所以苦涩与欢愉，人间有味是清欢，常盼天上人间，却不知人世间，已是天堂。

卜凡珈/文，高一

梅

临近年底，又要到冬天了。望着阳台后白茫茫的雪景，细细一看，才发现多年前的那抹粉色，在今年，生机依旧。

前些年，我对这花儿的确是产生了不一般的敬佩。在家中惯养多日的梅花，却不忘自己的使命，同天下千万梅花一般，要在冬天，争着在百花前盛开。我开始本想这家养的梅花和野梅——譬如日本的绯梅，到底有着怎样的区别。那时我还幼小，竟把梅与日本常见的樱花联系起来，担心它会不会迅速凋落，而那时也算到了春天。直至那年初秋，那梅方才凋落。

严寒中开放，直至秋日才凋零的梅，对于当时的我又何尝不是一种幸福呢？我将冬日的希望给予这花，望在冬日里一片白茫茫的单调景象中，看见不一样的风景。而我，对于重要的事物，总会疏忽。

那年冬天，为了赶回老家过年，走得匆忙，一时竟忘了娇弱的梅花，让它在冬日里忍受严寒。普通的梅花都不愿在这样的环境下开放，何况一盆家梅！平日家中的温暖，到今日戛然而止，就像一个迷路的旅人，无处安身，漫步在雪地，好似命运在嘲笑他，开了一个致命的玩笑；又好像南飞的幼雁，失去了亲人的关照，在渐冷的天气中徘徊，迷茫无助。

我又能做什么呢？想起来时，已经晚了。我能做的，只是祈祷凌厉的北风放过这未开放的花苞，让她包裹住开放的希望。

那年的春节，也因为那盆梅花，显得格外漫长。我能待在有暖气的房子里，而梅又能如何？无奈时，只能望望窗外纷飞的白雪，又想想梅花，不禁然间想到几句诗：

数萼初含雪，孤标画本难。

香中别有韵，清极不知寒。

······

老家的野梅，便有这般诗意的外貌，花瓣上积着雪，孤傲而又美丽。但对于他们，最幸福的事，莫过于与同伴一同开放，为寒冬增添一分色彩。临走时，我又望了望梅，但愿她也能迎着寒风悄然开放。

出乎意料的是，当我不顾归途的疲倦，匆匆去查看家里的花时，阳台上向外望去的一片雪白间，多出一抹傲人的粉色。她没有顶着积雪，她没有同伴，她没有强求自己生长的条件，唯一有的，是和万千梅花一般在冬日里开放的傲气！我想，这便是她的幸福吧。

费晟/文，八年级

顽强的生命

一只飞蛾烧伤了翅膀，仍将鼓动双翅跃动；一粒瓜子丢进砖缝，竟然冒出一截小瓜苗；一株小草被烧死后，却能重新生长；一株松树斜插在悬崖上，没人料理它，却能茁壮生长。小狗豆豆的故事，同样令人佩服。

一个再平常不过的下午，豆豆跟着外公去地里干活，粗心的外公回家后，也没发现豆豆不见了。直到第二天，外公和外婆才知道这件事的严重性，展开地毯式搜寻。村里的各家各户，甚至临村他们都去找过，依然一无所获。外公最终没办法，只能放弃寻找，猜测豆豆有可能被别人拐走了。

时间过去了一个星期。一天早上，邻居发现瘦骨嶙峋的豆豆拖着一条残腿，一瘸一拐地从村口走回来。外公检查豆豆残腿的时候，才知道原来豆豆在玩耍的时候，被一只捕兽夹夹住了左后腿，整整一个星期啊！我不知道它是怎么挣脱捕兽夹的。但它以放弃一条腿的代价，完成了自救。我相信它没有放弃自己，一定是每天在咬那个捕兽夹，想让自己早点回家。在这期间，豆豆没有吃过任何东西，它是靠自己坚强的意志活下来的。豆豆可能每天生活在饥饿和痛苦中，那条左后腿应该早已没了知觉。它肯定流过不少眼泪。但现在不是好好活着吗？虽然少了一条腿，但豆豆每天还是开开心心的。

是啊，生命是顽强的。如果你热爱生命，热爱生活，并永不言弃，那么你的生命就是顽强的。

季诺/文，四年级　指导老师：杜琴

海南海南

海南，四面环海，与世隔绝；而在此土生土长的海南人，与内地人亦是不同，甚至是"格格不入"的。

早晨起来时，内地人无非是匆忙吃几口早饭，然后投入繁忙的工作。海南人虽说也忙碌，但无论如何，都要抽空吃个早茶。

早茶，顾名思义，即是早上吃的茶点。我曾吃过几次早茶，里面通常被围得水泄不通，不下几十种茶点，放在展台上。入座后，你会拿到一张单子，在展台中挑选，拿取后，只需在单子上圈画，离席时结账，一般一顿早茶下来，要七八十元。

走进展台，你会发现早茶的点心几乎全在蒸笼中，更让人惊奇的是，没有什么早茶铺会提供西式快餐，清一色的广东慢热类点心，如肠粉、花糕、紫菜卷之流。我也常在心里啧啧称奇，这样的海南早茶，在世界潮流下，如逆水行舟。

"海南人就是那么奇特啊！"我不禁感叹，海南的早茶，虽源于广东，但早已从一颗火种成为燎原之火。不为别的，只是因为海南人那颗清静、纯朴的心啊！如此想来，在喧闹的早茶铺中，还真有些许清幽的韵味。

海南不仅有美食，还有风景名胜。骑楼老街算一个，游客前来，无非是找好位置，快门按一通，然后再奔向下一个景点。

相比之下，本地的海南人就要清闲得多：品几口茶，看看路边的店铺，在街道中来回漫步，他们走走停停，能逛上一个下午。我也学着做，突然发现那些建筑变化起来——清代的太平盛世、民国的财政繁茂、解放时的浴血奋战，都浮现在我眼前。"原来这些建筑还有这般韵味啊！"我在心里想。

在很多人的眼里，海南这个地名，就应该是有阳光、椰树与海滩的，而不是早茶或是老建筑。但如果有一天，海南的椰林被伐尽，阴雨绵绵，海南人会有所抱怨吗？

答案是否定的，海南人只会抱怨没有了所谓的"特色"而已，更让人啼笑皆非的是，名贵如海南黄花梨，短短一根即价值成千上万，但是海南人最初只是把它们作为木柴，更别提什么"海南人与海黄相伴相生"之类的无稽之谈了。

海南，海南人就是这样，不与世纷争，只是做好自己，关注自己的生活。

因为质朴，所以懂得生活。

徐振冯/文，六年级

月末霜降

霜降是秋天的最后一个节气，这天一过，冬天就将匆匆赶走秋天，并取而代之。古人云："蒹葭苍苍，白露为霜。"秋天的白露，即为霜，遍地都是霜白，人们不禁油然生而出一种无奈，一种悲凉，像两鬓斑白的大地一样悲叹向天。

当天如果你出门散步悠游，林中呈现的是一幅凄美又悲凉的图画，"青山绿水，百草红叶黄花。"只一句话便诠释了秋日霜降之景：落满霜的草雪白，秋天的枫叶火红，隐菊的金甲昏黄。

霜降过后便是冬，所以昆虫已经开始储粮。昆虫，它们不想在寒风中顽抗，也不想在雪中瑟瑟发抖，它们不是硬骨头，而是只想霜降这一天给洞穴封个口，或再找点粮食，或先冬眠。只待生物钟一响，便翻身出动，过个和气又温暖的春天罢了。

记得一位朋友曾介绍了他自家的一个习俗，说是霜降当晚还是前一晚（我记不大清）要放一颗栗子在床头，到次日清晨再剥食。上网查了才知，原来是由于在古代，霜降那天要阅兵。因为霜降以后，小的水流就会结冰，让人们不要等到结冰才想到已经霜降了，而是要看到霜降了就会去想：马上要结冰了。阅兵也是一样，不要等敌人来才想准备，而是要先准备，等敌人来便可以抢先一步。也就是所谓"居安思危"，所以才得此风俗。

每个节气的名字之下，是古人们对美好生活的向往与对自然的敬畏。霜已降，冬将至。"霜气寒冷晨凝霜"，季节的变迁亦令心情由静转向动，由快乐惬意转入缠绵而忧郁，是情绪使然，还是时节原因？人们怅惘着斑白的大地，用一个枕戈待旦的风俗，送走秋天的最后一个节气。

"霜叶红于二月花"，霜降不是苍凉与凄婉，她是一个轮回的呼唤！

余星源/文，六年级　指导老师：吴玉芳

虞美人

清晨，一抹红艳拉开了新一天的篇章。远处不时传来几声鸟儿的欢唱，好似一位正在作曲的音乐家。这时的村子便开始慢慢地苏醒，醒来的人们都开始了一天的繁忙。徐徐升起的太阳发出温柔的金光，正照出每个人的轮廓。

来到一处平地上，几株花格外显眼，这些花我都没见过。在它们当中，唯独一朵红艳艳的花引起了我的注意。这花和其他花不同，其他花的花瓣形态都是固定的，而它只要一阵风吹过，花瓣就像拍打沙滩的海水，婀娜多姿地随风摇曳。没走近时，会觉得它有两种颜色，而近处一看，却是一片朱红色，但这朱红色里还透着点橘黄色。后来，我从书上知道，它有一个美丽的名字，叫虞美人。这个名字倒让我联想到了楚汉相争中的一位美人——虞姬。

没有人知道她真名叫什么，只知道她姓虞，是项籍身边的一位姬妾，擅长舞剑，所以也称她为剑妾。

想到这，再看这虞美人，也真的像一位穿上青衣的女子，在风中翩翩起舞，花瓣是她的霓裳，叶片是她手中的剑。她在为谁跳呢？或许只有她自己知道。

几年之后，淳杨线建成通车，再从外婆家回来的时候，我们便走了这条新路。道路两边种满了各种各样的花草，行道树被修剪得平平整整，细柳的枝条随风飘动，湖边的芦苇做出眺望的姿态。这时，一大片的红艳色映入我的眼帘，我惊讶地看着窗外一片又一片的红色，我呆呆地望着，思绪起伏。妈妈把车停在路边，下了车，说是去拍几张照片，爸爸也跟了上去。我静静地坐在车上，望着这一片红色的海洋，一切仿佛静止一般。思绪把我带到了两千多年前的垓下，时间和天气都不重要了，那位如柔风一般的女子，当她最后一次舞起长剑，最后一次为一个人唱起楚歌，然后自刎于乌江边。是她的鲜血染红的花瓣，盛开在这个季节。

我看向这边，在这娇红色的花海中，好似站了一位凌波仙子，风一来，她就在花间起舞。我情不自禁地问道："你等到自己的梦霸王了吗？"

"力拔山兮气盖世，时不利兮骓不逝。骓不逝兮可奈何，虞兮虞兮奈若何！"

希望你像青萝楚歌，江东过客。愿你以梦相隔，起舞伴君身侧。

上车时，爸爸问我："你知道这花叫什么吗？""知道，虞美人！"

江怡冰/文，六年级

鸦　羽

一天，我在公园里散步，偶然看见了一只折翼的大渡鸦：血红的伤口上伏着一只苍蝇，它大胆地在天敌身上吃大餐。而渡鸦宝蓝石般的眼睛里充满了生的渴望……我轻轻抱起它，把它带回家包扎。

没想到小小的渡鸦，却似有千斤重，死沉死沉的。清洗，包扎了伤口，我正准备弄一个纸箱给渡鸦休息，回头一看，渡鸦竟消失了……次日清晨，一个一身黑的高挑女子来到我家门前。

"你是谁？有什么事吗？"我问。

"送你几样东西。拿好这两瓶药水，别弄丢了，它们是世界上独一无二的。喏，用这根鸦羽蘸上药水，先红再绿。然后用它抹你的耳朵和嘴唇。"女子的左右手上两瓶小小的药水，一红一绿，外加一根长长的鸦羽。我接过这些东西，道了谢。进屋前，恍惚看见了女子变成了一只渡鸦……

回到屋里，我照那位女士说的做，突然觉得外面非常吵，仔细一听：

"嘿，今天去不去捉蜘蛛？"

"你自己去吧。我的娃儿要吃蚯蚓，我要刨上半天土……"

这明显不是人类的谈话，我明白了！鸦羽和药水让我懂得了动物的话！太棒了！我兴致勃勃地走在街上。

我走到一棵梧桐树旁，驻足倾听：

"听说了吗，附近的夜莺南丁格尔死喽！她的金嗓子，世上难再求啊!"一只灰鸽伤感地说。

"怎么没听说，昨天下午她就去世了，我还去吊唁了呢！我看见了她的遗体，嘴边还有咳出的血迹呢！愿她安息，可怜的南丁格尔！据说啊，她染上了肺炎，住在医院里疗养。本来都快痊愈了，她觉得差不多了，就搬回家住。谁知那几天，她家附近停电了。一些人就烧炭取暖，把充满粉尘的废气排到南丁格尔家旁边。于是她的病情急转直下，病毒和粉尘双重夹击南丁格尔脆弱的心肺系统……那天她妈妈哭得真惨啊……"一只画眉回答说。

我静静地听着一场本不该发生的悲剧……

我继续向前走，看见一群狗在安抚一条母狗。

"怎么啦?"我上前询问。

"怎么啦? 你们这些讨厌的人类! 这是苏菲，她半个月前生了三只可爱的小狗，一开始主人也好好养小狗。可是有一天，当着苏菲的面，主人淹死了它的一个小宝宝。苏菲咬烂了一只抱枕，心情才稍稍平静下来，因为她依然需要温柔地抚养另外两只小狗。但是，后两天，两只小狗也被淹死了! 这还得了? 苏菲咬得主人腿上没一块好肉，然后她就被赶出了家门。"一只小灰狗生气地说。

"但是苏菲问了很多像你一样，拥有神鸦佩切尔的鸦羽的人，他们能听懂我们的话。问题只有一个，'我告诉你我的故事，你能回答我，帮助我吗?'回答也只有一个，'不关我事'。"

"我猜，你们缺啥喊啥。自由! 平等! 但你们只对动物奴役! 歧视!"

我无法应对小狗。我是多么痛恨同胞的暴行，又是多么想帮助动物们啊! 但是我深爱着我的同胞们啊，无法谩骂，谴责他们啊!

"那……如果我弄坏鸦羽，泼掉药水，是不是就听不懂你们说话了?"我问了最后一个问题。"你只需撕了鸦羽,药水只是加强……嘿!你干什么!"

我在小灰狗惊讶的目光里踩碎了两瓶药,撕碎了鸦羽,渐渐远去……

他肯定很想知道原因。但他不会明白的。

丁悦/文,四年级　指导老师:徐美勤

雨中记事

这几天台风肆虐，转着转着，竟然来到了杭州。狂风暴雨的前奏——积雨云早已布满天空，加上黑沉沉的阴霾，顿时让人不寒而栗。

下午，我换好衣服，闷闷不乐地背上书包去上课。随着发动机的轰鸣之音，汽车载着一车的沉默出发。刚开到钱江三桥，一滴豆大的雨滴落在车窗上，我突然一惊。下雨了！可我没有带雨伞！这时坐在我边上的老爸似乎猜出了我的心思，看了我一眼，然后皱了皱眉，说："一会儿我就不送你进去了，你一个人跑过去吧。""啊？"我极其不满——我连伞都没有！"不是吧，我……"话还没说完，老爸怒吼一声道："有什么不是！必须去！再过二十分钟都要上课了！"这时的我感到十分委屈，又很无助……

雨越下越大，豆大的雨滴变成了指甲盖般大小，倾盆而下。离上课差不多还有两分钟的时候，我们终于到了。我急着下车，刚打开车门，那雨滴便密不透风地向我扑面而来。没走一会儿，整个头发像刚冲洗过一般。天有不测风雨，唉！或许是我今天太倒霉了，风又刮起，偏偏又是朝着我而来，吹得那雨滴直往我身上打。

想着前面老爸车里叮嘱的那番话，我闭上眼，咬咬牙，迎着风雨继续往前走。快了，快到了，随着上课点的渐渐临近，我快速跑了起来，任凭那雨滴打在身上，我连一句抱怨的话语也没有。我那脸上流下的汗水，和那冰冷的雨水混在一起，不知是啥滋味。

到了学校，我拧了拧头发和浑身湿透的衣服——足足有一脸盆水！

我向着教室走去，老师奇怪地问我怎么回事，我什么都没有说，只是笑了笑。

风风雨雨会阻止人们行走，有些人会冒雨继续前进，而有些人会停止前进。暴风雨后，一缕阳光射进了教室，窗户外面一朵娇嫩的牵牛花正以骄傲的姿态挺立在风中，这难道不是一种面对风雨，直视挫折的精神么？

余星源/文，六年级　指导老师：吴玉芳

故乡的梅

冬天给人的印象总是异常干冷，杭州的冬天却是湿湿的。温度不是很低，但那股子寒气却可劲儿往你袖口、领口里钻。下了雪，出了太阳，空气异常清冷，放眼望去，一大片一大片，满是刺眼的白。屋顶上的雪也就开始逐渐融化，雪水顺着屋檐往下滴。

我裹紧了领口，缩着脖子拐过街角。突然，清冷的空气中，我闻到了一股淡淡的香气。驻足，抬眸，眼角闪过几点玫红，是梅啊！屋檐的雪水滴在娇小的花瓣上，在冬阳的照耀下，水珠折射出彩色的光圈，顺着花尖儿，一路往下。滴答，水珠落在了地上。花瓣微微颤动了一下，又重新挺立起来。一阵风吹过，我紧了紧领口，匆匆移动了脚步，这么冷，梅不会冻坏吧。那淡淡的香，却似乎随着寒风，飘得更远了。

转眼间，已是温暖的初春，整个世界像在朱自清先生的笔下写的那样生机勃勃起来："桃树、杏树、梨树，你不让我，我不让你，都开满了花赶趟儿……"再次拐过那街角，我看到那棵梅已是满眼的绿。它的躯干，弯弯曲曲。枝头的梅，早已凋零，只在树底下有看到零星的花瓣的印迹。

我不由得叹息，梅啊，你这样做，真的值吗？你努力吸取营养，努力生长，只为了在冬天，在那寒冷中默默绽放吗？初春时节，在百花齐放、争奇斗艳之时，你却早已销声匿迹了。甚至，在你绽放之初，清冷的季节里，都没有一片绿叶愿与你相随相伴，你是不是太孤独了，这一切真的值吗?

我想,你已经给出了你自己的答案,那都是别人眼中的孤独、寂寞。你的风骨、气节是那些争奇斗艳的花朵所无法比拟的。梅,你在冬季绽放,你不是孤芳自赏,也绝不是为了一枝独秀,这是你自己对生命意义的理解。你默默地在寒冬绽放,默默地在乱花迷人眼中化作春泥。

我站在梅树下,心绪,如那冬日的幽香。我相信,来年冬天,你会绽放得更美、更烈。

冯昀/文,七年级

附 录

作品名录

［全集完］

扫二维码，出一本自己的书

jiazuo.cc/publish